北京信息科技大学学科与研究生教育提高项目（编号：5028223702）
北京信息科技大学本科教学质量提高项目（编号：5028023702）

社区建设
与社会治理创新

佟岩　刘娴静　等著

知识产权出版社
全国百佳图书出版单位

图书在版编目（CIP）数据

社区建设与社会治理创新/佟岩，刘娴静等著. —北京：知识产权
出版社，2015.6
ISBN 978－7－5130－3292－6

Ⅰ. ①社… Ⅱ. ①佟… ②刘… Ⅲ. ①社区建设—研究—中国
②社会管理—研究—中国 Ⅳ. ①D669.3 ②D63

中国版本图书馆 CIP 数据核字（2015）第 013014 号

内容提要

创新社会治理体制，改进社会治理方式，激发社会组织活力，更新社区治理模式，是党的十八届
三中全会提出的提高社会治理能力的要求。本书收集的 9 篇论文紧紧围绕我国社区建设和社会治理创
新中的若干重要问题，分别进行了较为深入的探讨，这些论文各自独立，结合起来却又构成了一个整
体；每篇论文都有各自的特色，有的侧重宏观层面上的深度描述和分析，有的则强调细致入微的调查
和扎实的经验研究。相信读者收获的不仅是具体的结论，更有方法上的启迪。

责任编辑：张水华　　　　　责任出版：孙婷婷
封面设计：刘 伟　　　　　　责任校对：谷 洋

社区建设与社会治理创新

佟岩　刘娴静 等著

出版发行	知识产权出版社 有限责任公司	网　　址	http：//www.ipph.cn
社　　址	北京市海淀区马甸南村 1 号	邮　　编	100088
责编电话	010－82000860 转 8389	责编邮箱	miss.shuihua99@163.com
发行电话	010－82000860 转 8101/8102	发行传真	010－82000893/82005070/82000270
印　　刷	北京中献拓方科技发展有限公司	经　　销	各大网上书店、新华书店及相关专业书店
开　　本	787mm×1092mm　1/16	印　　张	15
版　　次	2015 年 6 月第 1 版	印　　次	2015 年 6 月第 1 次印刷
字　　数	255 千字	定　　价	45.00 元

ISBN 978－7－5130－3292－6

目　录

上篇 社区建设

城市社区治理及其案例分析

刘娴静

（北京信息科技大学公共管理与传媒学院）

摘　要：论文从探讨中国城市社区治理中多元权力主体关系的角度着眼，设计中国城市社区空间的未来发展图景，使社区内外多元权力主体相互协调并形成合力，建立一种共强的模式，从而实现中国城市社区治理的稳定与秩序和谐，实现城市社区民主自治，这也是面向未来的中国城市基层民主发展的路径选择。

关键词：社区组织　社区权力　社区治理

一、城市社区多元权力主体的和谐治理

（一）治理理论——城市社区政治与社区治理研究的新视角

1990 年年初社区制建设的提出，引起了社会学界和政治学界诸多学者的极大关注。在研究和关注中国城市社区的过程中，"国家与社会理论"一度成为学者们热衷的理论分析视角，在他们看来，国家与社会的分野是分析城市社区不证自明的预设前提。但经过笔者对中国许多城市社区的调研，对于利用这一理论框架来分析中国城市社区感到力不从心，甚至于对一个城市"村居型"社区的个案研究，笔者意识到国家与社区的分界非常困难，国家与社会理论只能看到一种有限的解释模式，中国的国家与社区研究中存在的"国家中心理论"与市民社会理论均存在推测性：市民社会理论依据西方市民社会概念对中国社会做应急性判断，或者仅仅从宏观上着眼，缺乏实证剖析作为支撑；国家中心理论同样也在做应然性推断而缺乏经验的描述。中国城市社区治理仍然需要多元的解释来进一步揭示社区

组织与权力的真相，20 世纪 90 年代初兴起的治理理论给了学者极大的启示。

治理理论认为，国家和市场的作用及能力都是有限的，在管理社会共同事务、提供公共管理方面存在着多个中心，应提倡通过平等协商与合作达到协调，国家市场和公民社会组织之间在职能上是一种相互补充和彼此合作的关系，应倡导自组织和社会的形成及社会自律自治，减少政府不必要的干预，由单一中心独挑重任变为平等协商的伙伴关系。因此，治理理论关注的核心是：公共部门、私人经济部门以及由非营利组织机构构成的第三部门之间在管理社会事务、提供公共的事务方面建立起相互补充、彼此合作的伙伴关系。为了最大限度地增进公共利益，地方政府与社区组织应通过分权的做法，使社区组织获得充分的权能和自主性来处理有关的问题。治理理论认为，政府并不是国家唯一的权力中心，各种机构比如社会组织、私人组织、民间组织、法人团体等，都可以成为社区权力的中心；在强调国家与社会合作的过程中，公私机构之间的界限和责任是模糊的；强调国家与社区组织间的相互依赖、相互合作关系；强调参与对象的多元化，形成一个自组织网络，强化系统内部的组织性和自主性。

在中国目前的城市社区空间里，已有的权力与组织的性质及职能并未廓清，体制不顺、职责不清、利益纷争的现象层出不穷，法律规定与实际运作之间有很大的距离，各个权力主体由于各自利益的考虑，它们之间尚缺乏有效的沟通与协调渠道，缺乏联合与合作的机制。已有的关于城市社区的理论研究，包括国家与社会理论仅仅从宏观历史着眼，缺少对当代中国国家与社会关系的微观层面的描述。从这一角度讲，治理理论作为对城市社区分析的理论框架，较之"国家中心理论"和"市民社会理论"更接近于中国城市社区的实际，有利于我们探讨城市社区治理中组织与权力的现状，探讨城市社区治理中不同性质的多元权力主体结构、组织网络、治理方式与过程状态，设计中国城市社区发展的未来图景。

作为一种分析方法的治理理论对于我们研究和分析中国城市社区存在的问题有着重要的参考价值，尤其是对合作精神、自组织网络以及多中心自主治理的意志有助于我们采取一种更开阔的视野，正确对待城市社区发展中出现的问题，从而构建合理的公共权力行使框架。因此，在运用治理理论来解释和分析中国城市社区时，应在结合中国城市社区实践的基础

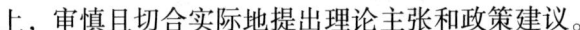

上，审慎且切合实际地提出理论主张和政策建议。

（二）城市社区——多元权力主体的和谐治理

1. 政府：从单一走向网络

在当代中国城市社区形成的过程中，政府所具有的权威与资源决定了政府是社区治理的主导者。政府始终是中国城市社区治理与发展的推动者，这是由中国城市社区治理的特点所决定的：一是社区组织的生存依赖于政府的支持，它不仅包括政策支持，还包括财力、物力、人力的支持。二是社区组织的生存本身是政府行为的结果。政府社区治理的实体目标取向对于现代化国家的建设要求无疑是最有效的。但这种城市社区管理体制实际上是单一的、条块分割的行政管理模式，是全能型政府模式在城市基层社会治理中的集中表现。这种管理模式的弊端凸现：机制缺损、功能缺损和力量缺损。即在城市基层社会管理中，仅有行政调控机制，无居民自治机制；仅有政府管理功能，无居民自治功能；仅有政府力量，无社会力量；社会资源得不到充分利用，居民社区内组织和辖区单位参与辖区公益事业建设和公共秩序治理的积极性低；政府作为社区唯一主体依靠自上而下的行政命令垄断社区资源；政府及其"准政府"对社区公共事务实行单一的强制性管理，政府通过对社区组织与社区资源的强力控制来达到治理的目的。

为此，笔者认为，重构中国城市社区关键在于社区治理主体由单一走向网络，权力由单向走向多元，从制度上规范政府权力与社区权力的边界。

（1）合理界定政府权力与社区权力边界。政府权力无限，则造成社会萎缩，社区没有自治、自政和自理能力。在社区治理中，政府要避免行政权力扩张，避免政府利用自己超越社会权力之上的行政权力去分割和随意干涉社区自治权，把属于社区的自治权还给社区，通过列举的方式罗列出基层政府及其派出机关的各项权力和城市社区的各项权利，做到政府不越位、不缺位，城市社区不错位、不失位。

（2）明确合理划分政府和社区组织的职责和功能，塑造政府和社区组织的"伙伴关系"。政府和社区属于不同性质的组织，拥有不同的职能及相应的管理手段。因此应该根据各自组织性质进行明确的分工，同时又进行有机合作。政府主要是管理社区自治难以管理好的公共事务。

（3）改革政府传统的自上而下的权力运作方式，建立政府、社区组织、非营利组织、社区单位及社区居民之间的多元互动的网络运作模式，使社区治理组织主体由科层制结构演变横向网络结构，建立以社区归属感和认同感为基础的、社区具有能动性和自主性的治理模式。

（4）政府应允许非政府组织进入社区，拓展非政府组织在社区治理中的持续资源。政府在社区政策方面进行变革，由此形成社区治理"不再由国家'指导'，而且由国家和私营部门合作"。

2. 社区——从行政走向自治

目前，作为社区自治组织的社区居委会表现出对政府及其派出机关的全方位依赖，其与政府之间的关系不是相对独立的关系，而是全面依附关系。政府全面指导了社区居委会的工作，从而使社区居委会日益与社会脱离，日益与社区居民脱离，成为代表政府管理社会的力量，社区居委会正在逐渐或完全失去其自治性，而成为行政性的组织。表现为：社区的独立性、自治性、群众性和民主机制受到限制，社区成为基层政权组织及其派出机构的"附属物"；政府、社区组织、社区单位、非政府组织及社区成员多元互动网络还远远没有形成；治理组织主体的体系的科层制；社区自由的、竞争性的选举仍然没有得到充分的展现。

为了改变这一现状，减轻社区居委会的过重负担，充分发挥社区居委会的自治作用，关键在于转变政府职能，减少政府下派任务。

（1）对目前社区居委会承担的任务进行清理归类，根据事项的性质和特点，确定哪些需要社区居委会协助办理，哪些应当由社区服务体系承担，哪些应当由政府部门自己去完成。

（2）建立社区居委会评议考核街道各职能部门的制度，并以此作为奖惩的主要依据。这既有利于增强政府部门的行政调控功能，又为社区居委会"松绑"，有利于增强社区的自治功能。

（3）促进社区制度创新，促进社区集体选择规则、社区操作规划与宪法选择原则的互补性，促进社区制度结构的自我繁殖。一是政府组织、非政府组织、社区单位、私人组织和法人团体等要建立合作、协商、伙伴关系，确立认知和共同的目标，来实施对社区公共事务的共同管理。二是确定社区参与各方的适度分权，授权社区参与各方与其角色相对应的社区决策权、管理权、执行权和监督权。三是强化社区治理主体之间的自愿平等合作关系，运用合作网络实现各个主体间的协调和沟通，实现社区治理模式与治理理念的转变。

3. 居民——从依赖走向参与

当代中国城市社区治理中，作为社区内最基本的权力主体的居民是社区制建设与发展的真正主体。作为社区主体的居民的广泛参与是社区治理的生命力，是实现社区建设目标的根本动力。尽管中国城市社区制建设已取得显著成绩，社区参与的内容、形式、深度和广度也得到前所未有的扩展，然而笔者的调查状况表明：社区居民的参与意识与参与行为目前仅仅处于起步阶段，社区参与的制度建设和环境支撑都还需做出更大的改进。社区参与的发展过程中仍存在着以下制约因素。

（1）社区成员参与的主动性差，社区意识不强，社区参与治理的能力普遍偏低，社区成员参与社区治理活动和行使民主权利的广度和深度都还远远不够。相当一部分居民的社区参与意识还比较淡薄，无论是在观念上还是在行动上，还没有摆脱"单位意识"和"单位参与"的习惯，因而造成居民不热心参与社区事务的现状。

（2）社区参与的制度化环境还不够完善，缺乏参与的渠道，因而阻碍了居民参与向纵深发展。没有相应的法规制度，社区工作职能缺乏界定，社区参与的运行机制还待理顺。

（3）社区居民对政府和单位的依赖性较强，治理关系为依附与庇护关系。社区居民的自治观念与归属感欠缺，导致目前社区参与主要体现在动员或执行参与和被动性的非政治参与，其参与的理性化程度较低，难以形成一种公共参与精神。

针对城市社区参与中所出现的问题，笔者认为应构建"公民社区"的理论，树立有限政府的理念，使中国的城市社区从"行政社区"走向"公民社区"。

（1）培育并增强社区成员的社区意识、权利意识，增强其认同感和归属感，提高其参与意识，实现社区居民利益社区化。

（2）健全社区组织体制、机制和管理制度，拓展社区居民参与社区治理的制度路径。政府、社区居民、社区单位、非政府组织、私人组织等都是社区治理的主体，鼓励社区居民自发性组建小社团，构建社区参与网络，从而增强社区信任和合作，实现社区共同利益。

（3）拓展社区参与的政策支持和行政资源保障。政府应进一步对社区参与提供良好的政策环境，在政治导向上引导居民的社区参与。行政组织要充分利用对社区的指导协调功能，为社区参与提供主要的资源保障。

总之，中国城市社区治理结构转换的理性取向是：城市社区治理主体体系由单一化（政府）转变为多元化（政府、社区单位、非政府组织、私人组织、社区居民、法人社团），治理过程由行政命令、行政控制转为民主协商、合作共治，治理组织体系由垂直科层制转变为横向网络型结构，治理关系由依附、依赖与庇护关系转变为信任、互助与互动关系，最终实现社区内外多元权力主体的和谐治理。

二、重构社区社会资本——中国城市社区治理的路径选择

（一）问题的提出

社会资本理论是当前社会科学的前沿理论之一。20 世纪 80 年代初"社会资本"一词被提出以后，社会资本理论便被广泛运用于经济学、社会学、政治学和其他学科领域，并使这些学科获得了另一种审视的角度，从而扩大了这些学科的使用范围。所谓社会资本理论，就是社会内部的个人和组织在长期的内外互动中形成的，在互惠规则规范下的互利关系，"能够通过推动协调的行动来提高社会效率的信任、规范和网络"。其特点包括：①在使用上可以达到互惠的效果；②不可让渡性，存在于人与人或组织与组织之间；③无形性；④纯粹的公共物品；⑤合作通过不同主体实现，利用的效果具有社会性。无疑，这种新的理论及其特点为分析中国城市社区建设提供了可利用的学术资源和理论框架，提供了一个比较性的参照系数。当前中国城市社区建设中公民的参与、制度的创新、社区的规范以及社区信任、社区凝聚力等，都是摆在城市社区面前的重大研究课题，正需要找到一种有效的解释范式。因此，如何通过城市社区自治组织的黏合作用重振公民精神，提高社区成员的参与意识，重构城市社区社会资本，是政界和学界面临的一个重要课题。本文试图叙说在社会资本理论下的中国城市社区的社会资本现状，并在此基础上探讨中国城市社区建设的路径选择。

（二）理论的检视

1980 年，法国社会学家皮埃尔·布尔迪厄在《社会资本随笔》一文中正式提出了社会资本概念。此后，美国社会科学家科尔曼和帕特南各自提出了自己的社会资本理论。布尔迪厄认为：社会资本是一种通过对"体制化关系网络"的占有而获取的实际的或潜在的资源的集合体。这种"体制化关系网络"是与某个团体的会员制相联系，获得这种身份就为个体赢得"声望"，进而为获得物质或象征的利益提供保证。科尔曼认为：社会资本是许多具有两个共同之处的主体。它们都由社会结构的某些方面组成，而且它们都有利于行为者的特定的行为——不论他们是结构中的个人还是法人。他还进一步指出，诸如权威关系、信任关系、规范信息网络、多功能的组织、有意创建的组织等都是社会资本的特定形式。帕特南认为：社会资本是一种组织特点，如信任、规范和网络等，像其他资本一样，社会资本是生产性的，它使得实现某种无它就不可能实现的目的成为可能，社会资本通过合作的促进从而提高了社会的效率。其他学者如波特、波茨等都从不同的角度阐述了社会资本理论。

国内学者也从不同的视野对社会资本理论做了本土化的论述：第一种认为社会资本从表现形式上就是社会关系网络；第二种认为社会资本是行动主体与社会的联系以及通过这种联系摄取稀缺资源的能力；第三种认为社会资本是个人成长时期的一些社会、社区和家庭等环境因素。

由于各自的知识背景和立论的角度不同，国内外学者对社会资本理论给出了不同的解释，但都认为社会资本是一种资本的特殊形态，具有工具性。首先，社会资本主要是由公民的信任、互惠和合作有关的一系列态度和价值观构成，其关键是使人们倾向于相互合作、去信任、去理解、去同情的主观的世界观所具有的特征；其次，社会资本的主要特征体现在那些将朋友、家庭、社区、工作以及公私生活联系起来的人格网络；最后，社会资本是社会结构和社会关系的一种特性，它有助于推动社会行动。

综观国内外学者的社会资本理论，我们发现其至少包括三个方面的内容：社会资本形成的长期性；个人、组织在构建社会资本中的能动性；认同关系的互利性。

（三）社区的现状

20 世纪 80 年代以来兴起的中国城市社区建设无论是在软件方面还是在硬件方面都取得了可喜的成就。然而，社区自治化进程与经济领域的市场化却不可同日而语，迅速的社会变迁使信任、规范和网络都发生了重大变化，原有的信任破坏了，新的信任尚未建立，原有的规范已经失去效力了，而新的共识性规范未能确立，原有的社会网络被打破或不再有效了，新的社会网络不能发挥效用或尚未形成。一方面，社区居民逐渐失去了"单位"的社会资源。另一方面，"关系"从改革开放前的情感交换倾向转变为非情感交易倾向，使得社区居民对"关系"对象的信任被金钱交换所取代。社区居民社会资本的依托方式或源头发生了改变，而新的社会资本方式或源头又没有建立起来。居民的社会资本不可避免地丧失而又得不到补偿，社会生活的活力和城市社会的社会效率因此而受损。城市社区建设如果不能补偿社区居民丧失的社会资本，它就既得不到社区居民的支持，更无法实现"善治"的目标。参照社会资本理论，我国城市社区建设中社会资本的利用存在的主要问题有：

（1）社区处于分化状态中，各种新社区要素的介入使旧的规范和制度越来越不适应。

（2）社区要素彼此间发生联系的结合力还较为脆弱，且具有过渡性，因此新的规范和制度的建立还不具备一定的方向性或选择性。

（3）整体性社会被分离为众多相对独立的异质体，在社区的整体与局部、宏观与微观、局部与局部之间造成许多利益边界，这些边界成为规范真空的主要部位。

（4）社区结构不协调、不平衡的变动，使各结构部分所使用的规范之间出现了距离，甚至相差悬殊以至尖锐对立，以致社区规范不能迅速地达到平衡、协调。

总而言之，20 世纪 80 年代以来中国城市社区建设出现的迹象表明了一点：城市社区社会资本在下降。因此如何重建社会资本，促进社区发育是中国城市社区建设的根本任务。

（四）治理的路径

经过对城市社区建设中社区资本现状的分析，笔者认为：加强社区建设就是加强社区建设各行为主体之间特别是社区基层参与者之间的整合，发挥社会资本对社区建设的作用，实现"社会生活支持网络"从单位到社区的转变，充分利用社区内的社会资本。从社区建设的角度看，城市社区内的社会资本主要涉及以下几个方面：①社区成员参与社区组织的自愿性和积极性；②各个社区组织之间的良好协作关系；③社区宏观管理上的政府间的协调关系；④社区组织和外界社会进行协作的能力；等等。因此，抓住关键点，重构社区内社会资本，是我国城市社区建设的路径选择。

（1）培育和引导社区成员进行社区参与。社区成员包括社区居民、社区单位、社区正式和非正式组织。城市社区社会资本包括个人社会资本、组织社会资本、社区共同体社会资本，其中个人社会资本是其他两项的基础。提高个人社会资本，必须使城市社区居民成为社区建设的主体，构建社区参与平台，以社区成员代表大会、社区议事会、社区小组会议等法定性平台为主，以社区服务中心、社区志愿者服务队等非法定性平台为辅，调动社区居民广泛参与的积极性；提高社区单位社会资本，要提高社区单位的社区意识，构建社区参与机制，完善利益引导机制；提高社区非正式组织的社会资本，必须培育社区中介组织，组建社区非政府组织。

（2）培育社区信任网络和体系。培育社区信任网络就是要重建信任关系、重建社会协调的共识性规范、重建社区网络。一要解决因为政府能力有限、社会价值观的嬗变和社会成员对自我物质利益的非理性追求而导致的社区居民对政府、对社区组织、对他人的信任丧失。二要解决由于城市改革和发展的不配套、不平衡导致的规范混乱和失范问题。三要解决出于原有基于单位制的社会网络在全局性的对自我物质利益的追寻中被破坏或变质而导致的社区居民孤立无援的问题。在一个普遍信任感较强、人们愿意在信任和互惠的基础上从事活动的社会中，交易成本无疑要小得多，这个社会也就会更有效率。

（3）培养社区价值观，完善社区规范。社区规范是城市社区社会资本的重要部分，社区规范是社区成员在共同价值观和利益的基础上形成的。信任组成网络，为维护网络而建立规范。因而社区规范对城市社区社会资本具有重要性。社区规范为社区成员的行为建立起一种行为的秩序，进而使社区成员的行为有了一定的规则、取向，促使社区成员自觉地防止行为的"犯规"。首先，要依法选举社区自治组织，推广直接选举制度；其次，要规范社区居民日常议事程序，规范社区内各权利主体活动，不同的社区要依据本社区的实际情况制定一套详细的、操作性强的议事规则；再次，要推行社区事务公开，社区事务的决策情况、实施情况、存在问题等都要及时向社区居民公布，便于居民监督。

总之，社区社会资本的重构意味着一种更为和谐的人际关系，意味着一种更好的人文环境，同时也意味着其能够为社区的发展提供一种更有利的条件。因此，重构中国城市社区社会资本，可以更好地促进社区的发育，从而更加有利于社区的建设和发展。

三、城市社区治理中的组织与权力——北京市"村居型"社区案例研究

（一）研究的缘起

城市社区是城市社会和空间结构的重要组成部分，是城市的基本细胞和城市发展的缩影。自改革开放以来，伴随着城市化的进展，城市社区建设取得了巨大的成就。首先，城市化进程的加快促使原来城郊的地域变成城区范围，城市的人口向城区集聚，城市社区的数量和规模随之增加；其次，改革开放的深入使社区内的基础设施、公共服务设施更趋完整，社区的现代化水平上了新台阶。然而，城市经济体制的变革和城区地域面积的扩张，引发了城郊地区居民职业结构与生存方式的主要指标向城市社区转型，由此产生了城市社区和农村社区的并存，在城郊存在着一个个自然村落。这种村落在基本素质上仍缺乏城市社区的内涵特征，我们称之为"村居型"社区。

20世纪90年代，中国政府主管部门正式提出了社区制建设的思路，社区建设才受到社会各界的普遍关注，成为中国社会发展的重要议题，城市社区研究也才大规模地展开。不过，这时的研究大都从宏观上阐述城市社区的现状、存在的问题及其治理对策，研究者已逐步注意到城市社区建设的动力机制和治理模式；但是由于尚未对社区结构做出深入的描述和分

析，缺乏理论研究和深入思考，更不用说对"村居型"社区研究进行探讨。在笔者看来，缺乏对当代经验研究正是社区制理论难以进一步深化的一个重要原因。这引起笔者对中国城市社区治理微观研究的极度追究，"村居型"社区正是作为城市社区治理中的"另类"进入笔者的视野。

（二）框架与目的

一项科学研究需要依据所研究的问题确定一个适合的理论分析框架，帮助我们确定研究的基本思路和理论出发点。根据研究主题，本文的分析框架建立在"治理理论"的基础之上，其要点是：

（1）治理是指国家、公共组织、私人机构及社会个人等各种活动主体之间的关系，是各种公共的或私人的机构和个人管理其共同事务的诸多方式的总和，是使相互冲突的或不同的利益得以调和并且采取联合行动的持续的过程。

（2）治理主体是多元的，在管理社会共同事务、提供公共的事务方面存在着多个中心。它除了政府之外，还可以是其他各种公共组织、民间组织、非营利组织、私人组织、行业协会、科研学术团体、社会个人等。

（3）治理是一个上下互动的管理过程，它主要是通过合作、协调、伙伴关系、确立认同和共同的目标等方式实现对公共事务的管理，以建立市场原则、公共利益和认同上的合作，其管理机制所依靠的主要不是政府的权威，而是合作团结的权威，其权力内容是多元的、相互的，而不是单一的和自上而下的。

（4）治理强调管理对象的参与，希望在管理系统内形成一个自组织网络，加强系统内部的组织性和自主性。作为自组织网络的管理，它有权促使公民服从正式的制度和规则，也包括人们同意或认为符合其利益的各种非正式的制度安排。管理手段既包括政治法制的，也包括经济市场的，还包括社会的、文化的手段和采取的方式。

（5）治理关系为信任与互利关系。它指的是建立在信任与互利基础上的社会协调网络。

肇始于20世纪90年代初的中国城市社区制建设，随着经济体制与社会体制改革的深入，使城乡结合部的社会结构发生了深刻的变化。这种"村居型"社区主体呈现多元化，社区内外组织参与到社区权力的分配中来，社区内的自治组织与非政府组织在社区制建设中发展着日益重要的作用，社区成员参与意识和民主组织意识逐步增强，政府在社区成员的广泛参与下，与民众共同推进社区的建设与发展。这与治理理论的前提完全相符。因此，本研究试图突破纯理论研究和政策性研究的局限，通过实地调查，尽可能提供翔实的反映 1990 年以来中国城市社区治理中的组织与权力运作的实证资料，并从政治社会学的角度加以归纳和解释，它是一件的确有价值的工作。

可见，在"村居型"社区里，城乡结合部的社会结构的变化，村落向城市社区的转化，村落权力与社区权力的博弈，新的社区参与主体的出现及其权力的增长等，均得以鲜活而丰富地体现。基于这样的认识，本文将"村居型"社区看作是社区内外组织与权力展演的空间和舞台。一方面，本文要对不同性质的权力主体如何在这样一种社区空间里，如何利用和创造各自的资源在一定的社区网络中参与社区权力的分配；另一方面，本文还将分析社区内部的权力结构的变动，社区内外不同性质权力主体之间的矛盾冲突以及这些冲突产生的原因，如何建构并维持社区内外的各权力主体之间的有效协调与合作，从而实现中国城市基层社会稳定秩序与和谐——这是本文最终试图讨论并予以关注的问题。

（三）概念、假设与研究方法

组织、权力、资源、网络、机制是本文分析所要使用的主要概念工具。组织是城市社区内的主要行政单位，组织化的力量是社区精英参与公共权力分配的主要因素。它主要是指在一定的制度化权力体系中存在一定时空的转为既定的人群集合，它既可以指政府或单位，也可以指大量的非正式团体。权力是反映主体—客体、命令—服从关系的影响力，表现为对社会资源的分配和调动以及强制性地影响他人行为的能力。在文中，权力既指基于既有的组织机构、规范制度而获得的正式的"制度化权力"，也指源于个人魅力和人情关系而形成的对他人的非正式影响力。权力秩序将最终决定社区精英与组织之间的关系，从而决定社区结构。资源可以被看作是能动者为完成其所做的一切事务而在其活动过程中予以运用的，它们嵌于社会体系的再生产过程之中（Giddens，1985），它是组织参与社区权力分配的动力，是决定组织及某项计划、制度实施的物质基础。精英和组织依靠拥有资源的多寡来决定其在权力程序中的地位。各种互动主体对社区治理的影响过程在一定的社会关系即网络中进行，网络结构最终表现为权力秩序和规范制约。文中网络是指一种以横向分布为主的关系状态，它包括不断相互交错影响作用的等级组织和非正式相互关联网（杜赞东，1995）。社区精英不仅是受宏观社会结构影响的被动者，更是不断进行组织创新和制度创新的能动者，他们与地方性的民间力量相联系，是进行政治动员和公共参与的主要力量。机制是社区治理的游戏规则，它们既塑造着精英和组织的行为，又被各类精英和组织所创造。

基于这些概念，本文提出的理论假设为：

（1）在"村居型"社区的多元权力结构中，新的社区治理组织的出现是城市化过程中系列体制转型的产物，其中主要是经济体制和管理体制的变更。这种变更宣告全能主体的终结。原有的权力主体长久积淀的管理权威使其在社区治理体系中仍占据主体地位；新的组织权力主体尽管处于弱势，但由于是法定意义上的社区治理组织，在社区权力资源分配和社区事务管理上仍有一席之地；而社区内传统的代表政府以行政控制为取向的权力和组织代表的政府对社区事务的领导，拥有巨大的法定权威，是"村居型"社区名正言顺的治理主体。

（2）在"村居型"社区的多元权力结构中，不同性质的权力主体由于资源占有的不平衡，治理主体的利益交换与冲突时有发生；治理主体间非良性互动是导致治理不善的主要原因；而以法律形式确量治理主体的地位和职能，平衡各治理主体之间的资源分配，加强对居民现代社区意识、城市意识和城市化教育是实现社区整合和社区善治的最终动力来源与蕴生土壤。

本文采用个案研究的方法，即在大量田野调查的基础上，选择一个"村居型"社区，对其目前的权力结构和组织网络做一个全景式的概述；在此基础上，分析该社区内不同性质的权力主体如何利用和创造各自的资源在一定的社区网络中参与社区权力的分配，社区内部权力结构的变更，社区内外不同性质权力主体之间的矛盾与冲突以及这些冲突产生的原因。个案研究未必能够揭示普适性，但社区作为中国城市社会的微缩，个案的解剖无疑有助于对整体的解说。笔者希望通过对本文个案的概述和分析来演示中国城市社区权力结构的变迁，并借此引发对城市"村居型"社区内不同性质权力主体的未来发展趋势及他们之间关系模式的思考和探讨。

（四）个案概况

本研究选取北京市甲区乙街道丙社区作为个案。丙社区隶属于乙街丁村管辖，1998 年年底撤乡建街道，随着农转非居民的不断增多和村民数量的减少，出于管理的需要，2000 年 5 月组建丙社区，但新建社区没有任何经济基础，人、财、物缺乏，基于这一情况，实行"以村带居"的管理体制：村党总支与社区党支部是垂直领导关系，社区居民委员会主任由村属公司经理兼任。社区资金主要由丁村投入，社区经济和政府均由丁村负责考核。社区由大屯和小屯两大部分组成，其总户数 669 户（常住户 299 户、农业户 121、非农业户 211 户）；总人口 2476 人，常住人口 694 人（村民身份 263 人、居民身份 405 人）；暂住人口 1782 人，现有辖区单位 11 个。该社区的主要特征是：

（1）地处城乡结合部，地域广阔，村居民混合，80% 的家庭既有村民又有居民，"一张床上睡着两种人"。社区内成员的异质化不断增加，流动人口较多，暂住人口是常住人口的 2.6 倍。

（2）绝大多数居民原本是本地村民，因农转非变成居民，有相同的地域历史，相同的习惯行为，相同的社会习俗，相同的思想信念和意识形成，因而具有相同的心理基础。

（3）具有优越的地理优势，毗邻北京第一路，是北京北大门的"窗口"。

（4）具有庞大的人力资源和较好的土地开发利用潜力。

（五）权力结构与组织网络

1. 居委会社区——新的权力主体与组织网络

随着城乡一体化进程的加快，乙街所辖行政村——丁村的大片土地被政府征用，村民分几批农转非或"买断"后持身份变成居民，部分村民农转非后仍居住生活在原地，但村委会不再管他们，绝大部分的农转非居民发生问题也不知该找谁，结果社会管理出现空档，发案率上升，引发社会秩序的动荡不安。于是区政府和办事处决定在大屯村地域板块内组建前屯社区，实行"以村带居"体制，街道办事处和村委会对其实行双重指导

（实际是领导）。

丙社区组织体系主要由四大部分组成：社区成员代表大会、社区居民委员会、社区协商议事会和社区党支部。其他组织有社区工会、妇联、共青团以及各种协会。社区居委会成员由五人组成：一名主任，一名副主任和三名委员。全部由社区成员代表大会差额选举产生。

根据《乙街社区组织机构产生办法》的规定，丙社区下设人民调解、治安保卫、科教文卫、社会福利四个工作委员会，居委会成员兼任各工作委员会的主任。现任主任刘子清，退役军人，男，47岁，中共党员，中专文化，兼任村第三工业公司经理，多次被街村评为优秀党员；副主任张汉年，男，46岁，退役军人，中共党员，原在市多家企业工作过，1995年下岗；委员邓丽红，女，23岁，中专文化，先后在市多家单位工作过；委员方瑜英，女，25岁，大专文化，在市多家单位工作过；委员王江莲，女，32岁，高中文化，1988年6月参加工作以来一直在村农业公司工作。

社区居委会工作实行"分工合作"原则，主任全面负责社区的工作，副主任担任治安保卫工作委员主任，三个委员分别担任人民调解、科教文卫、社会福利工作委员会主任。遇有重要工作，一般由主任带队，五人一起合作完成。社区组织实施网络化管理，即社区居委会主任——社区居委会副主任——居民小组长——门栋长——关照员。关照员即积极分子，积极分子主要掌握每户情况、通知开会、传述精神等。社区受街村双重领导，但社区与街道关系主要体现在社区完成政务类工作任务上，比如社区治安、环境卫生、计划生育等；与村的关系主要体现在经济上，也就较多依赖村。与村的沟通上，一般主要是通过例会，村管片干部布置、派人联络电话以及社区主任与村干部的私人接触等。

2. 村委会——传统的权力主体与治理主体地位的延续

丁村是乙街下属的对丙社区治理结构和权力资源配置有决定性影响的一个村委会建制村，由杨湖、旧港、新地等7个自然村组成，位于甲区近郊，是个典型的都市村庄，该村有土地面积717亩，其中鱼塘24亩、菜地43亩、住宅440亩、企业用地210亩；辖区内有7个片组和15个村办企业。全村农业户540户，总人数876人，劳动力306人，党员111人，村民户籍由乙街派出所管理。村下设3个农业公司和1个工业公司，12个党群和行政部门，8个党支部。到2007年8月，丁村3年社会总收入17.43

亿元，利润 0.53 亿元，税金 0.39 亿元，全村总资产 1.0825 亿元，是名副其实的亿元村。

丁村的组织体系由村委会、村代表会议、村党总支等组织构成。村党总支对村委会和社区实施领导，处于村权力中心的村委会由村民代表选举产生，对上接受街道办事处的领导，对下领导社区居委会，起沟通桥梁作用，对社区工作和村企业运作实施指导。村民代表由小组长、积极分子以及企业负责人组成，村民代表大会只是在选举村委会时，才由村党总支召集村民代表开会，讨论选举事宜。村民权力组织的设置除党总支、村民代表会议、村委会以外，还有工会、共青团、妇联，主要功能在于对村及下属社区经济生活进行管理。作为党总支书记的权力核心，不仅控制村及下属社区的意识形态领域，更着力于对经济命脉的控制。村委会作为传统的权力主体，对前屯社区事务的影响非常广泛，分别在维护社会治安、计划生育、环境卫生、流动人口、出租屋管理，管理集体物业、投资社区教育，协助社区居委会开展工作、协助税收、投资社区娱乐设施等方面发挥着作用。但其治理主体地位附属于村党总支才得以延续。

3. 街道办事处——社区事务的领导者和国家权力在基层社会的延伸

街道办事处虽然不是一级政府，其部门设置却已经涵盖了城市基层政府的基本职能。白云街街道办事处设有以下行政部门：党政办办公室（党工委办公室和行政办公室合署办公）、城管科、民政科、社会治安综合治理办公室、财政所、人口与计划生育办公室、监案科（与纪工委合署办公）、司法科、组干科（与党工委组织部合署办）、文化站、环卫所以及劳动服务公司和社区服务中心。

乙街道代表城市政府实施对社区服务的领导，拥有巨大的法定权威，是"村居型"社区名正言顺的治理主体。街道在社区内部有其重大利益，这种利益可以归结为政府利益，主要包括政治利益、行政利益、经济利益等。政治利益主要体现为坚持和改善党对社区的领导，进行精神文明建设，维护社区稳定和社区秩序。作为一级行政组织，街道的行政利益主要体现在城市建设和管理职能的履行和一般行政管理目标的达到（比如计划生育、市容市貌建设、社会综合治安、环境卫生等）；街道在社区内部的经济利益体现为获取尽量多的财政资源，按"三三四"比例提取居办经济收入即30%作为公益金，居委会奖金占30%，居委会办公费用（25%）和发展基金（15%）共占40%。

街道办事处对社区居委会的领导主要体现在三个方面：

（1）人员关系。街道不仅对村实施领导，而且对社区党支部、居委会成员的任务以及工作事项实施影响与干预，街道通过向社区派驻外勤人员、召开例会、审核报表，通过社区成员代表大会改选主任等多种手段建立对社区居委会的控制，特别是街道办事处通过党工委任命社区党支部书记来体现其法定权威。街道办事处直接指导和具体组织社区换届选举工作。选举结果等同街道办进行协商，并报经街道办批准同意。

（2）工作关系。街道办事处对社区工作实行量化的目标管理责任制，设置量化指标体系。对于事务工作任务，通常采取检查、抽查、监督的办法来督促社区。街道办事处各个科室指导着社区居委会的各个工作委员会。

（3）经济关系。社区居委会成员工资由街道办发，资金标准由街道办事处制订。社区的收入支出都要上报街道办，由街道办事处代管财务账户。街道办事处并不拨给社区活动经费，社区活动来源于社区的"三产"收入。

（六）社区内外各权力主体的资源获取与治理方式

1. 社区居委会——政府的"腿"

丙社区居委会既是法定意义上的社区治理组织，又是社区内法定的资源最丰富、最有权力的社会组织，但其权力和资源却呈现弱化状态，组织性质一直处于异化状态，尽管如此，在社区事务管理上也仍有其一席之地。

社区居委会接受街道办事处和村委会的双重"指导"，其经费来自村，业务关系则主要在街道。街道办事处通过各科室和社区居委会的干部一起管理社区内的各种事务，完成各项行政任务。社区"上管天下地理，下管鸡毛蒜皮，内管油盐柴米，外管斗殴扯皮"，"上边千条线，下边一根针"。社区居委会一直充当着政府的"腿"，成为办事处的附属，因为它没有街道办事处的行政权，也缺少可支配的经济资源，得到的居民认同度也不高，它的主要目标在于完成街道办事处交给的各项管理任务。因此，它对街道办事处存在着行政上的依赖，对于拥有巨大经济资源的村也"毕恭毕敬"。

社区的这种境地一方面反映了国家权力难以渗透到城市基层社会，只能借助社区居委会这种组织形式对城市基层实行管理，另一方面也反映了社区居委会权力、财力、人力资源能力的匮乏。

丙社区居委会资源的获取表现在以下几个方面：

（1）人力资源的获取。义务性配合居委会完成日常工作的人力资源主要包括各居民组长、门栋长、关照员以及居民积极分子；居委会为完成日常工作任务雇用人力，这类工作需要长期持久的劳动付出，一般由熟悉本地情况、风土人情的人来做；居委会为开展社区服务事业雇用人力，这方面的工作雇用的全是外地民工；社区居委会委员自身及其社会关系网络的运用，委员会充分利用自己、家庭或本社区中有关人事及其他社会关系资源来获得一定的人力资源。

（2）财力资源的获取。前屯社区财力资源的获取有两个途径：一是村拨给和辖区单位捐赠；二是社区事务和"三产"收入。

（3）权力资源的获取。按照《居委会组织法》规定，社区居委会是法定的居民自治组织，它的权力来源于政府的授权。但是前屯社区居委会权力在实际动作中有所扩展或被剥夺：财产自治权、财务自治权被办事处控制，已有的权力包括人事自治权（指社区居委会可以决定小组长、门栋长、关照员的人选）、对从业人员的聘用权、对房屋的出租权、对服务事业的经营管理权以及社会救济和社会福利的初审权。

（4）在居民中的"面子"资源。社区居委会虽然作为社区网络的组成部分而存在，但按《居委会组织法》规定属于自治组织，不具有行政执法能力，社区手中不控制居民需要的社会资源，缺少产生权威的法律规定和资源控制基础，难以拥有或形成对社区内的居民进行支配的权力。社区居委会大量的工作都是靠"面子"来完成，这种"面子"资源主要来自社区居委会成员与居民之间多年的同事或邻里关系以及由此产生的非正式的影响力。"面子"产生一般需要两个条件：个人因素以及在互动中提供援助式物资馈赠的能力。个人因素就是要具备办事公正、以身作则等要求，靠个人威望，同时个人的身份条件也很重要。物质馈赠是同社区居委会日常开展的纯福利性事务活动相联系的。社区居委会成员个人较高的威望和良好的人际关系是他们进行工作的最主要资源和手段之一，这种资源和手段在中国目前的城市基层社区工作中确实有效。

2. 村委会——半行政半自治的利益共同体

丁村是村委会建制，实行村民自治，其地域板块被划分为三个农业园和一个工业园，即农业一、二、三公司和工业公司。尽管《村民委员会组织法》规定村委会为自治组织，但实际上成了准行政组织，接受办事处的领导和指导，村委会下设科室和所属公司都是科层式管理，同社区一样，村委会日常行政工作主要是完成街道办事处交给的各项任务，接受街道办事处检查、验收。

村委会资源的获取主要通过以下几种途径：

（1）村集体土地资源。大屯村庞大的管理职能和经济是由城乡二元体制下的集体所有的土地制促成的，土地作为农村最重要的资源是大屯村获得收益的资本。我国城市中实行土地国有制，城市政府代表国家行使各项土地管理权力。大屯村的土地则属于集体所有，村民在原则上有占有、使用、处理土地收益的权力，村委会代表全体村民，是这些土地管理权的集中者和分配者。因此，村可以无视市政统一规划，自行决定土地的使用和管理。拥有土地所有权和相关土地权利，加上良好的地缘区位以及城乡分割带来的城市管理缺乏，给予村巨大的经济便利，同时催生了村的出租屋市场下与之唇齿相依的各种非正式经济的兴盛，给村共同体以强大的经济支持。

（2）村三大产业收入。丁村所属三个农业公司和一个工业公司以及15个村办企业的收益绝大部分上交村里，此外收入来源还包括停车场停车收费、罚款收费、市场经营收费、商铺经营收费、厂房出租收费等几大项。

（3）办事处授权。村委会作为中国农村基层群众自治组织，一直处于半行政半自治的状态，从作为区政府派出机构的街道办事处那里获得的行政性权威是大屯村在村落开展工作的重要资源。

（4）人情关系。中国农村传统的地缘、血缘关系联系着村落农民，使许多村民注重人情。大屯村村民对村落有一种天然的尤其是心理上的依托感，共同的地域历史、生活习惯、乡土风俗使村民在完成村委会的各种分派时很注重人情关系，这就为村委会能够获取精神上的资源提供了支持。

3. 街道办事处

街道办事处是准政府机构，代表着城区政府对村和社区实施领导，拥有巨大的法定权威，对村和社区治理机制有着决定性的影响。乙街道办事处不是一级政府，其部门设置却已经涵盖了城市基层政府的基本职能，作为城区政府代表，拥有包括政治、行政、经济三个方面的资源。政治上的资源主要指街道党工委的政治力量，这种力量对社区实际事务的影响不太大。街道办事处最大的资源是巨大而广泛的行政权力，为了履行其行政管理职能，往往不惜超越行政权力的边界，而这种边界通常不会受到社会的明显排斥。除此之外，街道办事处还拥有巨大的财政收入，由于地处城乡结合部，土地资源增值、外资的注入、房地产价格的攀升、城区外迁企业的落户等都给街道财政巨大的经济来源，足以维持其行政职能的有效运转。

可见，办事处的组织机构、巨大的经济力量、在辖区"住民"中的权威都是办事处进行村和社区事务管理时不可或缺的重要资源。

（七）社区内外各权力主体的交易合作与争夺冲突

1. 社区居委会与街道办事处

根据《居委会组织法》规定，城市社区居委会是基层群众自治组织，实行"自我管理，自我教育、自我服务、自我监督"。街道办事处作为区政府派出机构，是行政性组织，代表基层政府行使行政强制权。社区居委会接受街道办事处工作指导，但在实行政治运作过程中，社区居委会成了街道办事处的一个准行政组织，承担了本应由政府承担的任务，做的工作绝大部分是办事处下派的行政任务。

尽管如此，街道办事处对社区居委会完成街道下派的各项工作任务仍不十分满意。街道办事处认为，"社区居委会办事不得力，怕得罪人"，"有利益就跑得快，无利则不卖力，应付了事"。而社区居委会对街道办事处的领导作风和工作方式多有抱怨，认为其"办事处有利自己干，无利则踢给居委会"，"天天要报表、指标"，"居委会一无财权，二无处罚权，叫我们怎么开展工作"，"只给政策不给费用，我们怎么能给居民提供服务"，"又不体谅居委会工作的难处"，街道办事处工作作风"搞假动作，不深入实际"。

街道办事处和丙社区目前的这种关系状态，一方面反映了街道办事处由于经济利益关系，不但没有放松对居委会的领导和控制，反而强化了其权力的向下延伸，在利益冲突中二者关系出现了一定的张力；另一方面，由于社区居委会对街道办事处行政上的依附，所以这种张力又不至于使二者产生正面冲突，在大多数情况下两者还是交易与合作。

2. 社区居委会与村委会

目前，在丙社区居委会成员的心目中，其上级领导是村委会，虽然平时也跟街道办事处打交道。丙社区居委会所获的资源不管是财力、人力、权力，还是心理的依托感，都来源于村落和倾向于村落。在保持丁村组织机构不变的情况下，在行政村的地域内建立社区，每个组织中既有村民，又有居民。在村级组织与社区组织的关系上，按照区和街道的规定，村委会与社区居委会是平行、协调、互助的关系，丙社区的经济和政府目标考核由丁村负责，丙社区监督和评定丁村两委会的思想政治工作，从而造成了两者之间的张力。

村委会认为，"街道办事处只给政权，不给费用，社区的投入和硬软件的提供凭什么由我们负责"，"既然村委会和社区是平行关系，考核应由街道干，社区也无权评定村委会工作"，"联防联治应由社区自己搞，村委会没有义务保证社区的社会治安"。社区居委会则抱怨村委会只投资于村的公共工程和基础设施建设，不管环境卫生，而外来常住人口、流动人口的计划生育工作也应由村委会管。而且由于村居民混合的特点，村委会只管纯村民，社区只管纯居民，从而引发大量农转非居民的管理出现空档，造成村委会和居委会的矛盾冲突。

3. 村委会与街道办事处

从法律上讲，村委会是农村基层群众自治组织，街道办事处是行政性组织，是政府的派出机构，二者不应该有行政上的隶属关系。但实际上，村委会作为一个群众性自治组织的性质并不纯粹，很大程度上它仍然具有半行政性质，这样，街道办事处和村委会形成了领导和被领导的关系。

首先，街道办事处出让一部分的社会管理权能给村委会。作为交换，村委会则负责管理对象的费用，这种做法对于街道来说，既降低了工作强度，又节省了管理费用；对于村委会来说，其获得行政管理权，则可以在村务中争取更多的主动性，从而求得自身权益的最大保障。

其次，街道倾向于使用行政压力迫使村委会帮助完成其日常管理任务并使村委会分担尽管多的管理费用来减轻财政的压力。前屯社区居委会的由公用房、资金投入，街道都以行政命令方式要求村委会提供。向村民收取的各种行政收费一般来说也直接向村委会索要。

最后，在村委会方面，村委会一直致力于化解自上而下的行政强制力，赢得更大的生存空间。比如街道在治安、计生问题上就会要求村委会协助，并先跟村委会打招呼，涉及村民利益都先征求村委会意见，并要求其协助解决。村委会也对街道下属社区居委会进行人为渗透，丙社区主任是村农业三公司经理即为一例。

参考文献：

[1] KNOX. P. L. Urban social Geography（第 2 版）[M]. New York：John Wiley and Sons，1983.

[2] 朱健刚. 国家权力与街区空间——当代中国街区权力研究导论（上）[J]. 中国社会科学季刊（香港），1999（夏季号）：176.

[3] 邓小平. 邓小平文选 [M]. 北京：人民出版社，1994：168 – 169.

[4] 罗伯特·达尔. 论民主 [M]. 北京：商务印书馆，1999：165.

[5] 孙中山. 孙中山选集 [M]. 北京：人民出版社，1956：339 – 419.

[6] 塞缪尔. P. 亨廷顿. 变化社会中的政治秩序 [M]. 王冠华，等，译. 北京：华夏出版社，1988，32 – 59.

[7] 林尚立. 社区民主与治理：案例研究 [M]. 北京：社会科学文献出版社，2003：323.

[8] 王振海. 社区政治论 [M]. 太原：山西人民出版社，2003：62.

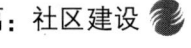

我国社区治理机制创新的途径探索

张　琰　刘永林

（北京康比特体育科技股份有限公司
北京信息科技大学公共管理与传媒学院）

摘　要： 自我国城市管理体制改革以来，社区治理机制创新一直是学界研究的重点。我国社区治理有二十多年的历史，主要经历了"单位制"阶段、"街道制"阶段以及"社区制"发展阶段。但目前我国社区治理遇到了治理主体单一、社区参与不足、发展水平失衡等许多的现实困境。为了很好地突破这些困境，我国各地区开始积极探索社区治理机制的创新途径，并取得了很好的效果，形成了多种社区治理创新模式，其中以政府主导型治理模式的"上海模式"、居民自治型治理模式的"沈阳模式"以及社区合作型治理模式的"江汉模式"最为典型。这些模式都是总结了我国二十多年的社区治理经验和国外先进的社区治理理念并结合本地实际情况所探索出的社区治理机制的创新之路。从国家、社会、社区及居民角度分析，社区治理机制创新是十分必要的。我国社区治理机制创新要树立明确的目标，并遵循法制化、社会化、本地化及人本化的社区治理机制创新的原则，这样我国社区治理机制创新才是有效的。经过对我国社区治理经验的研究和对国外社区治理的参考与借鉴，本文认为我国社区治理机制创新的途径主要有以下四方面：一是要明确政府角色定位，推进社区居民自治；二是要明确社区各组织职能定位，合理发挥社区各组织职能；三是要培育社区中介组织，提高社区居民的参与热情；四是要增强社区居民的参与意识，进而提高社区自治水平。

关键词： 社区　社区治理　治理模式　治理创新

近年来随着我国政治、经济、社会的迅猛发展，城市现代化进程明显加快，住宅私有化程度提高，社区成为了社会管理的主战场，城市社区承担着构建社会主义和谐社会的重要责任。因此十七大提出了"把城乡社区建设成为管理有序、服务完善、文明祥和的社会生活共同体"的总目标，同样在 2010 年年初，在我国国民经济和社会发展"十二五"规划纲要中又提出了全面开展城市社区建设，健全新型社区管理和服务体制，把社区建设成为管理有序、服务完善、文明祥和的社会生活共同体的具体实施目标。这些纲领性文件表明我国对社区建设的高度重视，也表明了社区建设对推动城市化进程、拓展管理模式、完善服务管理体系、加快市场化和现代化步伐、构建社会主义和谐社会有着极其重要的作用。

改革开放以来，随着社会经济的发展，政府行政管理延伸到了社区领域，政府进一步对社区进行管理，形成了社区治理。但社区治理是一个复杂的社会课题，西方发达国家的社区治理比较成熟，形成了一套适合本国本地区的社区治理模式，大致可将这些模式分三种：以新加坡、韩国等新兴发展中国家为代表的政府主导型行政模式、以欧美等工业发达国家为代表的自治模式、以日本和以色列为代表的混合模式。这些模式都是经过多年的发展与改进才得以完善的。与欧美国家相比，我国的社区治理发展起点低，但发展迅速。在我国已形成了多种社区治理模式，如北京模式、上海模式、天津模式、沈阳模式、宁波模式及江汉模式，这些模式都是我国近年来社区治理机制创新的探索途径。我们不能说哪种模式更好，这些模式都是我国现阶段的社区发展水平与本地区社区发展实际情况相结合的产物，可能仅在本地区适用，对于其他地区就未必有用了。说到我国社区治理的现有机制的形成，这也是经历了漫长的发展过程，经历了"单位制"阶段、"街道制"阶段和"社区制"发展阶段，我国在城市社区治理机制创新的探索途径上可谓坎坷艰辛。目前我国城市社区治理机制尚不健全，存在许多问题，如政府角色定位不准、居民参与不足、社区各组织内部关系不顺等，严重影响我国社区治理的发展。如何合理有效地解决这些问题，对我国社区治理机制创新极其重要，同时这些问题也考验着我国政府的社会管理水平。在近 20 年推进社区服务和社区建设的进程中，尽管存在着严重问题，但我国各级政府及其工作部门，包括专家学者，逐步在较深层次上理解、认同了社区的内涵，并坚持不懈地对我国社区治理机制的创新进行探究。经过研究，本文把社区的范围定位在"经过社区体制改革做了规模调整的居民委员会辖区"，社区治理机制创新研究的范围定位在"经济发展水平比较高的东部地区"。如今在当前贯彻学习"十八大"精神，深入落实科学发展观、建设和谐社会的大背景下，"社区"成为构建和谐社会的基础和重要平台，真正的城市和谐社区应当是一个旨在追求经济发展、基层政治民主、社会管理多元有序、邻里关系和睦、人与环境和谐，并且具有浓郁人文精神和地方文化特色的特殊地域空间。

"社区"这一词并不是生于中国本土的概念。最先将其引入社会学领域的是德国社会学家滕尼斯，大意是指那些存在于前工业社会的、具有共同价值取向的同质人口组成的关系密切、出入相友、守望相助、富有人情味的社会关系和共同体[1]。从中我们可以探究到，"社区"的本意中并没有地域性的意味存在。随着社区研究在美国的兴起，著名的芝加哥学派将社区作为连接环境与人的生活方式的概念，用以考察城市生活的独特性。地域性的概念首次与人的生活联系在一起，"社区"一词具有了生活共同体和共同生活环境的双重意义。"治理"是相对于传统的"统治"（government）而言的。"治理"一词源于拉丁文和希腊语，原意是控制、引导和操纵，它主要用于与国家公共事务相关的管理活动和政治活动中[2]。随着社会的不断发展，20世纪90年代以来，"治理"被赋予新的内涵，其中全球治理委员会对治理的界定比较典型，其认为治理是各种公共的或私人的个人和机构共同事务的诸多方式的总和，是使相互冲突的或不同的利益得以调和并且采取联合行动的持续过程[3]。治理也是研究社会关系的全新理念，强调通过合作、协商的方式对公共事务进行管理，弥补国家和市场在社会资源配置过程中的不足或失效之处，它是使相互冲突或不同利益得以调和并且采取联合行动的持续过程。治理体制，是人类社会组织或社会系统中人们之间的权力关系格局，关系到人们能够"做什么"的权力。社区治理体制就是指社区治理中的组织体系及运转模式，即社区治理主体的组织结构、权力划分和运行机制的总和[4]。在治理环境改变的情况下，对传统的治理方式和过程的变革和突破称为体制创新，体制创新是治理效果提高的核心所在。社区治理就是指在一定的地域范围内，由政府与社区自治组织、非营利非政府组织、辖区单位以及社区居民共同管理社区公共事务，推进社区持续发展的活动，并体现为社区范围内不同主体依托各自资源进行相互作用的模式[5]。社区治理的内容包括社区服务、社区环境、社区治安、社区自治、社区文化体育卫生及完善的社区组织体系等多个方面。美国政治学学者埃莉诺·奥斯特罗姆经过研究发现，"社区治理通过借助既不同于国家，也不同于市场的制度安排，可以对某些公共资源系统成功地实现开发与调适"[6]。

一、我国社区治理机制的探索过程

（一）我国社区治理的历史沿革

中国城市社区伴随着城市发展而发展，是城市发展的重要组成部分，是现代化发展的缩影。城市社区的基层管理经历了数千年的发展历史，在不同的时代都一定程度上带有特定的历史特征和时代特征。从先秦时期开始到国民政府时期，社区的基层管理都有各自的时代特征，但是这些历史时期的社区基层管理是统治阶级为主导的管理，是统治阶级维护统治的工具和手段，社区的自治性几乎不存在，这时期的社区管理应该是社区管理机制而不是社区治理机制。新中国成立后我国的社区发展开始形成，由于我国政治体制的主要特点是国家作为社会管理的唯一主体，通过高度集权的行政管理体制和直接的行政干预实行全方位的统辖和管理，是当时国家意志和社会需求的集中反映和体现。可以说改革开放以前，国家对城市社会的基层管理并不是真正意义上的"社区治理"，而是"地区管理"。改革开放以来，在经济体制市场化和以政府职能转变为基点的政府机构改革的双重推动下，单一行政化的管理体制逐步被打破，社区的内在价值凸现出来，创建现代化的社区治理体制的要求提上议事日程。概括地说我国城市社区治理机制的发展主要经历了以下 3 个阶段。

1. "单位制"阶段

国家通过"单位制"形式对城市基层进行管理，从新中国成立之初一直延续到 20 世纪 80 年代中期。这种城市社区治理机制的形成与当时计划经济和国家一元化结构是紧密相连的。为了巩固新政权，维护社会主义制度的基础地位，国家通过强有力的行政权力体系加强对各级政权的管理，实现对社会的控制。街道办事处和居民委员会成为我国城市社会管理体制的有机组成部分。街道办事处最初是作为行政管理和社会控制的一个地方区域来对待的，在较长的一个时期内并无"社区"的概念。此时的社区不仅是人们聚居的区域社会，更是政府管理的基层区域，其自身权力弱化，社区职能没有得到有效开发。一方面，政府是国家利益的唯一代表，是经济生活、政治生活和社会生活等各个领域组织、领导和管理的唯一主体，当然也是社区管理的唯一主体，政府行政职能膨胀为一种"全能主义"。另一方面，计划经济体制下"单位制"的发达，取代了许多街道的职能，生、老、病、死无所不包，在这种情况下，职工及其家属对单位产生高度认同感、依赖感，职工更注重单位的作用，轻视或忽视了自己的居民身份。这一时期，社区自治组织的发展遭到行政体系的抑制和排斥，因此社区严重萎缩、发育不良、功能异化。

2. "街道制"阶段

20世纪80年代中期以后，经济体制改革和随之而来的社会结构调整诱发了"单位制"的弱化与社区的崛起。我国的社会结构由国家一元结构逐渐转变为"国家、市场、社区"三元结构，权力和资源在政府、企业、非营利组织之间适度分散。这一时期社区建设力量得到迅速发展，社区服务中心等社区自治组织为满足社区居民对生活质量不断提高的需要发挥了不可替代的作用。目前处于社区建设的过渡和探索阶段，对社区的认识还不够充分，因此此时的社区建设突出体现为"街道制"，街道办事处职能急剧增加，各种负担繁重。街道办事处的地位和作用越来越凸现出来，行政责任不断扩大。但是由于这一时期缺乏明确的法律规定，上级政府又没有统一的授权，使得街道内部的行政秩序很混乱，具体表现为"条块冲突"，责权不清。因此，"街道制"阶段社区的自治能力虽然得到一定程度的发展，但是仍受到严重的制约。而政府组织由于包揽了大部分街道办事处的事务而不堪重负，行政成本陡升，行政效率降低。在这种状况的推动下，我国的社区治理机制改革开始了进一步的探索。

3. "社区制"发展阶段

20世纪90年代末期，我国的经济体制改革已经取得了十分显著的成效，社会转型也更加深入，速度更加迅猛。改革在改善了国家的治理绩效、提高了国家合法性的同时，也彻底动摇和瓦解了单位制度，原来由"单位"承担的社会整合功能也因此丧失，原先依赖于单位的个人由于改革而转向依赖于社会。在 2000 年中共中央办公厅、国务院办公厅转发《民政部〈关于在全国推进城市社区建设的意见〉的通知》（中办发[2000] 23 号）之后，我国的社区建设进入了前所未有的发展高峰，"社区建设热"在全国普遍兴起，北京、深圳、上海、广州、沈阳等各大城市都积极探索解决社区管理问题的办法，陆续涌现出许多各具特色的社区治理模式，如上海卢湾模式、沈阳模式、深圳盐田模式等，这些模式为新时期完善我国社区治理提供了宝贵经验的同时，也展现了我国城市社区治理体制创新的发展轨迹。

（二）我国社区治理的现实困境

1. 治理主体单一

作为城市基层社会组织和管理单元，社区组织中分化程度低，治理主体较为单一。虽然目前社区组织的名目很多，如社区居民代表大会、社区居委会、社区党组织、社区服务站、业主大会、业主委员会等，不下十余种，但是在目前的社区组织结构和实际管理中，社区居民委员承担着社区治理的主要任务，是社区治理的主体，其他的社区组织要么与社区居委会重叠，要么属于非常设组织，要么力量薄弱、资源匮乏成为它的附庸，听从调遣，要么流于形式，无所作为，不能成为独立的社区治理主体。

在我国目前的制度环境中，与其他社区组织相比，作为基层群众性自治组织的社区居民委员会本身具有得天独厚的优势：存在时间最长、合法性最强、权威性最高、法律保障最充分、群众基础最广泛、社会认知度最高、与政府关系最密切、社会资本最丰富。在社区其他组织发育不健全的情况下，社区居民委员会几乎成为了唯一的社区治理主体，几乎管理一切社区公共事务。因此社区治理主体单一的情况，在目前我国的社区中普遍存在。这种社区治理主体单一的状况对我国社区治理机制创新造成了很大影响，主要体现在三个方面：其一，造成了社区居委会的功能混杂，该管的它管，不该管的它也管，居民形成了有事找居委会解决的惯性思维。其二，造成了社区居委会成员的角色冲突。随着社会的发展，社区中逐渐形成了两类独立的事务：行政性事务和自治性事务。但是社区居民委员将行政性事务和自治性事务一肩挑，同时扮演"政府的腿"和"居民的头"的双重身份，导致社区居委会担负着沉重的负担，而社区其他组织成为"摆设"。其三，造成了社区工作效率低下。社区居委会"大包大揽"已经严重超出了自身承受能力，社区治理应该是各种社区组织共同协调配合，单靠社区居委会自身的人力、物力是无法完成的，尽管社区居委会每天努力工作，但仍效率低下。

2. 行政干预过度

在我国社区建设的发展过程中，政府一直发挥着决定性的主导作用。政府成立专门的机构和组织来具体负责社区管理工作，为社区建设提供大量的人力、物力和财力。这在社区建设发展初期起到了巨大的推动和促进作用。但随着社区建设的不断深入，其弊端也逐渐显现出来，就是政府行政干预过度，即行政力量在社区治理过程中过度使用。

目前，转变政府职能已经成为实现社区建设治理机制创新的关键环节。行政干预过度主要体现在三个方面：第一，社区治理中政府行政功能过度使用。社区居委会是政府在社区治理中行使行政功能的主要途径，但在社区建设和社区治理的实践中，普遍存在着政府"缺位"的现象。本该由政府直接承担的行政事务直接交给社区承担，造成了社区功能更加体现政府的行政化。因此社区居委会承担了政府赋予的大量行政事务，我们知道社区居委会又是社区治理的主体，政府间接地把行政功能延伸到了社区的各个角落。第二，社区运行载体过度体现政府行政功能。政府行政干预过度的另一个表现就是政府职能"缺位"的同时，还存在着"越位"的现象。政府管理过多，本该社区组织承担的事务，政府却承担了。第三，社区工作方式行政化。按照我国《居委会组织法》原则，作为政府派出机关的街道办事处、政府职能部门与社区居委会的关系是指导与协助、服务与监督的关系，而不是领导与被领导、命令与服从的行政隶属关系。但是在社区治理的实际工作中，政府扮演的就是领导角色，居委会成为了政府的下属单位。社区的其他组织也自觉或不自觉地将社区居民自治组织和非政府的社会组织作为依附于政府的附属单位或下属单位，形成了自上而下的垂直、单向的管理模式。政府直接干预组织的领导任命、考核以及检查评比的日常工作，政府的工作方式复制到了社区治理当中。

3. 社区自治初级

我国社区治理主体单一，政府行政干预过度间接地导致我国社区自治能力不足，社区自治浅层化和表面化。社区居民自治是我国城市基层民主建设的核心，但是目前我国社区居民自治还处于初级阶段，实践中尚面临很多问题，主要表现在以下几个方面：一是社区民主自治的法律保障不完备。我国目前的《居委会组织法》是社区建设的基础，规范着城市基层民主自治的法规体系。但是随着我国经济的快速发展，人们生活水平显著提高，居民对社区要求明显提高，与居民的需要相比我国城市基层民主法治化进程还存在明显的滞后性，社区居民自治缺少一个法律法规体系的保障。二是社区组织选举流于形式。由于我国现行的社区中行政干预过多，政府包揽过多，包办的色彩太浓，指令性、规定性内容太强，进而延伸到社区组织选举制度。社区组织选举多以政府指派和政府提名为主，居民自主选择空间太小，居民的民主参与意识淡薄。三是社区居民会议形同虚设。社区居民会议是社区居民行使民主管理权利的组织形式。从这个意义上讲，社区居民会议应当是社区公共事务的决策机构，是社区自治的权力中心。但实际上，社区居民会议几乎没有发挥其应有的作用，会议一年开不了几次，即使召开参加的人数也不多，基本上形成不了什么决议，对社区公共事务的决策权和影响力都非常有限。

4. 社区参与不足

社区参与是社区治理的重点，政府十分强调社区参与在新时期社区建设中的重要意义。民政部《关于在全国推进城市社区建设的意见》中就提出："要坚持政府指导和社会共同参与结合，充分发挥社区力量，合理配置社区资源，大力发展社区事业，不断提高居民的素质和整体社区的文明程度，努力建设管理有序、服务完善、环境优美、治安良好、生活便利、人际关系和谐的新型现代化社区。"但是在实践中，我国社区治理中社区参与不足，处于初级阶段，发育不成熟，层次较低级，社区参与意识薄弱。

社区参与不足主要体现在以下几个方面：一是社区参与的结构初级，参与人员群体不均衡。社区参与主体主要是"老、少、弱、闲"，也就是老人、儿童、弱势群体、无职业群体。受教育程度高、经济实力强、社会影响大的中青年群体社区参与不足。社区参与人群不均衡，呈两极化发展趋势。二是社区参与的方式初级，被动参与多，主动参与少。对于这一点很好理解，社区组织的活动，很大程度上是社区依靠政府行政力量对居民进行宣传和推动，居民参与这些活动不是出于自愿、主动。社区居民主动参与的愿望不高，居民普遍认为参与活动对其自身没有什么好处，反而会带来麻烦和负担，居民多以消极的态度对待社区活动。

5. 发展水平失衡

随着经济体制改革与转型，贫富差距明显扩大。一方面主要风景区和旅游度假区附近贵族化趋势日益明显；另一方面保障性住房成片开发的建设模式，也使低收入人群加快聚集。社区也逐渐分化为"富人区"和"穷人区"。"富人区"的社区治理情况明显好于"穷人区"。"富人区"文化程度相对较高，居民有很强的自治意识，社区的基础设施完善，居民生活环境舒适，社区组织健全，政府重视程度高。相对来说，"穷人区"在这些方面明显较差。城市社区发展水平严重失衡，"富人区"社区治理越来越好，发展较快；"穷人区"社区治理问题较多，发展较慢甚至停滞不前。社区发展水平失衡严重影响着我国社区的发展。

6. 队伍建设欠缺

我国社区治理的困境还表现在社区治理的队伍建设有所欠缺。近些年，虽然我国在加强社区工作者队伍建设方面做了大量工作，也取得了一定的成效，但是总体上说，社区工作者的职业化、专业化程度仍然不高，社区工作者队伍的整体素质与社区建设形势的要求相比仍有较大差距，突出表现在：一是社区工作者整体年龄偏大。我国社区工作者中中老年人群所占比例很高，青壮年比例很低，导致社区治理工作缺乏活力，社区工作者在居民中的形象多以老年人为主。二是社区工作者学历水平有待提高。我国本科以上学历的社区工作者所占比例不高，目前社区工作者的文化程度以初高中为主。三是社区工作者职业能力整体水平不高。由于我国社区工作者以中老年为主，因此工作相对保守，能力不足。四是社区服务站专职工作人员少。五是社区工作者来源渠道有待进一步拓宽。总的来说社区工作者队伍建设极其重要，因此加强社区工作者队伍建设也是社区治理机制创新的任务之一。

（三）我国社区治理的典型模式

我国城市社区管理模式的改革是从 20 世纪 80 年代末由民政部倡导并

推动的，主要是探索如何从计划经济下的政府行政主导控制型社区治理模式转变为社区自治型治理机制。经过对国外成熟的社区治理机制的研究，以及对我国社区治理实践的总结和经验概括，形成了几种各具特色的社区治理模式。其中，"上海模式""沈阳模式""江汉模式"被认为分别是政府主导型治理模式、居民自治型治理模式和社区合作型治理模式的代表[7]。

1. 政府主导型治理模式——上海模式

这种治理模式是中国城市单位制的伴生物，社会成员的就业、住房、福利、教育等职能都由单位来承担，社区只不过是单位以外的辅助性组织。由于社会组织的不发达，国家进入到社会生活的方方面面，对社会进行具体和微观的管理和干预，形成"大政府、小社会"。居民委员会虽然具有"群众性自治组织"的法律地位，但是在现实社会当中，居委会更多地扮演的是政府的角色，独立性和自治性都受到很大的限制。同样是以政府为主导的社区治理，新加坡的治理机制更加完善，新加坡社区治理模式的特点主要体现在四个方面：一是以政府为主导，统一指导社区建设；二是政府投资基础设施和日常运作费用；三是以人为本，倡导民主自治，积极参与；四是细化社区服务类型和实施社区警察制。"上海模式"在一定程度上借鉴了新加坡社区治理的特点。

上海模式，即"两级政府，三级管理"的社区管理模式，其特点是强化街道办事处的权力、地位和作用，并将社区定位于街道，形成"街道社区"，注重政府在社区发展中的主导作用，强调依靠行政力量，通过街道联动发展社区的各项事业。通过政府的大力推动，近几年上海的社区建设成效明显，社区服务、社区环境、社区文化等方面也取得了很快的发展，涌现出一批文明社区和文明小区。但是，从上海街道社区的管理体制及功能可以看出，无论是街道办事处还是作为街道办事处下设机构的社区（管理）委员会，街道在充分发挥主导作用时，仍需依赖企事业单位的特色资源和社会团体的中介作用，依靠社区工作站的承接支撑作用。

2. 居民自治型治理模式——沈阳模式

居民自治型治理模式以社会为导向，主要是以社区居民为核心，社区内各种组织、机构共同参与社区事务的管理，实行真正的民主自治管理。

这种治理模式能够更大地调动社区内居民广泛参与社区事务的积极性，促进居民对社区的认同感、归属感，使居民真正成为社区的主人。此外，政府还通过各种政策和法规，积极引导私营企业加入到社区建设中。美国社区治理机制就是居民自治型治理模式的代表，美国通过政策来影响社区的发展，而不是直接干预社区发展，他们强调志愿组织在社区建设中的作用，社区中介组织是社区治理的重要主体。我国社区治理的"沈阳模式"是对这一类型的社区治理机制的创新探索，体现了居民自治的愿望。但是就目前中国的社区治理实践来看，实行完全的居民自治还有许多问题需要解决。这种治理方式还不能离开政府的引导和法律的规范，真正的社区自治还不能完全实现，随着市场经济体制改革的深入发展，市场经济的必然行为与社区政策的及时推动使得单位制瓦解，从政府和单位转移出来的社会福利保障需要找到新的功能承载者。而国有企业改革深化和市场竞争加剧，使失业、下岗人员大量增加，城市贫困群体扩大，社会救助事务急剧膨胀；体制转轨和结构分化使大量社会矛盾积聚，党和政府维护社会稳定的任务加重；城市化速度加快，大规模的城市旧区改造、新区建设和城市文明观念的传播，都会要求广大市民响应，从而带来动员、安置居民搬迁、处理有关纠纷等种种难题[8]。

沈阳模式，即自然划分、社区自治、资源共享的自治模式，其特点是社区组织机构按照类似于国家政权机构的设置，构建了社区决策层（社区成员代表大会）、执行层（社区委员会）、议事监督层（社区协商议事委员会），形成"议行分离、相互制约"的运行机制。从组织结构形式来看，沈阳社区管理模式属于自治型。这一模式在全国产生了很大的影响，除了省内城市外，全国很多省会城市，如海口、哈尔滨、西安、合肥都学习借鉴沈阳经验，进行社区治理模式创新与改革。

3. 社区合作型治理模式——江汉模式

社区合作型治理模式是一种政府推动与社区自治相结合的治理模式，其特点主要表现为：治理主体由政府扩大到社区内的自治组织和非营利组织，政府通过授权将原来由自己承担的社会职能交由社区组织承担，社区组织职能加强；社区组织的自治能力在社区建设中得到提高；社区资源投入以政府投入为主，社会组织投入为辅；社区居民参与社区公益活动、社区公共事务的决策的热情普遍提高；等等。在合作型治理模式中，政府与社区组织的关系发生较大变化，开始由过去的领导与控制向指导、协调、合作的方向演进，因而社区合作型治理模式具有"过渡型"的社区治理特点。在国外社区治理方面，日本采取的就是社区合作型治理模式，一方面，强调地方政府在社区中的作用；另一方面，强调社区居民在社区治理中的责任，要求社区居民参与社区公共事务。"江汉模式"是我国这类治理模式中的典型代表。

"江汉模式"是在"沈阳模式"的基础上创新形成的，将社区定位为"小于街道、大于居委会"。二者社区管理的组织机构基本一致，社区自治组织由社区党组织、社区成员代表大会、社区居委会和社区协商议事会构成。所不同的是，"江汉模式"更明确地划分了社区治理的责任、权力、事务和资源，界定了政府和社区治理的职能，确立了社区居委会的自治地位。可见，"江汉模式"强调政府与社区的共生、互补与双赢，它以社区为平台，通过制度变迁，在每一个社区范围内，建立政府行政管理体制和社区自治机制相结合、政府行政功能与居委会自治功能互补的社区治理模式。

二、我国社区治理机制创新基础分析

（一）我国社区治理机制创新的必要性

1. 从国家角度分析

十八大将社会管理和民生并列为社会建设的重要内容，维护社会和谐稳定是社会管理的目标，加快推进社会体制改革步伐，有利于维护社会和谐与稳定。在经济转轨和社会体制改革的过程中，社区是人们生活和交流的重要场所，社区自治组织具有的自治性、公益性和服务性特点，使其成为国家生活中进行社会管理、实现社会稳定的重要环节。一方面，社区在开辟就业渠道、扶贫帮困、再就业培训等方面对社会稳定发挥着重要作用。另一方面，社会体制改革的过程中，人口老龄化、家庭小型化、城市流动人口增加等问题的出现，也对社区的治理机制和社会职能提出新要求。面对新的挑战和任务，迫切需要对我国社区治理机制进行改革与创新。

2. 从社会角度分析

改革开放三十多年来，在以经济建设为中心方针的指导下，社会主义市场经济基本确立，经济迅猛发展，人民生活水平显著提高，我国的经济建设取得了举世瞩目的成就。经济的发展要求社会与其同步发展，而社区是整个社会发展和转型过程中的基层因子。但是目前我国的城市社区治理依托于城市"两级政府、三级管理"体制，随着社会的发展，这种体制的弊端也逐渐暴露出来。这既不符合城市管理体制改革的方向，也不符合世界城市管理的一般规律。我国城市社区治理机制的滞后，必将直接影响到我国城市社区的发展，从而影响到全社会的发展，因此城市社区治理机制的创新势在必行。

3. 从社区角度分析

从社区角度分析，目前我国城市社区治理机制尚不健全，存在许多问题，如政府角色定位不准、居民参与不足、社区各组织内部关系不顺等，这些问题严重制约着我国社区的发展。社区的发展关系着社会稳定、经济发展、居民生活。纵观人类社会发展的历史，社区是决定社会发展的基础，西方发达国家的社区发展水平明显高于我国，我国社区治理还处于初级阶段，但是发展潜力巨大。如何合理有效地解决这些问题，对我国社区治理机制创新极其重要，同时这些问题也考验着我国政府的社会管理水平。

4. 从居民角度分析

十八大指出社会管理的出发点就是解决好人民最关心最直接最现实的利益问题，维护广大人民的根本利益。为此需要不断提高人民的生活水平，这对我国社区治理水平提出了新的更高的要求。广大人民群众的需求日趋多元化，而且更加注重对于生活质量的要求。优美的居住条件、快捷的便民服务、丰富的文化生活、完善的育人环境、安全的社会秩序、和谐的邻里关系成为新型社区建设与发展的新目标和新追求。但是目前我国社区治理机制问题较多，无法满足广大人民群众日益提高的需求。因此今后社区治理迫切需要不断开发社区治理的潜在功能，改革和创新社区治理机制是根本。

（二）我国社区治理机制创新的目标

从目前我国社区建设情况和社区发展水平来看，我国的社区治理机制创新的总体目标应该是提高社区自治能力，实现社会善治、政府指导、社区自治、居民参与的一个还政于民的过程。党的十八大从加强和创新社区管理、构建和谐社会的战略高度，提出了"加强和创新社会管理。提高社会管理科学化水平，必须加强社会管理法律、体制机制、能力、人才队伍和信息化建设。改进政府提供公共服务方式，加强基层社会管理和服务体系建设，增强城乡社区服务功能，充分发挥群众参与社会管理的基础作用"[9]的社会管理目标。社会管理主要是政府和社会组织为促进社会系统协调运转，依靠广大群众的力量，对社会系统的组成部分、社会生活的不同领域以及社会发展的各个环节进行组织、协调、监督和控制的过程。社区作为社会管理系统中的基层组成部分，是各种社会组织建立的基础、各种权力的聚集点和各种利益关系的交汇点，属于社会的关键地带，所以"加强和创新社会管理，推动社会治理机制改革"应首先探索出一条社区治理机制改革创新的路径，以促进和谐社会发展。

（三）我国社区治理机制创新的原则

经过三十多年的改革开放和经济发展，目前改革我国社区管理体制、开拓我国社区治理机制创新路径的时机已经比较成熟。一是经济发展、社会进步，相对宽松、自由的市场经济环境基本形成；二是各地方政府自身职能逐步转变并完善，社会管理事权不断下放到社区，社区自治的机制不断完善，治理水平不断提高；三是政治体制改革逐步推进，市民素质不断提高；四是近年来全国广泛开展社区建设活动，为社区治理机制创新提供了一个良好的契机和平台。但是社区治理机制创新不代表没有原则，所有的创新应遵循一定的原则和框架。以下就是社区治理机制创新应遵循的几点原则。

1. 法治化原则

社会生活中的方方面面包含于现代社区生活中，社区治理机制正常运行的基础在于能否实现社区治理的法制化与规范化。保持社区治理工作的协调发展，保证社区工作的规范性、权威性，就必须以法律为准绳，明确有关各方的权、责、利关系。一方面，国家、地方政府依据宪法和法律建立社区治理的法律、法规，并依法在社区治理中扮演宏观指导和监督的角色；另一方面，社区组织和居民依法对社区各项公共事务进行管理，并可以向上级政府提出建议和要求。在法治化的前提下，社区治理机制既可以有章可循、有法可依，社区居民的合法权利也可以得到有效保障。

2. 社会化原则

社区本质是居民自治性组织，社区治理活动其实是居民自治活动，它体现着社区成员的意愿，反映着社区成员的需求，照顾社区成员的利益并最终依靠他们的力量。随着社会主义市场经济体制的逐步形成和社会管理体制转轨的日益推进，我国社区社会化治理是大势所趋。行政化社区治理方式已不适合当前社区发展形势，政府作为社区治理的唯一主体的地位已经动摇。社区治理要结合社区中介组织、社区自治组织、辖区单位等各种性质的社会力量来共同参与，从而形成一条政府指导与监督，社区各组织共同管理的多元化的社区治理创新机制路径。

3. 本地化原则

由于各地区的政治、经济、文化等发展不平衡的原因，我国各地区的社区治理水平也有着明显的差异。以经济方面为例，不同的经济发展水平对于社区治理实践的开展有不同的影响，一些经济发达的地方社区治理发展迅速，效果明显且经验丰富；而另一些地区，如中西部地区由于经济发展相对缓慢，经济较为落后，它们的社区治理缓慢，甚至没有发展。因此我国社区治理机制的创新不可能是千篇一律的，我国地域辽阔，各地区的社区治理机制创新在总结共同点时应该更多地结合本地的实际情况，因地制宜，与时俱进，不能"一刀切"，应遵循本地化的社区治理机制创新原则。

4. 人本化原则

中共十六届三中全会上提出的"以人为本"的思想，也是指导社区治理的核心思想。"以人为本"是社区治理的根本所在，也是社区治理的出发点和归宿点。社区建设和发展的一切都是以"人"为核心的，社区不仅是居民参与社区事务的载体，更扮演着提供公共物品和公共服务的角色。社区治理是一个以居民社会生活共同体为基点，推动区域社会全面进步的社会活动。它从根本上说是为了满足人们多样化的、高质量的生活需要和全面发展。我国社区治理机制创新应遵循人本化原则，社区治理中要体现人性化，从居民的角度思考社区建设，绝不能以追求政绩而本末倒置盲目发展，损害社区居民利益。人本化原则始终是社区治理机制创新重点思考的内容。

三、我国社区治理机制创新的途径探索

近些年我国社区发展有所提高，社区建设效果明显。各地区在结合本地区实际情况后对社区治理进行了改革与创新，形成了众多的社区治理模式。社区治理主体呈现多元化发展趋势。在我国社区治理主体多元化的背景下，其实各个治理主体的地位并不是平等的，政府依然居于主导地位。政府对社区治理的人、财、物的各项投入巨大，充分体现了政府对社区自治组织的领导地位，这也说明离充分实现社区自治的目标还有很大差距。目前我国经济发展失衡，城市现代化水平差距明显，实现全国社区自治是不现实的，社区自治是一个渐进的过程，不可能一蹴而就。因此，目前我国社区治理机制创新应建构以政府为主导的、政府与社区自治组织互动合作、社区居民广泛参与并结合各地区实际情况的社区治理创新机制。以下是对这种社区治理机制的具体分析。

（一）明确政府角色定位，推进社区居民自治

社区治理的目的是实现社区居民自治，社区组织和居民应该是社区治理的主体，但是在我国社区治理的主体是政府。纵观我国社区治理二十年，各地区推进社区建设的过程中政府始终扮演着主要角色，起主导作用。离开政府，社区治理陷入困境，社区治理难以推进，社区自治能力低下。社区治理机制的创新之一就是明确政府角色定位，推进社区居民自治。

1. 明确政府权力，转变治理理念

我国社区自治程度普遍较低，政府往往通过行政命令和强制手段直接控制社区的治理工作。在城市社区治理中，社区的独立性与法律赋予的自治性都受到了限制，社区成为基础政府组织及其派出机构的"附属

物"[10]。这意味着在社区治理的过程中政府拥有很大的权力，社区组织及社区居民的权力实际上包含在政府的权力体系之下。社区居民自治的实行，意味着政府的权力应当还给社会，政府不再具体干涉社区的内部事务，这就要求政府机构必须正确认识政府与社区居民自治之间的关系，摆正自己的位置，明确自己的权力。转变治理理念，关键要明确宪法和法律所规定的政府和自治组织之间的关系。一方面，政府部门应指导社区居委会开展社区公共事务管理，并向社区居民提供公共服务；另一方面，社区居委会应对政府的有关工作予以协助，并和社区其他组织及居民一起，对政府部门的服务进行监督。社区治理中要明确政府权力"取之于民，用之于民"，政府行使权力应时刻以维护社区居民利益为出发点，同时要把社区治理求"政绩"的治理理念转变为谋"福利"的治理理念。

2. 政府权力下放，转变工作职能

社区居民自治意味着社区居民在社区治理中需要有一定的权力可以支配。但是目前我国社区治理权力大部分掌握在政府手中，要实现社区居民自治，这就需要重新配置社区治理的公共权力，改变传统社区治理权力的单极化现状。社区和社区自治组织的培育，需要政府将社区和社区组织有能力实现的权力下放一部分给它们，使社区和社区自治组织成为社区治理的主体之一，形成政府、社区组织以及社区居民共同合作的社区治理创新机制。"沈阳模式"之所以引起普遍关注，主要是政府主动下放权力，如赋予社区内部事务决策权、社区财务自主权、社区工作者选免权、日常工作管理权等权限。下放权力对于社区建设和社区居民自治具有十分深刻的意义[11]。

社区居民自治不仅需要政府权力下放，还需要主动转变政府工作职能。在目前的社区治理机制下，社区在政府强有力的控制下被完全政治化了。其弊端就是政府部门对社区事务大包大揽，该管的管，不该管的也管，结果该管的没管好，不该管的也没管好；居委会作为政府部门在社区行使权力的社区组织，由于承担了过多的政府部门交办的任务而对自身应该管理的社区事务无暇顾及。这些表现就是社区职能"错位"现象，其直接影响社区自治组织的正常发展。因此，就需要转变政府工作职能，要从管理主导型转变为公共服务主导型，将政府的工作重心下移，以提供有效的公共产品服务社区，并在这一过程中建构社区，引导社区居民自治。

3. 创新政府管理方式

虽然我国的社区治理机制基本上还是政府主导型为主，但是参照武汉、上海等社区治理创新的经验，我们发现我国社区治理机制由单一行政管理机制转变为政府、社区组织以及社区居民三方互动合作的社区治理机制创新的路径可行，这是构建政府依法行政与社区依法自治相结合的治理机制创新模式，也是架构"小政府、大社会"的创新社会管理途径。一要明确居委会与各职能部门所担负的职责。各职能部门必须独立承担行政管理责任，对于自己职能内的事务不推给社区，如果需要社区协助应该提供工作人员和相关经费，其他如社区保障、群众文化等社会性服务工作应从行政职能中分离出来，并界定社区自治管理的职责，包括社区社会机构的管理、邻里关照等社区公益事业建设等。二要创新社区评议的考核监督机制。对社区的考核由上级部门的单向考核，转变为上级部门、驻区单位、社区居民共同参与的多向考核；政府职能部门在社区建立公示制、承诺制，接受社区成员的监督和评议；考核管理社区、服务居民的内容应当以社区居民的满意度为主，并取消考核与社区职能无关的内容，切实为社区工作减负。

（二）明确社区各组织职能定位，合理发挥社区各组织职能

1. 社区居民委员会

《居委会组织法》规定社区居民委员会是居民自我管理、自我教育、自我服务的基层群众性自治组织，这就在法律上承认了社区居委会的自治地位，但由于没有确定其是属于基层政权的组织形式还是非政府的组织形式，导致其在实际生活中成为基层政府的"腿"，丧失自治功能。对此，可以借鉴"沈阳模式"，按照"议行分设"的原则重构社区自治组织体系，将社区自治组织的结构调整为社区成员代表大会、社区协商议事会、社区居民委员会。社区成员代表大会在社区自治组织结构中处于决策层，是社区中的最高权力机构；社区协商议事会处于议事层，在社区成员代表大会闭会期间，行使民主协商和议事监督职能；社区居民委员会处于执行层，是社区居民进行自我管理、自我教育、自我服务的民主自治的基层群众性自治组织。社区自治组织架构从"议行合一"体制向"议行分离"体制的

转换，从社区自治内部制度保障角度解决了社区自治组织体制的建设问题，即将实际上受城市基层政府与派出机关—街道办事处领导的居民委员会解放了出来，重新成为党领导下的社区居民实行自我管理、自我教育、自我服务、自我监督的群众性自治组织，从而恢复了社区居民自治的本来面目。

2. 物业管理企业

根据我国的《物业管理条例》，物业管理是指业主通过选聘物业管理企业，由业主和物业管理企业按照物业服务合同约定，对房屋及配套的设施设备和相关场地进行维修、养护、管理，维护相关区域内的环境卫生和秩序的活动。由此可知，物业管理企业是根据业主的意愿由业主选聘的，使之成为社区建设和治理的主体之一，它的主要功能和职责就是根据物业服务合同的约定，对所辖区域的房屋及配套设备和相关场地进行维修、养护、管理，维护相关区域内的环境卫生和秩序，为聘请它的业主服务，除此之外它不应该有其他的功能。

3. 业主委员会

根据《物业管理条例》第十条规定，同一个物业管理区域内的业主，应当在物业所在地的区、县人民政府房地产行政主管部门的指导下成立业主大会，并选举产生业主委员会。《物业管理条例》的第十一条进一步规定了业主大会的六项权利，但对业主委员会的规定更多的是向业主搜集意见建议、监督物业管理企业履行物业合同等执行性的功能。业主委员会可以代表业主的意愿选取符合业主利益的物业企业，并对物业企业的服务情况进行综合评价，从而真正实现社区物业的自主管理。

4. 社区党组织

我国的政治制度决定了社区党组织是社区组织的重要组成部分。社区自治作为一种城市基层民主管理制度，它始终不能脱离党的领导。社区党组织应在政治和思想上发挥领导作用，在行动上监督其他社区自治组织的活动。一方面社区党组织要保障民主选举过程的依法顺利进行，保障社区居民的选举意图顺利实现，并对民主选举出来的自治组织的成员实施有效监督，以保证社区民主的有效运转。另一方面在各种社区决策中，社区党组织起到协商和把关的作用，确保各种社区自治组织的决策科学化、民主化。社区党组织不应过多干涉社区具体事务，在社区工作决策中扮演建议和监督角色。

（三）培育社区中介组织，提高社区居民的参与热情

除了以上四个社区常设组织外，社区的中介组织也是社区治理机制创新中不可缺少的环节。社区中介组织是指进入社区的专业性社会组织，介于政府与社会之间，在政府、社区和居民中发挥纵向沟通的作用，受政府组织、社区自治组织和社区居民的委托或服务认购，主要从事咨询、监督和服务等工作。社区中介组织是促进社区居民自治、完善社区社会化服务、增强社区凝聚力的重要社会力量，是联结政府、社会、个人的桥梁和纽带。社区中介组织是个外延非常宽泛的概念，它可以包括很多社区组织，是社区建设不可缺少的力量，是探索我国社区治理机制创新途径的重要主体，由于它们完全根据各种居民的利益提供个性化的服务，而且有专业性的人员负责具体实施，能切实满足居民的实际需求。社区中介组织可以为社区内的居民和其他社区组织提供专业性的服务，比如社区教育、医疗类中介组织；也可以为社区内的居民提供休闲娱乐的场所，丰富居民生活，比如为社区居民组织文化、体育类活动的中介组织。

我国社区治理机制的缺陷，导致居委会由于承担了大量的政府下放职能而成为政府的"腿"。一方面政府利用社区居委会控制社区治理具体事务，社区治理机制行政化过度问题突出；另一方面，社区居委会承担了大量的工作，导致居委会工作压力过大，社区管理效率不高。要使居委会从政府的行政网络中解放出来，除了使本应由政府职能部门承担的工作必须由职能部门自身完成，不转嫁到居委会以外，还应该积极培育社区中介组织，使社区中的许多公益性事务由专门的社区中介组织来完成。以美国为例，美国政府并没有包揽一切社会事务管理，恰恰相反，它是通过积极培育和推动非政府组织的发展，来承担许多具体的社会服务和社会管理的工作。美国非政府组织诞生于社区的发展，其基本宗旨就是满足社区居民的需求。它从18世纪开始出现，19世纪后逐步走向繁荣。目前，美国非政府组织共有140多万个，遍布美国大小城市的社区内。因此我们在探讨中国的社区组织问题时，需要借鉴这种经验，培育和发展非政府、非营利中介组织，激发社区居民的参与热情。

1. 政府为社区中介组织发展创造条件并提供帮助

目前我国社区中介组织发展还处于初级阶段，社区中介组织没有固定的办公地点，内部组织机构不健全，组织建设资金不足。社区中介组织完全没有能力维持机构的日常运转。对于社区中介组织目前的发展现状，政府需要为社区中介组织创造一个良好的发展空间，为它们的建设提供必要的帮助与支持。首先政府应将社区中介组织活动支出的一部分纳入政府财政预算，根据社区中介组织所提供的公共服务项目，不同程度地给予必要的财政支持。其次，应根据社区中介组织发展的需要，重视和扶持社区中介组织的发展。在享有社区群众性自治组织的基础上，按照社会中介组织的规范和要求，培育若干专门性的社区自治的中介组织，如社区志愿服务组织、社区老年人协会、社区卫生协会、社区文化团体等，并广泛动员居民群众加入这些组织。最后，政府应支持社区中介组织与社会经济组织相结合，让社区中介组织走出社区与社会上的公司、企业相联系，为社区居民提供更优质更完善的社区服务，促使这些组织逐渐走上制度化、专业化轨道，相对独立地开展社区建设活动，从而促进社区中介组织的发育和成熟。

2. 政府要加强对社区中介组织的管理和监督

全面建立和推行统一完善的社区中介组织的登记备案制度和执业资格认证制度，对于不具备从业资格条件的，坚决不予登记；根据社区中介组织的业务服务内容、服务客体、赢利与否以及赢利的程度等不同方面的情况，实行分类管理；建立一套科学的评估体系，根据服务内容、服务质量、满足居民需要的程度等要素，定期对社区中介组织进行评估。

（四）增强社区居民参与意识，提高社区自治水平

社区自治离不开社区居民的广泛参与。社区是由众多居民所组成的生活聚居区，社区治理的目的就是创造良好的社区生活环境，提高社区生活水平。社区治理的利益获得者就是社区居民自己。但是社区治理是一个复杂的过程，除了政府部分的指导和监督、社区组织的相互合作，还需要社区居民的广泛参与，才能提高社区自治水平。社区居民自治发展的内在动力是社区居民积极参与，城市社区居民自治的发展需要民主、广泛、深入

的居民参与。为此，必须采取有效措施，积极培育和提高居民的社区参与程度。

1. 密切居民与社区的利益关系，增强居民参与社区建设的积极性

利益的驱动是居民参与社区事务最根本的原因。当居民与社区的利益关系紧密相连时，居民参与社区事务的动机与愿望就是主动的、积极的。当以居委会为主要的社区组织在处理社区事务中以政府利益为核心时，社区与居民的利益分离，甚至产生利益冲突，此时社区是不能代表居民的利益的，那么自然会导致居民的参与热情降低，居民民主自治的虚化。因此，解决目前我国居民社区参与程度低的现状，关键是要密切居民与社区的利益关系，使居民在利益关系的基础上萌生参与社区事务的愿望。但是以目前我国社区治理机制来分析，要密切居民与社区的利益关系，除了需要政府继续深化经济、政治社会体制改革，创新社区治理机制，进一步理顺政府和社区的关系外，还需社区组织间协调配合，通过完善和改进社区治理机制，拉近社区与居民的距离，增强居民对社区的认同感和归属感。此外，社区居民的参与权利是建立在一套科学、合理的社区制度之上的。只有增强社区居民参与社区制度建设的积极性，才能保证社区居民的参与渠道畅通、机制完善，社区居民的主人翁地位才有保障。

2. 提高社区政治参与能力

社区政治参与是指社区居民通过参加社区活动，影响社区决策和公共事务的行为和过程，其目的在于推动社区发展，从而最终实现人的全面发展。因此，真正意义上的社区居民自治是在社区其他活动参与的基础上把社区的政治参与也充分地开展起来。要提高社区政治参与能力，应从以下几个方面着手：一是提升社区自治程度；二是居民参与应围绕公共权力的运作，以决策性、监督性参与为主；三是在公民自愿的原则下，加强公民与基层行政组织的互动，监督基层行政组织的运行及其人员的行为。

社区治理问题是当今主要的社会问题之一，国内外学者对该问题进行了深入的研究和分析，形成了众多的社区治理理论。在这些理论的指导下又建立了各种社区治理机制。但是随着社会经济的不断发展，原有的治理机制可能已经不再适用于现在的社区发展状况，因此社区治理机制创新始终在不能探索着。在这方面西方发达国家的社区治理机制比较完善，效果比较明显。相比较我国，虽然社区治理机制在新中国成立初期就已经确立，但在改革开放以前，城市居民的民主自治一直未真正得到实施。相反，在强大的计划体制和不断的政治运动过程中社区自治组织不断地被行政化了，在全能政府和由单位组织、控制、分配社会经济资源的制度条件下，城市基层的民主自治空间也极度萎缩。直到改革开放以后，随着市场经济推进了计划经济和单位体制的解体，社会多元化和公共空间不断扩大，城市社区才开始备受瞩目，社区居民自治迅速崛起。我国社区发展经历多个发展阶段，每一个发展阶段都伴随着时代的发展特征。真正迎来社区发展的春天是在 20 世纪 90 年代，此时从中央到地方广泛开展了社区建设活动，全国各地区集中人力物力，努力探索一条社区治理机制创新途径，并形成了一些具有地区特色的社区治理模式，如上海模式、江汉模式和沈阳模式等。但是随着我国经济的不断发展，社区也不断产生新的问题，社区治理也面临新的困境。

面对困境，学者们参考国外相对完善的社区治理机制，发现社区治理自治是关键，我国社区治理行政化过度的问题，是实现社区自治需要解决的重大难题。经过研究，以我国现有的条件，我国社区治理应该走政府主导与社区自治并重的发展创新之路。这条创新途径的实现，首先，关键在政府。政府一方面必须逐渐减弱对社区的直接控制和干预，并适当地从社区中退出，给社区让渡自治空间，努力培育社区居民自治的土壤。另一方面政府必须转变职能，让渡权力，把原来手中的部分职能和权力移交给社区中介组织、社团组织及非营利机构，使政社分开。同时政府必须扶持、培育社会中介组织，架起政府与公众之间的桥梁。其次，社区自治组织要切实增强自身的自治功能，社区居民也需要努力提升自己的社区意识。最后，社区居民应广泛参与社区建设，积极投身到社区建设之中。只有政府、社区自治组织、居民之间形成合力，社区居民自治才能落到实处。当然，实现社区居民自治任重道远，并非朝夕可成，因此我国社区治理机制创新的途径探索还需要我们认真研究，不断地深入、完善。

参考文献：

[1] 滕尼斯. 共同体与社会 [M]. 北京：商务印书馆，1999：20.

[2] 范铁中. 西方国家治理理论对我国构建和谐社会的启示 [J]. 理论前沿，2007，
(13)：18－20.

[3] 马立. 论政府与民间组织在社区治理中的和谐运作 [EB/OL]. http：//
theory. people. com. cn/GB/49150/49152/4580614. html.

[4] 娄成武，孙萍. 社区管理 [M]. 北京：高等教育出版社，2003：70－77.

[5] 魏娜. 我国城市社区治理模式：发展演变与制度创新 [J]. 中国人民大学学报，
2003 (1)：27－29.

[6] 埃莉诺·奥斯特罗姆. 公共事务的治理之道：集体行动制度的逻辑 [M]. 余逊
达，陈旭东，译. 上海. 上海译文出版社，2012：121.

[7] 江波. 城市社区管理体制创新研究——行政、统筹、自治之三元复合制 [J]. 新
视野，2010 (2).

[8] 程亮. 社会转型中社区治理的发展历程与困境 [J]. 徐州师范大学学报，2005
(5)：109－112.

[9] 胡锦涛. 坚定不移沿着中国特色社会主义道路前进，为全面建成小康社会而奋斗
——在中国共产党第十八次全国代表大会上的报告 [EB/OL]. http：//news. xin-
huanet. com/18cpcnc/2012－11/08/c_ 113635555. htm.

[10] 方芳. 浅议我国城市社区治理问题与对策 [J]. 改革与开放，2012，356
(12)：11.

[11] 徐勇. 论城市社区建设中的社区居民自治 [J]. 华中师范大学学报（人文社会
科学版），2001 (3)：6.

我国新型养老服务模式探讨与思考

——基于兰州市城关区虚拟养老院的实证研究

张振飞　　任婧玲

（北京信息科技大学公共管理与传媒学院）

摘　要：随着我国人口老龄化步伐的加快，多种新型养老服务模式不断涌现，兰州市城关区正是在这种情况下采用虚拟养老院这种新型的养老服务模式。本文首先梳理了我国主要的养老服务模式，然后通过在兰州市城关区实地调查搜集的资料和数据，对城关区虚拟养老院建设的现状、存在的问题及其原因进行了分析。分析结果表明，城关区虚拟养老院的发展存在着工作体系单一、活动场所不足、运行资本紧张、信息平台不够完善以及服务水平低等问题。较为突出的原因是虚拟养老院背后的运营方式、资金投入、平台建设、志愿者管理等方面的漏洞。为此，文章在最后对虚拟养老院的进一步发展提出了相应的意见和建议，希望能够帮助其推动其建设与发展，优化虚拟养老院这种新型养老服务模式。

关键词：养老模式　虚拟养老院　民营资本　非营利组织

进入 20 世纪以来，全球人口迅速增长，至今已超过 70 亿，而人口结构也在发展过程中不断变化，全球 60 岁以上的老年人口已达到 6 亿，有 60 多个国家的老年人口达到或超过人口总数的 10%，已经进入人口老龄化社会。日本总务省发布的数据显示，截至 2013 年 10 月 1 日，60 岁至 65 岁以上老年人增加 110 万人，达到 3190 万人，首次突破人口总数的四分之一，达到 25.1%。根据专家预测，到 21 世纪中叶前后，老龄人口将从现在占世界人口的 10% 增加到 22%，约 20 亿人，其中五分之四来自发展中国家。随着人口老龄化的逐渐加深，它将会从政治、家庭、生活方式等多方面影响人类社会，这就要求各国政府必须要正确认识人口老龄化现象，认真对待人口老龄化带来的影响，老年人的问题需要社会各界团结起来共同解决。目前，我国人口老龄化已经进入快速发展期。据民政部门统计，截至 2012 年年初，我国 60 岁及以上老年人口达 1.85 亿，预计到"十二五"期末，全国老年人口将增加 4300 多万，达到 2.21 亿，届时 80 岁及以上的高龄老人将达到 2400 万，60 岁以上空巢老人将超过 5100 万[1]。与此同时，在我国计划生育政策的影响下，"4 - 2 - 1 家庭"激增，家庭中唯一的子女承受着家庭养老的巨大压力，老人养老和独生子时间、经济能力有限的矛盾愈发凸现，致使家庭养老出现了左右为难的尴尬。而机构养老也处于进退两难的境地，根据民政部门调查，85% 以上的老年人有享受居家养老服务的意愿，而选择住养老院等养老机构养老的只占 5% 至 8% 左右。但是我国城市居家养老服务需求总的满足率只有 15.9%[2]。由此可以看出，我国传统的家庭养老或者机构养老服务模式已经难以满足目前我国的养老需求，可居家养老服务存在着较为严重的供需矛盾。

为更好地解决养老问题，我国政府不断探索与创新，积极寻求与我国国情相适应的新途径、新办法。在《中国老龄事业发展"十二五"规划》中，国务院提出将政府引导和社会参与相结合，家庭养老与社会养老相结合，充分发挥家庭和社区功能，优先发展社会养老服务，构建居家为基础、社区为依托、机构为支撑的社会养老服务体系，创建中国特色的新型养老服务模式。

本文首先梳理了我国目前的主要养老服务模式，然后通过对兰州市虚拟养老院的服务内容、运行机制、服务反馈等项目进行实地调查，分析虚拟养老院在实践中遇到的发展瓶颈，并思索其未来的发展方向，对于构建理想的养老服务模式，具有一定的实践意义。同时此研究可以充实养老服务模式的个例库，为以后的研究提供重要的个案例证。

一、我国主要养老服务模式

养老服务模式，顾名思义，是指对老年人的供养采取的服务方式[3]。当今社会是一个多元化的社会，由于老年人的年龄、收入、个人爱好、文化水平等具有较大差异，老人希望的养老模式也会有所不同。养老需求的多样性决定了养老服务模式的多样化，目前，我国的养老服务模式主要有三种：家庭养老、机构养老、居家养老。家庭养老和机构养老是两种比较传统的养老模式，虽然两种传统的养老模式仍然能够满足一部分老年人的养老需求，但是传统养老模式始终难以适应日益增长的养老需求，居家养老模式最终将取代传统养老形式而占据主导地位。随着社会的发展，从中央到地方政府越来越关注养老服务，经过多种尝试，出现了一种依托社区的新型养老服务模式——虚拟养老院。

（一）家庭养老

家庭养老，即由血缘关系和婚姻关系形成的共同生活的群体中的家庭成员来担负对老人的经济供养、生活照料和精神慰藉的责任和义务，是我国最为传统的一种养老模式。我国1996年10月施行的《中华人民共和国老年人权益保障法》中明确规定："老年人的养老主要依靠家庭。家庭成员应当关心和照料老年人。赡养人应当履行对老年人经济上供养、生活上照料和精神上慰藉的义务，照料老年人的特殊需要。"[4]该规定显然代表了国家和政府的意图是养老应以家庭为主的模式，而且该法显然也是许多专家学者从理论上研究和论证的结果，这其实也就代表了一大批学者的观点。[5]但是，随着我国经济和社会的快速发展，我国传统的家庭养老方式已经逐渐不能适应现代化的生活方式。特别是在我国计划生育政策下，第一代独生子女的父母开始步入老年阶段，在普通的"4－2－1"家庭中，年轻一代承受着巨大的养老压力问题。所以从长远来看，子女在经济能力、时间、精力等方面，都难以满足老年人养老的需求。

（二）机构养老

机构养老是指老人在养老院、老年公寓、福利院等机构安度晚年。这些机构均属于国家公办性质，具有很强的救济性、慈善性，多为非营利性福利机构。近年来全国各地兴办了为数甚多的以赢利为目的的收费养老院，多以民办公助形式存在，多由个人或集体出资，政府主要在土地和税费上给予一定的照顾[5]。

机构养老的优势主要有三点：首先，机构养老服务专业，所以老人能得到更好的生活照料和医疗护理；其次，机构养老中都是年纪相仿的老年人，便于老年人互相沟通，增加老人生活乐趣；最后，机构养老可以解放年轻人的时间，让年轻人把更多的精力和时间投入到工作中去。

但是机构养老方式仍面临许多问题。一是机构养老与中国传统观念的"孝"相背离，很多老人甚至是子女都难以接受机构养老的方式，所以大部分老年人都不会在养老院等机构中养老；二是由于我国现有养老机构的数量远远不能满足老年人的需要，所以机构养老在我国存在严重的供需矛盾；三是机构养老需要交纳较高的费用，这为子女及老年人造成了较大的经济压力；四是机构养老需要政府的大力投资。据资料显示，机构养老每增加一个床位需投资 10 万—15 万，建设大批养老机构是某些地方政府无法承担的；五是养老机构的主要功能是"寄养和维持生存"，离《老年人权益保障法》所要构建的"老有所养、老有所医、老有所教、老有所学、老有所为、老有所乐"的养老目标有较远的差距[6]。

（三）居家养老

居家养老是建立在个人、家庭、社区和国家基础之上的，它是以居家养老为形式，以社区养老网络为基础，以国家制度政策法律管理为保证，是家庭养老和社会养老相结合的养老体系[7]。目前，大部分城市初步建立起以设施服务、定点服务和上门服务为主要形式，以日常生活照料、医疗保健、心理保健、文化娱乐、参与社会和权益保护为主要内容的社区养老服务格局。

居家养老具有很多明显的优势：一是服务地点在家中，这符合老年人的养老意愿，使老年人可以享受更多的亲情；二是老人在家中就能获得类似机构养老的专业的关怀和帮助；三是有利于促进社区管理水平的提高，充分利用社区内的资源；四是减轻了家庭的经济负担，减少了国家对养老服务的投入，节省了社会资源。但从整体来看，我国的居家养老模式仍存在以下缺点：一是随着老年人年龄的增长，老年人身体状况变差、心理特征也发生了变化。所以老人不会过多参与社会活动，以至于社区内的一些服务功能和服务设施不能起到作用。二是政府定位不准确，社会资源利用率不高。我国居家养老服务的机制是由政府主导、部门协同、社会参与、民间组织运作，但其中参与养老服务的主体主要还是政府机构，社会力量参与很少，可借助的社会资源也有不足。三是社区服务内容单一，服务功能相对薄弱，服务人员专业化程度不高，难以快捷地为老人提供高效服务。四是机制缺乏综合性和整合力、缺乏统一规范的服务标准和服务质量监督，服务信息不够流畅[8]。

（四）虚拟养老院

各地在探索居家养老服务模式时，创造了各具特色的居家养老服务模式。面对人口老龄化状况的严峻形势和日益增长的养老需求，苏州沧浪区结合本地实际，于 2003 年在蔚门街道首创了"居家养老"社区服务新理念。在 5 年的探索中，2008 年 7 月，以中国电信苏州分公司研发的"居家乐 221 服务系统"为信息网络支持，将信息化引入居家养老服务，在国内首先提出了虚拟养老院的概念，建立全方位的信息化的居家养老服务体系，形成了独具特色的沧浪区"邻里情"虚拟养老院，这是我国社会化养老模式的创新之举。这种模式在实践中不断成熟与发展，其他地区通过学习借鉴也成功复制该模式。

虚拟养老院是对居家养老服务模式的创新，是居家养老的一种表现形式。虚拟养老院的确切含义是以中国电信通信技术为硬件支撑，建立一个养老服务系统，以居家养老对象会员制为基本组织形式的没有围墙的养老院。[9]虚拟养老主要依靠电子信息系统，在这个系统中，记录着会员老人的生活需求，通过电脑分析，制订相关的服务内容和工作流程，然后派出服务人员为老人提供相关的上门服务。虚拟养老院主要是依托社区，同时吸纳加盟机构为老人提供上门服务。这种服务模式建立在城市中已有的社区服务之上，目的是通过信息化手段，将社会资源与家庭资源进行整合，解决了居家养老模式的发展瓶颈，提高资源利用率，为老年人提供更好的服务[10]。

（五）四种养老服务模式的比较

比较四种养老服务模式，如表 1 所示，虚拟养老院虽然是在居家养老的基础上发展起来的一种新型养老模式，与居家养老模式的养老主体相似，都是家庭、政府和社区，但虚拟养老院的养老主体更加广泛，纳入了为老人提供服务的企业和非营利组织，不同于其他三种养老服务模式中主体间相对对等的关系，为老人提供服务的企业或非营利组织是通过政府购买服务的形式成为养老主体的，虚拟养老院为老服务的提供者是各级政府以及老龄委等相关部门，生产者是提供养老服务的企业或非营利组织，消费者则是养老服务的消费者（老人）或其家属[11]，提供为老服务的企业或非营利组织有着双重身份，既是养老主体又是服务的生产者。

虚拟养老院利用其信息化系统将各种资源包括家庭、社会、企业、社区进行整合，提供个性化管理和服务，通过服务专线与老人取得服务关系。与居家养老模式相同的是虚拟养老院都是依托社区发挥其服务功能的，但是居家养老更多地依赖政府的力量，而对于后者政府只是起到引导者和监督者的角色，真正管理和运作的主体是企业和非营利组织，采取市场化的方式提供服务，所以说虚拟养老院是民营资本参与为老服务的典型模式。这种模式由政府牵头，企业运行，兼顾社会效益和经济效益[12]。

从养老成本角度而言，居家养老和虚拟养老院是成本较低的养老模式，虽然两者比较，居家养老成本更低，但是这种模式更多地依赖政府补贴，能够提供的服务类型有限，服务的专业性也不足，对其服务质量的评价并不理想。虚拟养老院中提供服务的都是拥有专业人员及设备的企业和非营利组织，能够提供多种服务，满足不同服务对象的多种要求，市场机制的引入可以有效避免政府在居家养老服务中的垄断，在提高为老服务效率的同时能够提供多元化居家养老服务，而非营利组织的进入可以弥补市场机制运作的民营养老机构收费过高的问题，更重要的是该模式是通过政府搭建的信息平台建立联系，实现服务生产者对消费者（老人）一对一服务，可以大大降低运营成本。

表1 四种养老模式的对比[13]

	家庭养老	机构养老	居家养老	虚拟养老院
养老主体	家庭	政府、社会	家庭、政府、社区	政府、社区、提供为老人服务的企业和非营利组织
养老资源	家庭养老资源	社会养老资源	整合家庭养老资源、社会养老资源和社区养老资源	社会养老资源和社区养老资源、信息平台

续表

	家庭养老	机构养老	居家养老	虚拟养老院
精神慰藉来源	家庭成员、亲属、邻居等	养老服务人员、社会志愿者	家庭成员、养老服务人员、社会志愿者、社区成员及邻居	养老服务人员、社会志愿者、社区成员及邻居、提供服务的企业员工
养老成本	家庭或个人全部承担	家庭或个人全部承担，成本视养老院情况而定	享受政府补贴，低偿以及无偿服务较多，家庭负担减小	享受政府补贴及优惠政策，低偿以及无偿服务较少，服务类型多，质量较好
养老福利投入	无	政府前期投入建设，养老福利较高	利用社区已有资源为养老服务，养老福利投入减少	利用社区及企业已有资源为养老服务，养老福利投入减少
养老意愿	符合传统养老意愿	不符合传统养老意愿	居住在家庭及熟悉的社区，符合老年人传统意愿	居住在家庭及熟悉的社区，符合老年人传统意愿

说明：此表是在孙泽红的文献基础上做出的修改。

二、基于兰州市城关区虚拟养老院的实证研究

笔者为了获得一手的资料首先采用深度访谈的形式访问虚拟养老院的政府相关管理人员（社区及街道的工作人员）、社区志愿者、小区居民以及享受服务的老人，然后采用问卷调查的方法搜集数据资料，通过一系列资料与数据分析城关区虚拟养老院的现状与存在的问题。最后对城关区虚拟养老院的进一步发展提出了相应的意见和建议。

此次问卷调查地点选在兰州市郁金香酒店，郁金香酒店为虚拟养老院加盟企业，为老年人提供套餐服务。在调查期间，共发放调查问卷70份，收回问卷64份，其中有效问卷合计64份，占发放问卷总数的91.43%，参加问卷调查的均为54—78岁的老年人，皆为城关区虚拟养老院的注册会员。

（一）兰州市城关区虚拟养老院的现状分析

各地在探索居家养老服务模式时，创造了各具特色的居家养老服务模

式。2009 年 7 月，城关区党委、政府在深入学习实践科学发展观的活动中，借鉴苏州沧浪区的先进理念和成功经验，论证制订了《关于筹建兰州市城关区虚拟养老院的实施方案》，着力于建设城关区的虚拟养老院[14]。兰州市城关区的虚拟养老院几乎是沧浪区"邻里情"的复制。从服务系统来看，兰州"温暖夕阳居家养老管理系统"很大程度上也是模仿了苏州沧浪区"居家乐养老服务系统"。从运作方式来看，苏州沧浪区通过政府在幕后的扶持与引导，立足服务平台，吸纳各类社会营利与非营利组织参与，以市场化为探索方向，以产业化为发展目标，由兼具服务实力与管理水平的民办非企业单位作为主运营商。与其有区别的是，兰州市的虚拟养老院是政府搭建的一个平台，政府联系企业为老人提供养老服务，虚拟养老院也是兰州市民政局下属的一个单位。

1. 城关区虚拟养老院的概况

兰州市截至 2013 年年底，60 岁以上的老年人共有 56. 11 万人；80 岁以上的老年人有 60465 人；100 岁以上的老年人有 63 人❶。城关区现有常住人口 130 万人，其中 60 岁以上的老年人已达 16. 7 万人。为应对人口老龄化问题，城关区人民政府于 2009 年 12 月率先在全国建成了首家由政府主导、市场运作、企业加盟、社会参与的虚拟养老院。城关区虚拟养老院注册会员拨打虚拟养老院的服务热线，就能享受到虚拟养老院所提供的上门服务。目前，虚拟养老院已经可以成熟地为老年人提供营养套餐、生活照料、卫生医疗、保健康复、日常陪护、家政便民、心理慰藉、法律咨询、娱乐学习、临终关怀十大类 230 余项居家养老服务，每日服务老人达 2200 名以上。截至 2012 年 12 月 31 日，全区共有 82527 人登记注册。2012 年共服务老人 472072 人次，政府财政投入 1299. 87 万元，其中居家照料为 619. 55 万元，老年餐厅为 199. 11 万元，老年医疗为 37. 36 万元，重度残疾人居家照料为 236. 68 万元，工作经费为 207. 17 万元。截至 2012 年 12 月 31 日，已累计服务老人 882284 人次，政府财政累计投入 3327. 98 万元（内部）。建院三年来，现已有 98 家企业加盟虚拟养老院。已建成的 54 家虚拟养老餐厅为老人提供"一荤两素一汤一主食"6 元营养套餐。40 家已加盟的虚拟养老社区医疗站，有针对性地开展老年人常见病、多发病的治

---

❶ 《2013 年兰州市民政事业发展统计报告》。

疗，还开展免费卫生保健指导、慢性病随访、功能康复等社区公共卫生服务，并为全区 1037 名困难老人发放"医疗代金卡"，以刷卡就医购药的方式为困难老人提供医疗服务。同时，虚拟养老院组建虚拟养老文体团队 25 家，虚拟养老学校 15 所。为了凝聚社会各界为老服务的力量，兰州市城关区民政局与兰州晚报社共同发起成立了义工联盟，成立至今已有注册爱心义工 6000 余名。

2. 城关区虚拟养老院的组织结构

城关区虚拟养老院是以政府搭建的网络通信平台为支撑，由三部分构成：一是呼叫指挥中心。如图 1 所示，主要任务是汇总老年人服务需求，组织企业为老年人服务，了解服务效果。呼叫指挥中心使用"温暖夕阳居家养老管理系统"，该系统由信息管理系统和语音管理系统两部分组成。二是接待中心。主要任务是建立老年人信息库，扩大用户量，开展心理咨询和法律咨询服务，管理为老服务志愿者。接待中心开设了心理咨询热线和法律援助热线。三是加盟企业管理中心。主要任务是协调有关政策落实到虚拟养老院，考察确定服务企业并建立企业信息库，管理服务人员，考核加盟企业服务质量，确定服务项目价格，拨付政府有关补贴，与加盟企业结算。

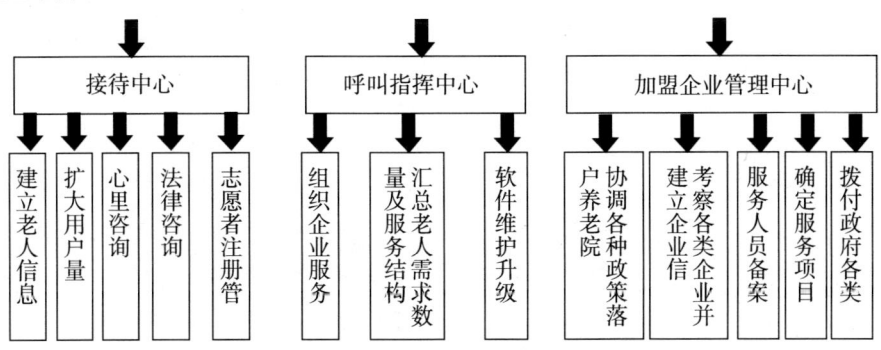

图 1　兰州市城关区虚拟养老院组织机构

3. 城关区虚拟养老院会员注册制

虚拟养老院将注册入院的老人划分为 A、B、C 三种类型，其中：A 类服务对象为无劳动能力、无法定赡养人、无经济来源的"三无"、困难"空巢"和农村"五保户"等重点老人群体，共计 1184 人，由政府出资开展一般性居家养老服务，每月享受 84 元至 1680 元政府服务补贴。针对老人的生活状况、服务需求，通过虚拟养老院管理系统，设置服务时间，自动生成预约服务工单，由企业开展托管式服务。B 类服务对象为重点优抚对象、市级以上劳模、老专家和部分离退休的省市人大代表、政协委员等为社会做出贡献的老人群体，共计 2608 人，政府每月给予 50 元的服务补贴。C 类服务对象为有经济收入或生活条件较好的老人群体，共计 78735 人，自己购买虚拟养老院提供的服务，但服务价格比市场价优惠 20%，优惠部分由政府补贴给服务企业。

4. 城关区虚拟养老院"居家乐"养老服务系统

兰州市城关区"居家乐"虚拟养老服务系统项目以 GPS 卫星定位通讯技术、GIS 地理信息技术（标注用户位置信息）、CTI 语音呼叫程控交换技术、OOP 面向对象软件开发业务流控制技术为关键技术，为居家养老服务工作提供老年人跟踪定位、急救援助，服务人员远程监管、智能调度，以及服务质量短信评价等功能支持（内部）。它是通过兰州市温暖夕阳居家养老管理系统升级改造而来，增加了系统的定位功能及健康养老系统。通过老年人随身携带的移动终端设备对其进行被动定位，并在监控屏幕的电子地图上进行同步标注显示，可实现走失老年人位置的迅速查找。当老年人遇紧急情况时可通过移动终端设备发出求救信号，从而快速实施援助。通过对服务人员的定位，可以实现对其工作轨迹的监控，实现虚拟养老院对人员居家服务的远程监督管理。在定位服务功能的基础上，通过对服务人员工作完成情况和所在位置的准确识别和显示，将新增的用户服务需求向就近的已完成工作的服务人员进行二次工单派发，实现服务人员调度指挥的高效率。在服务结束后，短信评价平台自动向用户发送一条评价引导短信，用户可以按照等级对服务质量进行评价，评价结果由系统自动进行统计分析。对评价等级低和无法操作短信评价服务的用户再进行人工回访，进一步提高服务回访率，切实提升用户服务满意度。同时，它新增的健康养老系统可记录老人的健康状况和所需求的服务类型，真正做到"治未病"。

5. 城关区虚拟养老院会员的评价及反馈

（1）老年人生活中的困难

如图 2 所示，在该项调查中，大多数老年人认为在生活中存在的问题是生活照料和家政便民方面的，分别为 57.8% 和 54.7%。而心理咨询、法律咨询等涉及心理、精神服务的需求，参与此次调查的老年人表示基本没有遇到什么困难。在随后的访谈中发现，一方面老人在虚拟养老院中期望也能得到生活方面的照料而非精神照料，另一方面老人们不认为虚拟养老院可以提供高质量的心理咨询和法律咨询等服务。在问及遇到困难时是否会向虚拟养老院订购服务时，如图3所示，62.5% 的老人表示愿意订购，因为虚拟养老院价格比较优惠、订购方便。（营养套餐 100% 的原因是因为调查所在地为虚拟养老餐厅，在此的会员老人都定制了此项服务）。

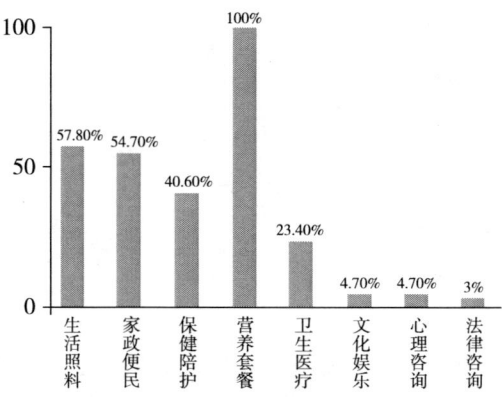

图2　老年生活遇到的难题（%）

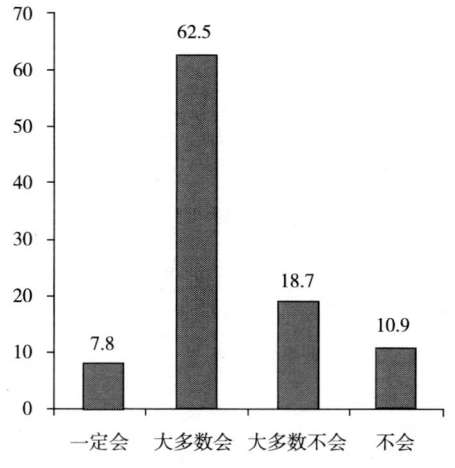

图3　会员订购养老服务的意愿（%）

（2）虚拟养老院会员对服务的评价

如图4所示，该项调查考察虚拟养老院会员对虚拟养老院所提供的服务的满意程度。①35位定制过生活照料服务的老人，有10位对所提供的服务表示不满意，不满意率达28.5%。②37位定制过家政便民服务的老年人中，其中15人对所提供的服务表示不满意，不满意率更是高达40.5%。③虽然订购保健陪护和卫生医疗的老人人数较少，但不满意度也达到了34.6%和26.7%。④参与此次调查的老年人都是订购套餐服务的虚拟养老院会员，在这64位老年人中，只有7位老人对所提供的套餐表示或多或少的不满意，不满意率只有10.9%。在随后调查问及对服务项目不满意的原因，如图5所示，有78.1%的老人不满意的原因都是因为较差的服务质量。

调查问卷之后，笔者对老人进行了访谈，他们表示上门所提供的生活照料和家政便民这两项服务，虽然价格比其他的家政公司服务要便宜不少，但是所提供的服务总是不能满足他们的要求。其实，生活照料和家政便民服务都要求服务人员有一定的技术水平，服务人员的能力很大程度上决定了老年人对服务的满意程度。而老年人普遍对营养套餐比较满意，其实这个也不难想象，加盟的虚拟餐厅都是口碑比较好的餐饮企业，所提供的"一荤两素一汤一主食"的6元营养套餐质量和味道都优于其他餐馆，肯定会得到大多数老年人的欢迎，再加之政府对营养套餐有一定的补贴，价格又较其他餐馆便宜，所以套餐服务得到老年人满意就在情理之中了。

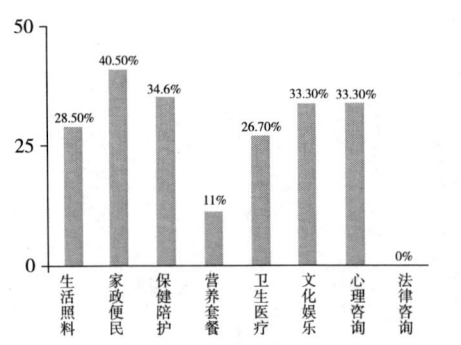

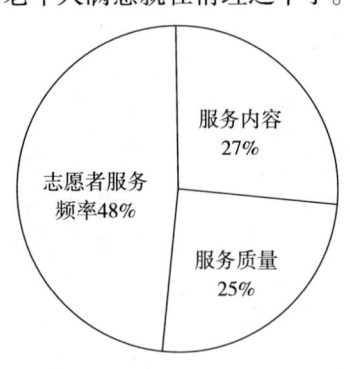

图4　老人对服务项目的满意度（%）　　**图5　会员不满意服务项目的原因（%）**

（3）虚拟养老院会员对活动设施满意度评价

此项调查显示，35.8%的老年人表示对虚拟养老院的活动设施不赞同，如图 6 所示，更有 43.7% 的老人对活动设施表示不满意。老人们普遍认为应该多建设一些老年图书馆、老年活动室等娱乐活动设施丰富他们的集体活动。

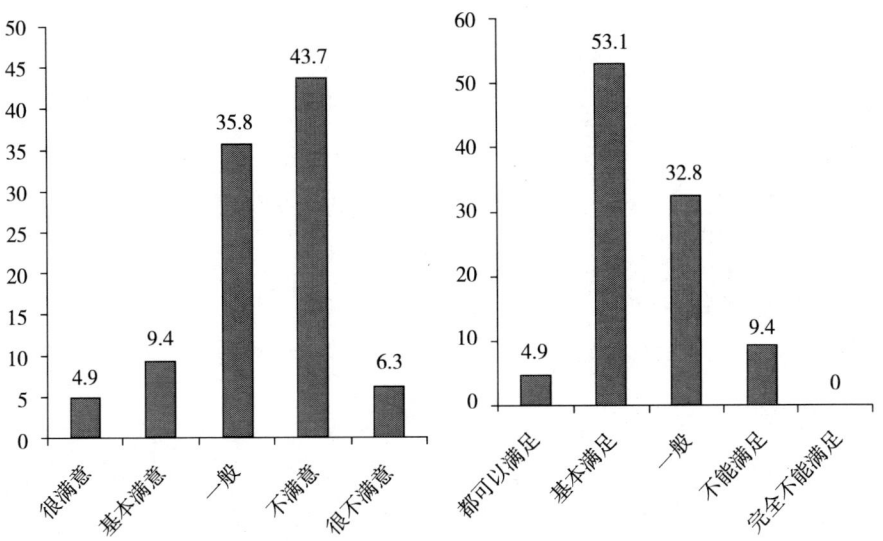

图6　养老院的活动设施满意度（%）　　图7　虚拟养老院能否满足需求（%）

（4）养老院的活动设施满意度评价

在此项调查中，虽然老年人对虚拟养老院所提供的诸多服务表示不满意，但是只有 9.4% 的人认为虚拟养老院不能满足他们的养老需求，如图 7 所示。整体上看，城关区虚拟养老院还需不断改进，但这种新型的养老服务模式已经被大多数老年人所认同。

（5）对志愿者服务的反馈

此项调查显示，超过 50% 的老年人对虚拟养老院的志愿者服务表示不满意，如图 8 所示。在调查不满意志愿者服务的原因中，志愿者服务频率、志愿者服务质量以及志愿者服务内容分别占不满意原因的 48.4%、25% 和 26.6%，如图 9 所示。志愿者服务在虚拟养老院建设过程中，还存在较多问题，且各方面都有明显不足。

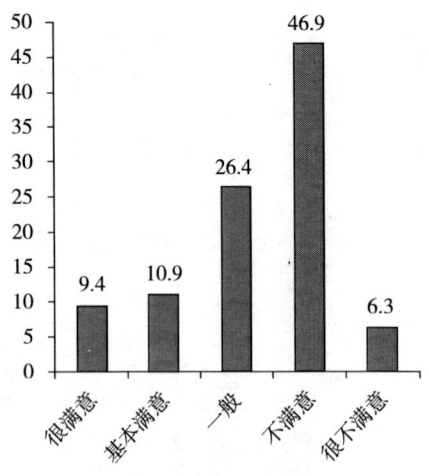

图8　志愿者服务的满意度（％）　　图9　不满意志愿服务的原因

（6）老年人参与日间照料和实体养老院的意愿

在此项调查中，显示50位老年人对于未来要开展的社区日间照料体系感兴趣，占总调查人数的78.1％，如图10所示。而对于实体养老院，只有4位身体不方便的老年人愿意参加，占总调查人数的7.8％，如图11所示。

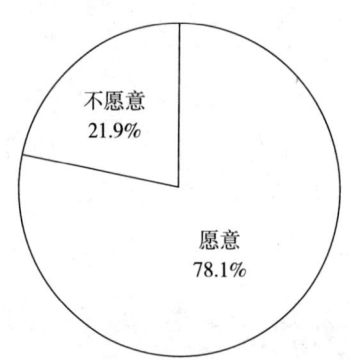

图10　老人参与日间照料的意愿　　图11　老年人参与实体养老院的意愿

（二）城关区虚拟养老院存在的问题及原因分析

1. 城关区虚拟养老院存在的问题

（1）提供的服务不能满足不同层次老年人的需求

在本次调查中，有78.1％老人表示愿意参加"社区日间照料"服务，有 7.8% 的老人表示愿意参加实体养老。在随后的访谈中，这些愿意参与的老人表示在生活中遇到了比较大的困难，他们相信在实体养老院中会得到比较优质的服务。但是由于兰州市社区养老服务的滞后和机构养老床位等问题的限制，同时由于虚拟养老院的工作体系决定它只能对老人进行简单的初级护理，所以城市中半失能老人和高龄老人的养老需求难以被满足。

（2）配套设施不健全

本调查结果显示，有 85% 的老人对虚拟养老院所提供的活动场所表示不满意。在访谈中，老人建议虚拟养老院增设老年图书馆、老年人文艺活动中心等文娱场所，为老年人提供教育培训、文化娱乐活动，丰富老人的精神娱乐生活。

（3）虚拟养老院运行资金紧张

城关区虚拟养老院从建院以来，每年的资金成本大部分都由地方政府承担。随着服务对象的增长，政府在虚拟养老工作中承受着越来越大的财政压力，其运营成本将以 20% 左右的比例增长。而地方政府每年的财政支出预算有限，这就增加了政府及虚拟养老院的成本压力，进而限制了虚拟养老院的发展。根据测算，到 2015 年长期享受服务的老人将达到 5 万人，届时政府当年将投入资金 3000 万元以上，同 2012 年政府投入的 1300 万元相比较，城关区虚拟养老院会增加 1700 万的财政压力。

（4）信息服务平台未能充分利用

虚拟养老院的工作基础就是现代化的网络通信技术，所以为了提供更好地为老服务，就要将科技与养老服务相结合起来。但"居家乐"系统在不断完善的过程中，仍存在着一些不足。首先，城关区虚拟养老院的"居家乐"信息系统虽然已经经过了升级改造，但系统中的某些功能，如跟踪定位、急救援护等功能还未能充分利用。其次，虚拟养老院已经开始利用网络向企业派发工单，但整套服务流程还是主要依靠电话，这种服务方式存在较为复杂的服务流程，同时高峰时期经常造成服务不通畅，影响虚拟养老院的有效运行。而且需要支付一定的通信费用，增加了运营成本。

（5）志愿者服务内容简单

目前，城关区已经成立有城关区老年福利服务协会、虚拟养老院义工联盟等社会组织，登记注册的义工有 6000 多人。但是从调查问卷的反馈结果和整体的访谈发现，城关区虚拟养老院志愿者服务发展明显滞后，志愿者组织所提供的服务只是一些生日祝福电话、上门陪护、陪护老人出行等活动，且服务的频率和服务的质量都难以保证。

（6）虚拟养老院工作人员的服务质量有待提高

在整个调查过程中，还是有部分老年人对养老服务人员服务态度以及专业护理服务的能力表示不满意。有些需要服务人员拥有专业技术的服务项目，比如家政服务、保健陪护等，存在较高的不满意比例。

2. 问题存在的原因

（1）工作体系单一

城关区虚拟养老院所提供的服务方式是老人通过电话定制服务，工作人员上门进行服务。由于这样的服务方式，大型的治疗仪器不能上门服务时携带；另一方面，行动不便的老人也需要全天候的养老服务。基于以上两点原因，虚拟养老院工作人员不能向部分老人提供他们所倾向的服务。所以对于半失能老人和城市高龄老人，只有在养老院等机构中，才能享受较为全面的养老服务。而虚拟养老院却没有实体的养老中心满足此类老人的需求。

（2）融资渠道单一，缺少民间资本投入

虽然虚拟养老院运行成本相比其他的养老模式较低，但是随着越来越多的老年人加入虚拟养老院，同时虚拟养老院提供越来越多种类的养老服务，这就为政府财政带来了巨大的经济压力。从全国其他地区成功案例来看，引入社会资本参与养老服务运营是解决虚拟养老院运行资本紧张的一个可行方法。但是，从虚拟养老院开院以来，政府一直是寻找企业加盟虚拟养老院，开展不同种类的服务，但却未能致力于需找加盟伙伴，积极促成民间资本参与城关区虚拟养老院的运营。

民间资本的缺失，给政府在养老工作中带来了巨大的财政压力。这在在某种程度上，造成了城关区虚拟养老院配套设施的不健全、志愿者服务内容的单一等问题。

（3）城关区虚拟养老院服务工作重心的倾斜

经过与虚拟养老院工作人员的访谈，本研究发现目前城关区虚拟养老院主要定位于满足老人低层次的生活照料需求，医疗服务和精神慰藉等方面虽然也有涉及，但是虚拟养老院对其资金的投入显然要低于前者。由于虚拟养老院本身资金投入有限，所以集体娱乐性场所，如图书馆、文娱活动中心等活动设施就难免达不到老人的要求。

（4）整合社会资源的程度不足

虚拟养老院作为一种新型的养老服务，较传统的居家养老服务模式，其优势在很大程度上在于它可以把社会资源积极地调用到养老事业中来。城关区虚拟养老院未能进一步整合社区、社会资源，未能充分利用社会资源为老人提供服务，这也是养老院配套设施不健全的主要原因之一。

（5）志愿者管理与培训的缺失

城关区虚拟养老院对志愿者管理的缺失，使其在义工的招募、管理、考核和激励上缺乏一套规范的管理制度，以至于义工存在着高度的流动性。这就造成了注册义工有6000人之多，但实际参与服务的义工人数却严重不足，也无法提供高频率或定期志愿者服务。同时，虚拟养老院对志愿者培训的缺失，也造成了志愿者服务水平低、服务项目不足等问题。

（6）工作人员培训与监督的缺失

虚拟养老院对工作人员培训和监督的缺失，是造成养老服务质量较低的主要原因。首先，虚拟养老院很少组织工作人员进行上岗培训。一些简单的服务不经过上岗培训可以完成好，但是虚拟养老院提供的绝大多数服务并不是简单的服务，而是相对复杂的服务，所以工作人员服务的质量不理想就可以理解。同时，服务对象的特殊性决定了虚拟养老院提供服务的特殊性，因此工作人员必须进行岗前培训，否则就不能准确、有效地提供优质的服务。其次，虚拟养老院对工作人员的监督缺失。以往的监督仅限于信息服务平台对工作人员服务的跟踪，而这种跟踪是在信息服务平台得到充分利用的条件下才能发挥作用的。现实情况是一些老年人不愿意利用这个信息服务平台，这造成了虚拟养老院对工作人员监督的缺失。

三、政策与建议

（一）建立多元化的养老服务工作体系

按照民政部提出的"9073"工作方针，即90%的健康老人享受居家养老，7%的半失能老人享受社区日间照料，3%的失能老人享受实体养老服务，虚拟养老院需逐步建立居家养老、社区日间照料、机构养老院护理三种服务模式相结合的养老服务体系。首先，虚拟养老院应定位于重点开展健康老人的居家照料服务，逐步拓展服务内容，提供更加符合老年人需求的服务项目，提高服务质量。其次，虚拟养老院应逐步建立社区日间照料服务体系。社区日间照料服务主要是对健康老人的精神照料和对半失能老人的简单护理服务。由政府出台相关政策，制订日间照料中心的建设标准，并要求每个街道必须建成一个以上的日间照料中心。应用公办民营、民办公助等形式进行管理经营。最后，是大力扶持、规范实体养老机构服务。将实体养老机构服务定位于重点开展失能老人的护理服务。一方面通过虚拟养老院开展护理操作服务培训，为实体养老院培育服务力量；另一方面政府要制订完善的机构养老院准入退出制度，规范实体养老院服务。

（二）不断发展更新信息服务平台

虚拟养老院的工作基础就是现代化的网络通信技术，所以为了提供更好的为老服务，就要将科技与养老服务相结合起来。城关区虚拟养老院需不断升级服务平台管理结构，加入新模块，增添新功能。同时加快推进"虚拟养老服务一卡通"与"数字兰州市民卡"的融合，最终建立起涵盖居家养老、社区日间照料、实体养老院服务的"大养老"服务体系管理平台。

（三）升级改造虚拟养老院活动场地

一方面，建议虚拟养老院增加医疗服务和精神慰藉的投入资金，增设老年图书馆、老年人文艺活动中心等文娱场所，为老年人提供教育培训、文化娱乐活动，进一步为老年人提供更加优质的精神服务。另一方面，虚拟养老院应加快整合社会资源的速度，有效利用社会资源，为老人提供多渠道、多方位的服务。

（四）引入民间资本运营机制

随着虚拟养老院的不断发展，政府会承担越来越大的经济压力，所以引入社会资本参与养老服务运营是虚拟养老院实现可持续发展的必由之路。2013 年，城关区已初步拟定由南大苏富特公司在城关区试点开展运营"健康管理"服务项目。这个模式前期由苏富特公司投资，将"健康管理"

服务相关应用集成到城关区虚拟养老服务系统中。采用政府购买和社会销售两种服务推广方式，政府为社区医疗站和困难老人群体购买终端设备，为困难老人免费开展服务；公司负责以商业方式向社会推广服务、销售终端设备，设备销售所得由企业和政府分成，政府收益可作为困难老人服务补贴。在老年人手机项目开发成功后，城关区虚拟养老院拟定联合相关企业进行商业推广，并联合移动、电信等通信运营商试点开展信息增值服务，逐步增加政府收益，减少政府财政在养老服务方面的支出，实现虚拟养老服务的可持续发展。这种新型的合作模式使民间资本加入养老体系的运营中来，可以解决财政的紧张状况，是值得各地虚拟养老院学习的。各地虚拟养老院可结合实际的条件，发展创新出更多新的民间资本引入模式。

（五）规范志愿者队伍

虚拟养老院需进一步规范志愿者的登记、招募和管理制度。虚拟养老院负责组建社区志愿者和义工联盟，将志愿无偿服务与养老有偿低偿服务相结合，这样可以有效解决志愿者和义工联盟的经费问题，同时增加志愿者的稳定性。联盟也需改变志愿者服务模式，定期组织义工服务活动，建立"一帮一"的长期结对服务。

（六）进一步提高服务水平

为了完善虚拟养老院服务体系，虚拟养老院需不断提高服务水平。首先，虚拟养老院要增强对服务人员的专业技能培训，制订较高的服务标准。其次，要继续做好加盟企业管理扶持工作，进一步完善加盟企业管理考核制度，结合有效的奖惩办法，进一步调动加盟企业的工作积极性，并且继续督促检查服务企业业务培训情况。最后，虚拟养老院需利用信息服务，记录分析不同老年人对服务的不同要求，为老年人定制服务，满足老年人的偏好。

参考文献：

［1］国家老龄办. 中国人口老龄化发展趋势预测研究报告［R］. 2012 - 12 - 12.

［2］国家统计局. 中华人民共和国 2008 年国民经济和社会发展统计公报［R］. 2012 -

02 – 26.

［3］雷继元．人口老龄化背景下构建为老服务体系的探讨［J］．襄樊学院学报．2009
　　（09）．

［4］李璟．城市社区居家养老模式研究［D］．大连：中国海洋大学，2010.

［5］陈赛权．中国养老模式研究综述［J］．人口学刊，2000（03）．

［6］朱勇．少子·老龄化背景下的我国机构养老问题研究［D］．成都：西南财经大
　　学，2007.

［7］张奇林，赵青．我国社区居家养老服务模式发展探析［J］．东北大学学报，2011
　　（09）．

［8］徐轶群．城市社区为老服务模式研究［D］．长春：长春工业大学，2011.

［9］张国平．居家养老社会化服务的新模式——以苏州沧浪区虚拟养老院为例［J］．
　　宁夏社会科学，2011（03）．

［10］张艳．快速老龄化背景下苏州市社区养老服务体系建设研究以沧浪区"邻里情"
　　　虚拟养老院为例［J］．社会保障研究，2010（09）．

［11］刘红芹．包国宪．政府购买居家养老服务的管理机制研究——以兰州市城关区虚
　　　拟养老院为例［J］．理论与改革，2012（11）．

［12］郑晓燕．虚拟养老院服务模式优化路径探究［J］商品与质量·学术观察，2014
　　　（11）．

［13］孙泽红．城市高龄老人虚拟养老院服务模式研究［D］．苏州：苏州大学，2012.

［14］李丽君．新型养老服务模式的探索——对兰州市城关区虚拟养老院建设的调查与
　　　思考［J］．改革与战略，2010（10）．

下篇

社会管理创新

我国政府向社会组织转移职能研究

伊　强

（北京信息科技大学公共管理与传媒学院）

摘　要：本文共分为五个部分。第一部分阐述我国政府向社会组织转移职能的必要性。在该部分中分别阐述了向社会组织转移职能是重构国家与社会关系的必然结果；向社会组织转移职能是服务型政府职能定位的要求；向社会组织转移职能有利于公共服务质量的提高；社会组织不断发展壮大，初步具有承接政府职能的能力。第二部分介绍了西方国家政府向社会组织转移职能的理论与实践，首先分析了西方国家政府向社会组织转移职能的理论与实践的历史沿革，在此基础上以美国、日本、英国为例，分别剖析这些国家政府向社会组织转移职能的实践。此外，还在本部分中总结了西方国家政府向社会组织转移职能的经验。第三部分是总结与归纳我国政府向社会组织转移职能的现状，首先从制度设计方面分析中央和地方层面的法律与政策，探讨政府职能向社会组织转移的规范体系建设；接着叙述了当前我国政府职能向社会组织转移的基本成绩，尤其是重点介绍了政府职能转移的自觉性不断提高的表现。在该部分中还重点分析了政府购买社会组织服务为主要操作形式的政府职能转移的实践与经验，汇总了一些地方政府在这方面的理论与实践创新。第四部分介绍了我国政府向社会组织转移职能存在的问题，包括：政府职能转移受到政府部门自利性制约；政府职能转移推行力度弱，政策制定易而落实困难；政府职能向社会组织转移的数量有限，结构缺失，方式单一；政府职能转移制度性设计不完善；政府职能转移形式化、主观化；政府职能转移遭遇社会组织能力不足的困境等方面。第五部分结合当前我国的实际国情探讨推进我国政府向社会组织转移职能的对策与建议，强调需要进一步推进政府管理体制改革，积极探索和建立社会组织与政府的合作机制；加强政府职能转移的规范化和制度化建设，建立以契约化购买服务为主的多元转移方式；更要加大力度推进社会组织能力建设，培育促进社会组织发展，为政府职能转移夯实基础。

关键词：公共管理　政府职能转移　社会组织

政府职能是指国家行政机关根据社会环境和社会发展的需要，依法对国家政治、经济和社会事务进行管理时应承担的职责和功能。"市场化"和"绩效化"是当前国际社会行政管理体制与政府职能改革的总趋势。特别是在遭遇了"市场失灵"和"政府失灵"的发展挫折之后，西方发达国家纷纷在探索第三条道路，即把大量的政府职能向社会组织或所谓的"第三部门"转移，同时把过去政府长期集中掌握的公共权力和公共资源更多地向社会组织释放。从欧美发达国家改革与实践的效果看，这种转移大大提高了公共服务的效率。随着我国社会发展与行政管理体制改革的深入，借鉴和学习西方国家政府职能转移的成熟经验，是摆在我们面前的一个重要课题。本研究报告结合我国政府职能向社会组织转移的发展现状，通过综合分析、比较国内外相关的文献资料，探讨当前我国政府职能向社会组织转移的社会必要性以及在这个过程中存在的问题，在此基础上阐明进一步推动我国政府职能向社会组织转移的对策与路径。

一、我国政府向社会组织转移职能的必要性

放眼当今国际社会，把传统的政府管理的相关职能向社会组织进行转移已经是世界潮流。那么，对于我国这样一个发展中国家而言，同样也要结合我国社会经济发展的实际状况顺势而行。

（一）向社会组织转移职能是重构国家与社会关系的必然结果

在党的十四大上，中央首次确定了建立和发展社会主义市场经济体制的社会发展目标。2003 年，党的十六届三中全会审议通过了《中共中央关于完善社会主义市场经济体制若干问题的决定》。胡锦涛在十七大报告中进一步强调提出，要着力构建充满活力、富有效率、更加开放、有利于科学发展的体制机制，为发展中国特色社会主义提供强大动力和体制保障。我们可以清晰地感受到，政府改革的方向越来越明确，那就是要进一步打

造民主型、服务型政府，逐步探索和建立更有效率的政府管理模式以更好地发挥政府管理的作用。当然，制约行政管理体制改革和政府职能转变的因素是多方面的。在当前社会经济条件下，下面两对矛盾是我们认识和解决这个问题的关键所在。

第一，怎样正确处理好政府与市场的关系。随着社会主义市场经济的发展，要进一步厘清政府与企业在社会主义市场经济中的角色混淆问题，彻底地解决政企不分、政社不分、政事不分等历史遗留和现实出现的问题。在政府与市场关系的问题上，迄今有两种极端的理念和实践：一个是主张市场至上和市场万能论，结果导致"市场失灵"；另一个是主张政府至上和政府全能主义，结果导致"政府失灵"。这两方面的经验和教训使得当代各国政府都努力寻求政府职能的恰当定位，既要避免市场垄断和市场失灵，也要避免政府垄断和政府失灵。

尤其是对政府而言，需要进一步解放思想，引入竞争机制，合理把握政府干预的限度，科学确定政府干预的内容、范围和手段。把那些政府管理效率低下的一些行业和领域交给市场，发挥市场机制的主体性作用，特别是在那些具有自然垄断性质的通信、电力、铁路运输等基础设施产业中引入竞争机制，在一定范围内允许和鼓励私营部门和社会资本进入，进一步提高公共产品和公共服务的质量以及政府管理公共服务部门的效率和水平。

第二，怎样处理好政府与社会的关系。在传统计划经济体制下，由于市场的弱化和社会组织发展不充分，我国建立了政社不分的"大政府、小社会"的管理模式，政府运用强制的行政手段对社会进行全面的管理。伴随着从计划经济体制向社会主义市场经济体制的转型，传统的社会管理模式由于缺乏自我管理和自我发展的能力，越来越难以适应市场经济发展的要求。因此，要培育和建立起社会自我管理的团体和组织，把政府大包大揽的事务还给社会，由社会组织自行管理，通过鼓励建立培育各类社会组织，使其在社会的自我管理上发挥作用。把传统上由政府包办的社会具体事务，逐步交给社会组织去管理和处理。而政府的管理职能集中于怎样去创造更良好的社会发展环境、提供优质公共服务和维护社会公平正义上。

（二）向社会组织转移职能是服务型政府职能定位的要求

政府职能转变，就是指行政主体在一定时期内根据国民经济和社会发展的需要，对其应担负的职责和所发挥的功能、作用的范围、内容、方式的转移与变化。任何国家的政府职能都不是一成不变的，但是，由于所处的时空要素的差异，使得不同国家的政府职能转变会走出各自不同的轨迹。政府职能的核心就是提供公共产品、公共服务给广大民众。人类社会是不断发展变化的，不同时期对政府职能的要求也在变化。政府必须通过自己的职能转变，来适应社会公众对公共产品和公共服务不断变化的需求。随着对政府职能定位认识的不断成熟，在"经济调节、市场监管、社会管理、公共服务"的职能定位基础上，服务型政府的界定已经成为各界共识，这就要求政府向社会组织转移职能。

我国的政府职能转变进程明显地表现为两个发展阶段。在计划经济体制时期，我们的政府职能在特点上被誉为"全能型"政府。从"摇篮"到"坟墓"，各级政府及其职能部门通过指令性计划和行政手段来对整个社会进行全面的干预和管理。比如在经济管理领域，政府既扮演了生产经营者，也扮演着监督控制者的角色。人们后来形象地把它比喻为，既是"运动员"，也是"裁判员"。尤其值得我们关注的是，由于政府职能过多集中于政治和经济，使得为社会和民众提供公共服务的社会职能常常被忽视和淡化。在这种国家"大包大揽"体制下，公共物品与公共服务的供给完全丧失了竞争性，即公共物品只能由政府供给而不能通过市场来获得，使得经济和社会发展失去动力，其结果可想而知。

在十一届三中全会之后，党和国家实现了指导思想的转变，加快政府职能转变成为整个改革的重要内容。为此，中央政府先后在 1982—1983 年、1987—1988 年、1993—1996 年进行过三次规模较大的政府机构改革，努力改变"机构臃肿、人浮于事"的行政管理状态。通过人员和机构的减少等多种改革方式，以实现"简政放权"的政府职能转变目标。在当时的社会条件下，核心任务就是推行"政企分开"。回首改革开放 30 多年，这一艰巨而伟大的历史任务已经完成。当然政府管理运行的实践也暴露出一些问题，例如，未能完全摆脱"精简—膨胀—再精简—再膨胀"的怪圈，但是政府职能转变的决心和努力始终没有改变。

（三）向社会组织转移职能有利于公共服务质量的提高

我国正处于并将长期处于社会主义初级阶段，社会生产力还不发达，国家财力有限，政府所能提供的公共服务同人民群众日益增长的需求间存在着很大差距，与国际上公共服务水平较高的其他国家相比公共服务的产品不足、质量还不高。由于种种原因，最为基础的社会保障类公共服务不到位的问题仍然较为突出。例如，基础设施、医疗卫生、义务教育和社会养老等密切关系着社会公众的切身利益和生活质量的领域，仍然问题重重；由于经济发展引起经济结构的调整而造成的城镇失业人口与农村剩余劳动力的大量存在，已经成为未来我国经济社会发展进程中日益突出的社会矛盾和社会问题；由于社会经济处于转轨时期带来的公共安全在很多方面尚未到位，社会秩序重建明显滞后，社会信用普遍缺乏，各类市场鱼龙混杂，部分地区法律规范束之高阁纷纷让位给"潜规则"，以至于生产、卫生、食品领域的安全问题频频出现，时常不断地引起全社会的强烈关注和极大反响。人们的切实利益得不到保证，特别是部分弱势群体的利益得不到保障，从而可能导致社会安定的隐患不断增加，更为严重的是政府的公共权威不断降低，政府调动外部资源变得更加困难。反过来，这又削弱了政府提供公共服务的能力，可能走向恶性循环。

另一方面，经济与社会发展的不平衡造成了我国公共服务水平的地区失衡与城乡失衡。如果任凭这种状况继续存在下去，必将严重影响国民经济持续、快速、健康地发展。同时，这种差距扩大也不符合社会主义共同富裕的价值取向和可持续发展的公平性原则。公共服务的城乡失衡尤其值得关注，这种失衡的突出表现是对农村和弱势群体的公共服务不到位。由于历史和现实的原因，我国给占中国社会主体的 10 亿农民提供的公共服务水平大大低于对城市居民提供的公共服务水平。在家庭转移性收入占纯收入的比重上，农村居民转移性收入的比重比城镇居民转移性收入的比重明显要低。公共服务的城乡失衡问题，加剧了城乡之间的矛盾，影响到社会的稳定，也影响农村经济的整体发展，最终也不利于社会主义和谐社会建设目标的实现。

近些年来，公共需求全面快速增长有三个重要的特点❶：一是以超常的速度增长。有专家估计，近 10 年我国城镇居民的总需求中，个人公共需

---

❶ 迟福林．以参与公共服务为主要目标的民间组织发展［N］．中国经济时报，2006 - 6 - 27.

求年均提高的比重，相当于过去 5 年的总体增幅，并且近两年的增幅更快。二是公共需求的结构变化很快，逐步由消费型向发展型升级。三是广大农民在义务教育、医疗、社会保障等方面潜在的公共需求逐步变为现实需求。由此我们看到，近几年我国在就业、义务教育、公共医疗、社会保障、公共安全和环境保护等方面的公共需求全面凸显出来。而政府在社会管理领域的一元核心地位仍旧比较突出，传统政府的管理活动实际上触及社会生活的方方面面，成为社会生活的全面组织者、公共产品的直接提供者以及社会稳定的强力维护者。在利益结构单一、社会资源匮乏以及集体主义占据主导地位的历史时期，政府全面的社会管理对于分配有限社会资源、维护社会稳定等方面确实起到积极的作用，但是随着改革开放的不断深入，其弊端逐渐暴露出来。首先，政府对社会的全面介入导致公民的自我教育、自我管理、自我服务得不到完全发展，公民社会和社会自治发展缓慢。其次，政府在全面履行社会管理权以及公共产品供给权的同时，缺乏有效的社会监督与制约机制，为权力寻租和腐败滋生提供了便利。上述这些问题的出现，不管其成因何在，表现在结果上就是公共服务质量严重不能满足当前社会公众的需要。

基于这样一个特定背景，既为强化政府的公共服务职能提出越来越迫切的要求，同时也为民间组织参与公共服务提供了重要机遇。为了适应我国公共需求发展的大趋势，应当鼓励并支持民间组织参与公共服务。现实的选择就是改革现有的公共服务体系，按照"小政府大社会"的改革理念，充分挖掘社会各方面力量。尤其是通过鼓励建立和完善社会组织，将部分原属政府的职能转移给社会组织。充分利用社会组织的技术专长、人才荟萃、客观公正、公众参与等优势和特点，调动社会组织的积极性和创造性，为社会提供更广泛、更优质的公共服务。此外，政府将其部分公共管理职能转移给社会组织，有利于建立非营利组织与政府的合作中竞争的关系模式，这样也能使非营利组织能够在某些公共事务管理方面体现自己的优势，也有助于提高非营利组织与政府双方的效率，因为非营利组织与政府的竞争关系使得非营利组织在公共事务管理权以及资源上进行争夺，这必然会使政府受到很大的限制，而社会力量将在政府受到限制的过程中逐渐增大，从而最终会使得我国的社会结构逐渐向"小政府、大社会"的方向良性发展。只有这样，才能使整个社会的所有公共服务主体形成动力机制，公共服务质量的提高才不至于成为"天方夜谭"。

（四）社会组织不断发展壮大，初步具有承接政府职能的能力

伴随着对外开放和经济体制的转轨，我国也同样经历着一个艰难的社会转型过程。改革开放之前，我国是一个以政党体系为核心建立起来的高度组织化的社会，在这种体制下，"单位"成为国家与社会成员之间不可缺少的中介，社会成员的社会生活与社会管理都由单位来承担，社会变得空洞而弱小，个体的自主性和独立性几乎完全丧失。但是改革开放之后，单位体制的解体，使得国家与社会之间、政府与民众之间丧失了原有的联系纽带，民众与国家权力之间形成一道真空，在这种形式下，就需要一种新的组织化形态来弥补单位体制原有的功能，因为正如亨廷顿所说，"传统制度的解体会导致社会心理上的涣散和沉沦颓废，而这种涣散和沉沦颓废又反过来形成对新的认同和忠诚的要求"，而社会组织正是在这一大的历史背景下得以产生并得到迅速发展的。随着我国改革开放和社会主义市场经济的建立和健全，社会组织发展迅速，数量上有很大增加。根据民政部发布的《2010 年社会服务发展统计报告》，截至 2010 年年底，全国共有社会组织 44.6 万个，比 2009 年增长 3.5%，而 2002 年社会组织数量是 24.4 万个，在不到 10 年的期间社会组织数量接近增长 1 倍。这些社会组织业务范围涉及科技、教育、文化、卫生、劳动、民政、体育、环境保护、法律服务、社会中介服务、工商服务、农村及农业发展等社会生活的各个领域，吸纳社会各类就业人员 618.2 万人，比 2009 年增长 13.5%；形成固定资产 1864.1 亿元，比 2009 年增长 81.0%；各类费用支出 1195.2 亿元，比 2009 年增长 9.2%；社会组织增加值为 531.1 亿元，比 2009 年增长 7.7%，占第三产业（服务业）增加值比重为 0.31%。2010 年接收社会捐赠 417 亿元。❶ 由这些统计数据我们可以清晰地看到，社会组织发展迅猛，正在逐步形成一个社会组织参与公共服务和社会管理的新局面。除此之外，尚有大量的未注册的民间草根组织，据有关媒体估计约有 300 万个。

可以说，社会组织的发展已经成为不可阻挡的历史潮流，数量庞大并

---

❶ 民政部. 2010 年社会服务发展统计报告 [EB/OL]. http://www.mca.gov.cn/article/zwgk/mzyw/2011 – 06 – 16.

充满活力的社会组织，必将在社会的发展进程和公共事务管理中发挥日益重要的作用。"国家的退却和政府职能的收缩是以社会自组织的发展为条件的。因此在转变政府职能、建设服务型政府的同时，一定要制定社会发展促进战略，鼓励和推动社会自组织的发展，政府要为社会自组织的发展创造条件，提供便利"❶，以便让社会组织来及时填补政府退出的职能空间。因为社会组织作为一种以公益理念为引导和约束的组织形态，其目的是最大限度地发掘社会的组织、人财物、社会关系和网络等资源，最大限度地动员各种社会力量积极参与，为公众提供公益服务。因此，社会组织有着政府不可比拟的优势，它更能兼顾弱者的利益，也更能保障社会的公平。此外，在社会公共领事务的处理过程中上，由于社会组织往往可以避开科层制以及繁文缛节的限制，其效率也往往高于政府部门。

与此同时，我们也必须承认，我国的社会组织发展良莠不齐，普遍存在着规模实力偏小、资金缺乏、能力不强、效率不高、活力不足、内部管理不规范等结构性缺陷。此外，由于政府长期在经济和社会事业管理中占据着绝对主导地位，很多社会组织特别是行业协会、商会官办色彩浓厚，被人们形象地称为"二政府"。要改变和克服当前社会组织存在的这些问题，关键的步骤是需要进一步厘清政府与社会组织的界限，强化社会组织的民间性和自治性。而社会组织独立存在的合理根基就是要有自己的职责、权利，否则将始终扮演政府辅助者的角色。只有通过政府职能转移，切实把某些权能转移给社会组织，给它们真正属于自己的空间，才能带来社会组织的盎然生机和蓬勃发展。社会组织的快速增长又会更好地壮大自己承接政府转移职能工作的能力，同时也会提高公民参与社会生活的能力及其张力，最终加快我国走向公民社会的历史进程，形成社会对政府权力的有效制约机制，以防止政府权力的滥用，有助于政府今后致力于建设成为服务政府和责任政府。

二、西方国家政府向社会组织转移职能的理论与实践

自 20 世纪 80 年代始，西方社会发起了方兴未艾的行政改革运动。这场改革的显著特点就是走向"绩效化"和"市场化"，以进一步提高政府

---

❶ 燕继荣. 对服务型政府改革的思考 ［J］. 国家行政学院学报，2006（2）.

的工作效率和管理水平，为社会提供更优质的公共产品和服务。

（一）西方国家政府向社会组织转移职能的理论与实践沿革

政府职能向社会组织转移，是基于对政府和社会的职能界定的认识而开展的。从西方国家政府职能转移的过程来看，体现了从统治型政府到管理型政府，再到服务型政府的发展进程。尽管全球性行政改革始于 20 世纪 70 年代，但西方国家关于政府职能问题的理论则要产生得更早。一般来讲，西方国家政府职能发展经历了六个时期，期间伴随着的是政府职能理论发展的六个阶段。

第一阶段，从 15 世纪开始到 17 世纪末，政府获得来自于社会的更多职能。职能发展是一个从社会向政府集中的趋势。这个时期也是政府职能基本理论的萌芽阶段，其基本标志是英国重商主义的产生。从严格意义上来说，很多学者认为该时期还没有形成真正意义上的政府职能基本理论，但是重商主义已经开始重视政府在经济社会生活中的职能问题，提出了借助政府的力量建立新型的市场秩序和开辟世界市场的主张。

第二阶段，从 18 世纪开始到 20 世纪 30 年代，政府职能受到限制。随着市场经济的发展，市场机制成为配置资源的有效机制，政府干预社会的趋向受到抑制。其标志是自由主义思想家们提出的"有限政府"理论。亚当·斯密、洛克等自由主义思想家从各自的视阈论述了政府只能充当"守夜人"的必要性和可能性，主张政府职能和权限仅在于为国民的自由、财产、人身等提供保障，提出政府不能干预经济活动。亚当·斯密明确提出了"政府要想管理得好一些，就必须管理得少一些"。

第三阶段，在 20 世纪 30 年代，政府职能再度扩充，侵占了社会作为的空间。为解决西方世界的普遍"市场失灵"现象，"政府干预理论"应运而生。英国学者凯恩斯认为，"看不见的手"本身存在资源配置盲目性等诸多弊端，经济自由主义所带来的种种弊端从其内部是不可能克服的。经济稳定增长、充分就业等问题只有通过政府的干预才能解决。因此，必须加强政府的经济职能，让政府涉足经济领域，鼓励政府刺激投资和消费，实行赤字财政。

第四阶段，在 20 世纪 70 年代，政府开始向社会转移职能。由于石油危机触发了经济滞胀和高失业率，凯恩斯主义理论一时难以奏效，导致了自由主义经济思想卷土重来，政府职能基本理论中的"公共选择理论"由此产生。该理论的创建人詹姆斯·布坎南认为，当前西方政府遭遇的"滞胀"是由政府的过度干预政策所导致，政府在干预经济的过程中必然存在缺乏竞争、效率低下等一系列的问题，因而，主张市场力量最大化，政府作用最小化，缩小政府职能。把政府基本职能定位在维护市场的秩序和正常运转上，实行自由放任的不干预政策，将市场机制置于资源配置的优先地位。那么由谁来承接政府职能转移呢？美国学者萨拉蒙进一步指出，"政府失灵"的困境使人们开始反思负担过重和"过分官僚化"的政府是否有能力负担指派给它的繁重的工作任务。由此，"第三部门"主张应运而生。萨拉蒙强调指出，部门的出现改变了社会的二元结构，使社会朝着"国家、市场、志愿者组织"的三元结构发展。由于"第三部门"具有比政府公共部门更灵活、更好的创新机制和更为广泛的参与基础，所以它能够使公民的参与需要得到满足，缓解社会突出问题的压力，并起着制度创新的作用，解决了一些政府解决不了的问题，帮助政府承担相应职能，从而避免"政府失灵"现象的产生。

在这一时期，政府职能转移的方向主要有两个方面。一个方面是进一步向市场中的企业转移，出现了民营化趋势，一些公用事业由原来的政府垄断，开始向市场转移；另一个方面是向社会组织转移。随着全球结社革命，第三部门不断成长壮大起来，政府也通过多种形式向社会组织转移职能。从社会组织的经费来源就可以发现，发达国家的社会组织的过半经费是来自于政府。

第五阶段，20 世纪 90 年代以来，构建多元主体治理结构，政府职能转移方式不断创新。随着政府干预力度的加大和承担的社会福利职能的不断增多，西方各国政府普遍面临财政危机，社会职能扩张所引发的政府内部机构日益庞大又导致管理危机，也就是政府运行效率低下，贪污腐败现象增多，政府公信力下降。面对"公共行政合法性危机"，新型的政府职能理论逐步形成，代表性的有"新公共行政""新公共管理""政府再造""新公共服务"理论观点。在这种背景下，世界上绝大多数国家都要求对政府的职能进行改革。人们在"告别官僚制""超越官僚制""创建高绩效的政府组织""公共部门的民营化、市场化"等思潮的影响下，要求政府把公共事务特别是公共物品和公共服务民营化；推进社区主义，建立理想的政府、市场、社区三足鼎立的公民社会；加强公共部门与私营部门的合作，大力发展非政府组织；用企业精神再造政府，把企业管理中的组织文化注入政府组织中，提高政府部门的竞争力。西方国家掀起了"社团革命"的公民社会浪潮，公民的社会权利意识和参与意识增强，政府与公民个人、社会组织合作开始成为政府职能的重要实现方式，并因此引起政府职能模式的重大转变。政府开始把本属于社会和公民的权利归还于社会，更多地依靠社会自主、自治的力量来解决社会本身的问题，以此来克服单纯依靠政府组织和单纯依靠市场所带来的弊端，更好地实现公共服务、社会和谐这一根本目的。这一阶段，多元治理理念开始形成，政府职能转移力度加大，形式上不断探索创新。

（二）国外政府职能转移的实践

1. 美国的政府职能转变与社会组织的发展

美国不仅是世界上最早诞生非政府组织的国家，而且还是世界上非政府组织最发达的国家。因此，美国非政府组织的发展现状及其运行特点对其他许多国家的非政府组织来说，具有十分重要的借鉴意义。

米尔顿·弗里德曼将美国非政府组织与政府的关系发展到目前的状况大体分为三个阶段：第一阶段，从建国到19世纪末，确切的可以说是到1890年（1890年至第一次世界大战，美国进入了改革时代）。这一阶段是托克威尔所描述的美国民间各类社团"自由放任"发展的时期，其主要意识形态把"自由"强调为最后目标，而把"个人"强调为社会的最后实体，将"自由放任"当作国家减少在经济事务中的作用从而扩大个人作用的一种手段。第二阶段，从1890年到1980年。这段时间，随着美国福利国家的发展，特别是罗斯福新政和约翰逊的"伟大社会"运动时期，政府对社会的渗透和干预明显增强，民间非营利组织与政府的相互依赖增加，政府与民间非政府组织在社会服务等领域展开了协作。与此同时，社会运动的兴起也推动了民间非营利组织和政府的互动与合作，两者之间逐渐形成协作关系。第三阶段，1980年里根政府至今。这一阶段，受到新保守主义的影响，政府主动从社会收缩，拓展民间非营利组织发展的社会空间，促进了民间非营利组织的自主发展。进入20世纪90年代，新公共管理改革强化了政府与私人部门的联系，民间非政府组织与政府在社会服务、社区建设等领域的相互协作更加紧密，民间非政府组织在更加独立的基础上与政府形成了一种伙伴关系。❶ 1993 年克林顿政府开始了"重塑政府运动"，改革的纲领性文件是《从过程到结果：创造一个少花钱多办事的政府》。其基本内容是：精简政府机构，裁减政府雇员，放松社会管制，引入竞争机制，进行绩效管理，对于能够按照合同协助政府履行部分职能的非政府社会组织给予政府的财政支持。

截止到 2010 年 8 月，在美国国内税务局登记的非营利组织总计达到了 157 万家，其中包括了近 100 万家公共慈善组织和近 12 万家私人基金会。这意味着每一万名美国人就拥有 36.7 家其他类型的非营利组织如商会等。❷ 也就是说，非政府组织机构在数量上构成了美国城市管理体系的主体。由美国的非政府组织的发展过程可以看出，任何非政府组织的发展都是从小到大、从不完善到逐渐完善的过程。同时，以非营利组织为载体的社会自治力量的成长是历史的必然。这种社会自治是相对于政府的治理而言的，是以政府的存在和治理为前提的，是相对于政府治理的自我治理。政府对社会自治的力量有着不可代替的领导责任。多元治理主体中，政府和非营利组织的关系是领导与辅导的关系，是不同于以往治理模式的新型领导关系。

从发挥的作用来看，美国的非政府组织独特的自律性和自发性的利益协调的平衡机制，使之成为市场机制下的秩序维护者和协调仲裁者，直接参与市场监督、维护市场秩序的辅助政府管理职能。例如，行业自律性组织、商会以及专业协会，在市场秩序维护、行业规范制定、标准制定以及利益冲突协调方面起着非常积极的作用。

2. 日本社会组织的发展及其在政府职能转移中的角色

从历史发展来看，早期的日本民间社会组织展开的公益性活动，主要包括来自古代传统地缘型的相互扶助活动，或者是以佛教等宗教为基础的励志性活动以及近年来民间企业所从事的社会贡献活动等。20 世纪 60 年代开始，日本相继设立了一系列承担和执行行政管理职能的"事业团"，并在法律上确定它们为特殊法人，其资金和经费 70% —95% 由国家拨款，

❶ 米尔顿·弗里德曼. 资本主义与自由［M］. 商务印书馆，2001.
❷ 徐正，邓国胜. 美国非营利组织的规模与结构［J］. 学会，2011（3）.

其目的、任务和业务范围由法律规定，依法行使一定的政府管理职能，接受主管首长监督。❶ 这些"事业团"不同于作为公法人的政府管理机构，也不适用国家行政组织法对国家机关在编制、预算和活动范围的规定，在执行管理职能方面有一定的灵活性和自主权，而且可以开展其他业务，取得经营收入。当时这些所谓"事业团"的社会组织开展的公益活动，多以公害防治运动、自然保护运动、消费者运动等议题为主，而后渐扩展至福利、教育、环境等相关议题，甚至进一步延伸到保健、文化、国际交流等领域。到80年代，已经有越来越多的有关政府或企业所无法提供的公共性服务逐步交由非营利性的社会组织去施行。

1998年《非营利组织法》颁布后，大大促进了日本社会组织的发展。随着社会组织活动的广泛开展，人们对其认知的程度也高了。不但参与社会组织的人越来越多，而且成分多样化，各种阶层、年龄、性别、行业的人都有。政府的各种政策措施中以社会组织为对象的内容也在增加，许多地方自治政府提出了"非营利组织分担公益事业"的观点，主动将非营利性社会组织视为合作伙伴。在日本的各级政府中，不与民间社会组织合作的地方政府可以说已经不存在了。有的地方，如千叶县甚至提出"非营利组织立县"的口号，安排专门的人力、财力推进本地民间社会组织事业的发展。总体来看，日本政府正在将越来越多的公共设施交给民间社会组织管理，并为此设置了各种针对社会组织的"公开募集型补助金制度"以及委托管理事业费。很多地方政府建立了民间社会组织支援中心，为这些社会组织的活动提供全面、系统、周到的服务。

3. 英国的政府职能转移

20世纪70年代西方主要资本主义国家相继爆发了"滞胀危机"，越来越多的国家无法负担起日益庞大的公共事业补贴开支。同时，面对危机，以欧美为代表的西方发达国家纷纷放权于社会，以期"再造政府"，用市场化、社会化的方法分担政府压力，社会多元化进程进一步加剧，日益强大的公民社会对于低效率、低质量、搞垄断的公共服务怨声载道。在这种双重压力之下，英国政府通过各种手段减少对公共事业的控制和补贴，使其面向市场，同时改变公共企业垄断公共产品和服务的局面，允许市场中

---

❶ 王名，等．日本非营利组织［M］．北京：北京大学出版社，2007.

的众多主体共同参与公共产品和公共服务的供给，给公共企业创造一种竞争环境，迫使其在市场竞争的压力下不断提高自身效益。

西方行政改革背景下的英国政府的职能转变始于1979年英国保守党上台之后的撒切尔改革。这次改革通过向社会公众出售国有资产、放松政府管制、通过特许经营、合同承包、鼓励私人部门提供可市场化的产品及服务等形式进行一系列非国有化措施，迅速实现了英国公共事业领域的民营化。1979年，撒切尔政府成立了雷纳评审委员会，将商业技术、管理技术、竞争机制以及顾客导向引入公共事业管理。1987年出台了《改变政府管理：下一步行动方案》，提倡采用更多的商业管理手段来改善公共事业管理，提高公共服务效率。1992年梅德维杰夫政府的"为质量而竞争"的政策文件出台，其核心思想就是采取措施促使提供公共物品和服务的公共部门接受市场检验，鼓励各公共部门之间、公共部门与私人部门之间为公共物品和服务的提供展开竞争，尤其是通过公开投标的方式使那些赢得竞争并提供优质服务的单位得以生存与发展。布莱尔政府时期实施了使政府与私人部门、非营利性组织建立起前所未有的伙伴型关系的"合作政府"计划；同时，通过建立执行机构，推行"灯塔政府"计划，运用基准测试工具，使整个英国新公共管理运动凸显出了目标和结果间、输入与输出间、决策者和管理者间寻求一条主线明确划分责任的内在逻辑。布莱尔政府还在2000年实行了"最佳价值计划"，超越了保守党政府改革的"强制性竞标"对经济理性的单向追求，并强调结果导向与持续改进的和谐统一。

总的来说，英国政府认为，社会组织有助于解决因失业、歧视、低技术、低收入、居住环境恶劣、高犯罪率、患病及家庭破裂等弱势社区所面对的社会排除及社会孤立等问题，并致力于推动建立一个强大、永续及社会融和的社会和经济体系。英国在社会组织承担职能方面有着较多的创新尝试，详见附录1《社会影响债券——英国政府购买服务创新模式解析》。

（三）西方国家政府向社会组织转移职能的经验分析

从西方国家的历史经验可以看出，政府职能的演变围绕如何处理好政府与市场、政府与社会的关系这一中心问题而呈现出某些共同的趋势，形成了具有相对固定内涵的"政府职能模式"。

1. 转移职能的前提是政府政治统治职能的弱化和社会管理职能的强化

政府职能转移是有范围限制的。从西方国家的经验来看，政府转移出去的职能主要是社会管理职能。政治统治职能是早期政府的最基本职能，但随着资本主义的发展，政府为适应和满足社会需求，其"公共性"的管理职能地位开始上升，政府的"国家本位"定位被"社会本位"定位所取代，政府就逐渐从"统治者"的角色向"管理者""服务者"的角色转变，成为提供社会服务的公共机构。

政治统治的职能不断弱化，伴随着的是社会管理职能的持续扩大。这种扩大化的发展，是从政府的经济职能开始的。在商品经济的发展和市场机制完善的过程中，政府干预经济危机和维护社会和谐的职能开始强化。首先是在经济领域，国家开始作为直接参与者干预和调控经济，政府或者通过掌控国有企业来影响经济资源配置和利益分配，或者通过货币、税收等政策工具调节市场供求关系。其次，在社会领域，政府为公民提供基本的社会保障成为重要的职能，这就使得社会管理和公共服务越来越成为当代政府的基本职能。当福利国家和福利社会弊端日益显现之际，政府向社会组织转移职能就成了历史发展的必然。总体而言，经济性职能委托为行业协会、商会，社会性职能委托给慈善团体或机构。

2. 政府向社会组织转移职能有着良好的政策法律环境

西方发达国家政府多为社会组织的发展制定了相应的法律制度，为社会组织的运作提供法律保障。政府向社会组织转移职能是在社会自治权和公民结社权保障的大环境下开展的。一方面是对社会组织成立和获得法人身份有着宽严相济的法律规定。另一方面，政府为社会组织提供各种税收优惠政策，包括部分或者全部减免所得税、销售税、使用税，对个人或企业向这些组织的捐赠予以税收减免或者优惠。如法国以资助、签约、第三方支付等财政优惠鼓励社会组织协助政府提供公共服务。此外，政府向社会组织转移职能的同时也有专款促进社会组织能力建设。

政府制定了政府转移职能的制度规范。美国1761年制定《联邦采购法》，是最早的关于政府购买社会组织服务的法律规范。20世纪90年代，英国率先提出公私伙伴关系的概念，1998年制定了《合同》框架，为政府与社会组织有效合作提供公共服务确立了总体框架，确定了政府与社会组织合作的五种实践准则。依据该协议还在 2007 年 4 月成立了自己的组织机构——合同委员会，专门负责监督《合同》项下的协会的执行情况。

3. 政府向社会组织转移职能的方式方法多样化

政府向社会组织转移职能的实质是政府治理工具的多元化探索。霍莱特和拉姆什根据政府介入公共物品与服务的程度，将政府提供公共服务的工具分为自愿性工具、混合性工具和强制性工具。自愿性工具的核心特征是很少或几乎没有政府干预，以自愿为基础，具体包括家庭与社区、志愿者组织和市场等工具；强制性工具是借助政府的权威和强制力，对目标群体的行动进行控制和指导；混合性工具结合了自愿性工具和强制性工具的特征，允许政府对非政府行为主体的决策进行不同程度的干预，但最终仍由私人做出决策，包括信息与规劝、补贴、产权拍卖、税收和使用者付费等工具。❶ 从中可以看出，强制性工具是政府自身保有的职能，而混合型工具和自愿性工具则是政府向社会转移职能的方式。结合这一理论，梳理西方国家政府职能转移的方式，可以分为以下几种。

（1）授权。政府采用立法授权的方式，把部分职能授予社会组织。如德国工商会联合法规定，德国工商企业必须加入德国工商总会，通过立法授予德国工商总会若干权能：代表位于工商会区域内并属于工商会的工商经营者的全部利益，促进工商经济的发展，权衡并协调每一个工商行业或企业的经济利益。工商会的主要任务是：通过建议、报告及评估，向政府部门提供咨询并支持其工作；同时维护诚实商人的规矩和习惯。主要职责是：建立旨在促进工商经济及各工商行业发展的机构及设施，管理并支持其工作；在遵循现行法规，特别是职业培训法的情况下，采取措施促进并实施商人及工商业职业的培训；负责出具产地证书以及其他有关经济往来的证明，等等。❷ 这种行业自律功能是基于法律授权或者合意授权的结果。

（2）政府购买服务。分为竞争性购买和非竞争性购买。招标是一种竞

---

❶ HOWLELT, MICHAEL, M. RAMESH. Studying Public Policy: Policy Cycles and Policy Subsystems. Oxford: Oxford University Press, 1995: 80 – 98.

❷ 李勇. 德国非营利组织管理工作考察报告［EB/OL］. 民政部民间组织管理局, 2005 – 6 – 29.

争性购买。政府部门直接提供财货和服务。

（3）经营特许权。政府特许经营权，是指政府拥有的特权经特定程序而获得的对有限自然资源开发利用、公共资源配置以及直接关系公共利益的特定行业的市场准入权。政府特许经营权出让，是指政府将特许经营权在一定期限内授予经营者的行为；政府特许经营权转让，是指经营者在特许经营期内将特许经营权转让给其他经营者或投资者的行为。

（4）税收优惠或补助。政府通过金融工具鼓励社会组织提供公共服务，也视为一种转移职能的非强制性工具。如贷款保证、政府保险、税收优惠、政府补贴、政府提供办公场所等。

（5）发行债券、消费券。政府发行债券（如英国发行社会影响债券）或者消费券，购买社会组织的服务。发行消费券或者抵用券的形式则比较普遍。

通过以上分析可以看出，政府转移职能的程度是有差异的，表现为从完全转移到部分转移，从制度化转移到一事一议式转移等，这也体现着社会组织的参与程度有差异性。

4. 政府职能转移过程伴随着对社会组织的培育和引导

政府为了顺利转移职能，往往对社会组织采取多种扶持和引导手段，提升社会组织的能力，或者提供其公共服务的公信力。一些国家和政府提供公共信息（发布信息以影响目标群体行为、举行听证会以收集信息）、能力建设（通过教育、技能训练来培育提升目标群体的能力）、组织联盟、奖赏鼓励❶等多种鼓励措施。例如，英国专门设有三个项目，即"能力构建者""未来构建者"和"基层资助"，旨在进行社会组织培训或者能力建设。❷

总体来看，现代西方社会政府职能转移的进程呈现着从"守夜型"向"划桨型"再到"服务型"政府理念的转变，体现着社会自治能力的成熟和自治水平的不断提高。

---

❶ 陈恒钧，黄婉玲. 台湾半导体产业政策之研究：政策工具研究途径［J］. 中国行政，2004（75）.

❷ 王浦劬，萨拉. 政府向社会组织购买公共服务研究［M］. 北京：北京大学出版社，2010.

三、我国政府向社会组织转移职能的现状

向社会组织转移职能在我国处于刚刚起步阶段，不断学习和借鉴发达国家的成熟经验和总结自我发展的规律，是当前的基本状态。关于我国政府向社会组织转移职能，可以从现有政策法律框架以及目前取得的工作成绩中，反映出我国政府职能向社会组织转移的制度设计和实践操作的现状。

（一）我国政府向社会组织转移职能的现状

从宏观方面来看，在制度设计上面我们已经实现了一定程度的突破，表现在中央和地方层面已经制定了一些相关政策法规，为现今政府向社会组织转移职能搭建了基本法律框架。

1. 中央和地方层面的法律与政策例举

（1）《行政许可法》为政府职能转移提供了法律依据。我国政府机构改革已呈现出良好的态势，政府在转移职能方面的自觉性日益增强。政府行为正在不断归位和规范，已经明确将政府职能定位在经济调节、市场监管、社会管理和公共服务等方面，从直接管理为主转为间接调控为主，把企业交还给市场，把应当由社会承担的责任逐渐归还给社会，是一种必然趋势。在法律上，我国2004年7月施行的《行政许可法》第13条明确规定，凡是公民、法人或者其他组织能够自主决定的，市场竞争机制能够有效调节的，行业组织或者中介机构能够自律管理的，行政机关采用事后监督等其他行政管理方式能够解决的，可以不设行政许可。这项规定，为社会组织承担政府转移的职能提供了法律依据。

（2）中央政府和地方各级政府出台的其他相关制度性规范。中央和地方各级政府相继推出了制度性规范，推动了政府向社会组织转移职能的进程。其中，立法位阶最高的是2003年施行的《政府采购法》，该法全面规定了政府采购的主体（当事人）、采购方式、程序、合同、质疑与投诉、监督检查等内容。该法没有排除社会组织作为采购人和供应商的资格，明确指出"采购人是指依法进行政府采购的国家机关、事业单位、团体组织"。而且还列举了供应商参加政府采购活动应当具备的六个条件：具有独

立承担民事责任的能力；具有良好的商业信誉和健全的财务会计制度；具有履行合同所必需的设备和专业技术能力；有依法缴纳税收和社会保障资金的良好记录；参加政府采购活动前三年内，在经营活动中没有重大违法记录；法律、行政法规规定的其他条件。这里也没有把社会组织完全排除在外。

国务院办公厅还发布了关于社会组织的专项文件，如《关于加快推进行业协会商会改革和发展的若干意见》（国办发〔2007〕36 号）、《中共中央、国务院关于加强和创新社会管理的意见》（中发〔2011〕11 号）等。

此外，各省市也发布了相关制度性规范，表 1 仅列举部分省市的相关政策规范。

表 1　各地政策规范例举

地区	规范名称
北京	《中共北京市委关于加强和创新社会管理全面推进社会建设的意见》（2011 年 6 月 3 日中共北京市委十届九次全会通过） 《北京市民政局关于开展社会组织服务民生行动的通知》（京民社发〔2010〕30 号）
浙江	《省政府办公厅转发省民政厅关于非公募基金会业务主管单位职能委托意见的通知 》（苏政办发〔2006〕18 号） 浙江省民政厅关于印发《民间组织许可事项办理工作规则（试行)》的通知（浙民民〔2007〕133 号，2007 年 7 月 9 日）
江苏	《江苏省省政府办公厅转发省民政厅关于加强民间组织培育发展和管理监督工作意见的通知 》（苏政办发〔2007〕87 号）
湖南	《湖南省行业协会管理办法》（2005）
广东	2007 年，根据广东省委、省政府《关于发挥行业协会商会作用的决定》及《广东省行业协会条例》《中共广州市委、广州市人民政府关于促进行业协会商会改革发展的意见》《中共广东省委办公厅、广东省人民政府办公厅关于发展和规范我省社会组织的意见》（粤办发〔2008〕13 号） 《广州市行业协会商会承接政府有关职能的监督管理试行办法》

地区	规范名称
广西	《广西壮族自治区人民政府办公厅关于印发行业协会和中介组织与行政职能部门脱钩工作方案的通知》（桂政办发［2007］52号 《广西壮族自治区人民政府办公厅转发自治区发展和改革委员会关于加快我区行业协会商会改革与发展实施意见的通知》（桂政办发［2007］151号） 广西《自治区民政厅关于自治区人民政府授权自治区工商联作为全区性社会团体业务主管单位有关问题的通知》（桂民发［2010］18号） 《广西壮族自治区民政项目下放的实施方案》（桂民发［2011］47号）
福建	《关于进一步加强社会团体监督管理有关问题的通知》（闽民管［2011］25号）， 《福建省民政厅关于社区社会组织培育发展和登记管理工作的意见》
珠海	《珠海市人民政府关于进一步发展和规范我市社会组织的意见》（珠字［2011］4号） 珠海市《关于政府购买社会组织服务的实施意见》（2011年7月）
上海	《关于购买社会中介机构参与"职业见习计划"实施成果的暂行标准》（2002年） 浦东新区人民政府印发《关于促进浦东新区社会事业发展的财政扶持意见》的通知（2005年） 《关于进一步加强本市社会组织建设的指导意见》（沪委办发［2009］31号） 《关于规范政府购买社会组织公共服务的实施意见（试行）》（闵府办发［2008］81号） 《关于促进社会组织参与社区建设管理的实施意见（试行)》上海市静安区人民政府（2007） 静安区《关于社会组织承接政府购买（新增）公共服务项目资质的规定》（2008） 《关于鼓励本市公益性社会组织参与社区民生服务的指导意见》（沪府办发［2009］46号） 《关于加强社区社会组织服务中心建设的指导意见》（卢委办发［2010］19号） 《关于进一步加强本市社会组织建设的指导意见》（沪委办发［2011］19号） 市委、市府办公厅《关于进一步加强本市社会组织建设的指导意见》（沪委办发［2011］19号）
潍坊	《潍坊市行业协会管理办法》（潍政发［2012］4号）
成都	《成都市人民政府关于建立政府购买社会组织服务制度的意见》（成府发［2009］54号）

上述这些制度性规范，都不同程度地涉及了政府向社会组织转移职能的问题。

2. 政府职能向社会组织转移的规范体系

概括起来，上述相关政策规定包括以下内容：

（1）明确了社会组织发展与政府职能转变相协调的指导思想。国务院办公厅《关于加快推进行业协会商会改革和发展的若干意见》（国办发〔2007〕36 号）提出了"坚持政会分开。理顺政府与行业协会之间的关系，明确界定行业协会职能，改进和规范管理方式"的总体要求。《潍坊市行业协会管理办法》第 5 条规定，"政府及政府有关部门应当采取措施，加快推进行业协会改革和发展，逐步建立体制完善、结构合理、行为规范、制度健全的行业协会体系。行业协会改革应当与政府职能转变相协调"。第 6 条规定，"行业协会依照法律、法规、规章和章程开展活动受法律保护，任何组织和个人不得非法干涉"。

（2）原则性列举了社会组织的职能范围，其中很多职能原属于政府部门，现在也有政府部门所享有的职能。

国务院办公厅《关于加快推进行业协会商会改革和发展的若干意见》（国办发〔2007〕36 号）列举了行业协会的四大类职能，即中介职能（桥梁纽带作用）、行业自律、行业服务、开拓市场等。其中明确指出"各级人民政府及其部门要进一步转变职能，把适宜于行业协会行使的职能委托或转移给行业协会""行业协会根据授权进行行业统计，掌握国内外行业发展动态，收集、发布行业信息；……参与行业资质认证、新技术和新产品鉴定及推广、事故认定等相关工作；受政府委托承办或根据市场和行业发展需要举办交易会、展览会等"。

《江苏省省政府办公厅转发省民政厅关于加强民间组织培育发展和管理监督工作意见的通知》（苏政办发〔2007〕87 号）第 7 条规定，"政府及各部门在职能转变过程中，应逐步将服务性事务、部分行业管理职能等公共服务和社会管理活动，授权或委托相应的民间组织承担。凡政府委托民间组织承办事务的，原则上应通过政府购买服务的方式进行。加强社区民间组织的规范化建设，提升其承接政府转移职能的能力"。

《潍坊市行业协会管理办法》第 24 条列举了行业协会的六项行业代表职能和四项行业自律职能、八项行业服务职能、四项行业协调职能和四项行业处罚职能，其中，行业统计职能与 37 号文相比去掉了"政府授权"的字样。

概括起来，政府向社会组织转移职能的基本内容围绕着以下四个方面。

第一种，作为社会组织业务主管单位的管理职能，很多枢纽型社会组织所承接的就是这方面的职能。

第二种，行业管理职能。如向行业协会（商会）或有关学术、专业类、联合类、鉴证评估类的社会组织转移行规行约制定、行业内企业资质认定及等级评定、专业技术职称及执业资格评定、行检行评、行业区域合作、名牌产品评定与推荐、展览展销与推介的组织与服务、行业调查、统计、规划、培训、考核，以及行业内重大投资、改造、开发项目的可行性前期论证和对项目的责任监督等服务。

第三种，社会服务职能。如法律服务、宣传培训、社区事务、公益服务等社会事务管理与服务性职能。具体包括❶：

①公共卫生服务。为城乡居民提供传染病、地方病、寄生虫病和有关慢性病的社区预防控制，计划免疫，精神卫生服务，妇女、儿童、老年保健，健康教育等医疗服务。

②公共就业服务。向社会组织购买公共职介服务、公共就业培训服务、职业技能鉴定服务等。

③社会事务管理与服务。向社会组织购买法律服务、人民调解、宣传培训、社区事务、公益服务、社区矫正和安置帮教等服务。

④公共文化服务。推进文化馆、图书馆、科技馆、美术馆等文化设施免费或优惠向群众开放；开展为城乡居民送文艺演出、送电影等活动，为广大群众提供多方面、多层次、多样化的文化服务。

⑤养老服务。向满足一定条件的老年人提供老年生活照顾、家政服务、心理咨询、康复服务、紧急救援、临终关怀等服务，建立覆盖全市的较为完善的养老服务网络，促进全市老年人福利事业发展。

当然，还包括公共设施维护、环境维护等其他领域的公共服务。

第四种，市场监督职能。如市场监督、行业处罚等行业自律职能等。

---

❶ 珠海市. 关于政府购买社会组织服务的实施意见［Z］. 珠府［2011］89 号.

同时，为了避免权力滥用，也清晰界定在这方面职能转移的界限。例如，《广州市行业协会商会承接政府有关职能的监督管理试行办法》中规定了不能转移给社会组织的职能："政府部门承担的行政许可、行政决策、行政处罚、行政强制、行政执法监督等职能不得划转给行业协会商会承担。"

（3）确定了政府职能转移的方式。一些地方立法中还比较具体地规定了政府职能转移的具体方式，使之更加具有可操作性。

第一，对于政府职能转移的基本方式给予明确规定。《广州市行业协会商会承接政府有关职能的监督管理试行办法》提出了三种转移方式，即移交、授权、委托。

移交是指政府部门将属于行业协会商会章程规定的业务范围和工作职权内，且可以通过市场运作完成的开拓市场、发布市场信息、推介行业产品、咨询等服务职能，移交给行业协会商会承担，由行业协会商会按照其章程和决议履行。

授权是指法律、法规将某项或某方面职能授予行业协会商会行使的，由行业协会商会以自己名义组织实施，并直接对外承担相应法律责任。

委托是指政府部门在其职权职责范围内，依据法律、法规、规章将如下行政职能或行政事项委托给行业协会商会，行业协会商会仍以委托部门的名义实施管理行为和行使职权：草拟本部门行业政策、行业规范、行业规划；进行行业统计、行业状况调查；承办专业会议、展览、培训；行业内重大的投资、改造、开发项目可行性的前期论证，以及对项目的责任监督；评审、审核专业资质或资格；反倾销、反补贴、反垄断的信息收集和调查；假冒伪劣产品违法行为的信息收集和调查；依法可以委托的其他职能或行政事项。

第二，关于政府职能转移的其他方式。除了上述方式之外，一些地方政府还参照西方国家政府治理工具理论，把财政补贴、税收减免等方式视为政府职能转移的辅助方式。如《江苏省省政府办公厅转发省民政厅关于加强民间组织培育发展和管理监督工作意见的通知》（苏政办发［2007］87号）第8条规定，"……加大资金扶持力度。各级政府要把民间组织管理工作经费列入各级财政预算，为加强民间组织培育发展和管理监督提供必要条件。采取购买服务、项目招标、财政补贴等方式"，提出对举办社会公益事业的民间组织"可以在开办、运营、设备购置等方面给予适当补贴"。第9条规定，要"落实有关税收减免优惠政策。根据国家有关规定，税务部门保障民间组织享有会费收取、政府委托培训等项目的税收减免待遇。符合国家有关规定，经有关部门确认，公益性社会团体、民办非企业单位和基金会享有捐赠税前扣除等税收优惠"。

而承包、租赁、合营等方式也是政府职能转移的方式。《山东省关于自主社会办养老机构管理办法》中指出，采取承包、租赁、合营等形式与政府合作经营并取得"事业单位法人证书"的非营利性养老机构，事实上也是养老服务职能的转移合营载体。

第三，政府职能转移的基本操作形式：政府购买社会组织服务。现阶段，在我国现有政策框架范围中，普遍把政府购买社会组织服务视为主要的职能转移操作形式。在国家层面上，《中国农村扶贫开发纲要：2001—2010》在"十一五"扶贫工作的基本思路中提出鼓励和支持中介组织、民间组织参与扶贫项目的实施。2002年，国家艾滋病防治社会动员项目设立专项资金，每年通过招标，支持社会组织参与艾滋病防治工作。2006年财政部、国家发改委、卫生部联合下发《关于城市社区卫生服务补助政策的意见》，指导政府购买城市社区公共卫生服务试点。2007年国办发36号文《关于加快推进行业协会商会改革和发展的若干意见》，明确提出建立政府购买行业协会服务的制度，对行业协会受政府委托开展业务活动或提供的服务，政府应支付相应的费用，所需资金纳入预算管理。这些都说明政府在使用财政资金提供公共服务方面，开始逐步考虑到社会组织的参与。

在地方层面上，2005年上海浦东新区政府出台《关于促进浦东新区社会事业发展的财政扶持意见》，其后又相继出台了《着力转变政府职能，建立新型政社合作关系的指导意见》《关于促进浦东新区民间组织发展的若干意见》及《浦东新区关于政府购买公共服务的实施意见（试行）》，2008年上海市静安区民政局、财政局共同下发《关于静安区社会组织承接政府购买（新增）公共服务项目资质的规定》，对购买服务的流程、评估和标准做了规范。2005年，无锡市委下发市改革工作领导小组公共财政体制改革办公室制定的《关于政府购买公共服务的指导意见（试行）》，提出"政府承担、定项委托、合同管理、评估兑现"的公共服务提供方式，鼓励政府将直接举办的公共服务事项通过一定程序委托给非营利组织完成。2006年，宁波市财政局下发《关于大力推进公共服务实行政府采购的工作意见》，将教科文体、社会保障等纳入政府采购范围。

（4）细化了政府购买服务的程序。政府购买社会组织服务是当前政府职能转移的基本操作形式。其在实践中已经被许多地方政府所采用，程序上也日益成熟，一般包括项目招标、合同管理、评估兑现等流程。

第一，立项委托。政府提出委托或购买社会组织服务的项目，按照"谁主管、谁审查"的原则对项目的合法性进行立项委托前审查，测算服务成本，明确服务标准，规划服务总量，细化购买流程，并编制相应的年度预算报财政部门。经审核同意后，政府可委托特定社会组织承办。对政府委托的项目进行汇总后，发布项目招标信息，内容应包括项目介绍、投标条件、工作要求、经费标准、完成时间等。

第二，资格审核。对投标承接项目的社会组织，组织有关专家和人员对其资质、能力、信誉、业绩等进行多方论证，出具书面评估报告，会同委托方共同进行资质确认后，按有关规定和程序确定中标的社会组织，并由委托方签订合同。

第三，管理评估。对社会组织中标承接的项目，进行全程跟踪和监督，确保项目的进度和质量。对社会组织实施完成的项目，应当与相关部门、第三方评估机构和服务对象对工作绩效、受益情况、公众满意度等进行评估并会同有关部门对其资金使用情况进行审计。

第四，经费结算。对实施完毕且符合标准的项目，由委托方按照合同规定结算经费。

（二）当前我国政府职能向社会组织转移的基本成绩

1. 政府职能转移的自觉性不断提高

政府职能转移成为提高社会管理水平的重要手段。2011年2月，胡锦涛在中央党校发表了《扎扎实实提高社会管理科学化水平，建设中国特色社会主义社会管理体系》的重要讲话，为我国新时期加强社会管理、完善政府职能指明了方向。我国政府意识到，政府自身不能有效地解决各类公共产品和公共服务的需求问题，并且在实际工作中还经常性地出现政府职能错漏问题。所以仅仅依靠政府是不够的，除了用市场机制来弥补之外，更需要发展壮大社会组织来共同承担政府职能。社会组织的主要作用就是为政府查漏补缺，为广大公众提供多元化的公共产品和公共服务。面对当前公共产品和服务与广大公众需求之间的矛盾，有效地破解这问题的方法就是实现社会管理主体由一元向多元的转变。多元的社会管理主体可以适应多元的社会现实，为公众提供高质量、差异化的社会公共服务；多元的社会管理主体可以最大限度激发社会创造活力，最大限度增加和谐因素，最大限度减少不和谐因素；多元的社会管理主体也有助于缓解政府压力、转变政府职能，使政府将精力和资源集中用于宏观调控领域。

从我国的社会现实条件来看，一方面，要尊重社会组织自身的自治，政府并不干预其内部事务；另一方面，政府与民间组织的关系应当是互动合作、相互补充、相得益彰的关系。政府与民间组织都是公共服务的提供者，二者的区别在于实现共同目标的过程中所使用的方式不同。政府与民间组织的互动合作有助于建立起畅通有效的利益表达机制，协调和化解不同社会利益群体之间的矛盾和冲突，实现政府与民间组织的良性互动，使政府与人民群众更加紧密地联系在一起，从而改善政府形象，增强民众的政治认同。❶ 建立政府与民间组织的互动合作关系和协调机制，不仅可以促进政府职能的转变，提高社会公共服务的能力，而且有助于优化民间组织的发展环境，使民间组织更好地克服成长过程中的缺陷，加强自律和自身能力建设。

2. 以政府购买社会组织服务为主要操作形式的政府职能转移取得突破性进展

政府购买公共服务，是指政府对于某些设立的特定的公共服务目标，不是自己使用财政资金运作完成，而是通过各种模式建立契约关系，由社会组织来提供公共服务，而政府支付相应的资金的模式，其本质上是公共服务的契约化提供模式。当前，探索和建立政府与民间组织在相互独立的基础上如何建立创新的"合作伙伴关系"，已经成为很多地方政府和职能部门的重要课题。例如广东省政府在 2011 年 7 月通过了《关于加强社会建设的决定》，其后配套出台了《关于加快推进社会体制改革建设服务型政府的实施意见》《关于加强社会组织管理的实施意见》《关于广东省进一步培育发展和规范管理社会组织的方案》等若干文件，降低了社会组织的登

---

❶ 王建军. 论政府与民间组织关系的重构 ［J］. 中国行政管理, 2007（6）.

记门槛，简化社会组织登记程序，重点鼓励行业协会、群众生活、公益慈善类、社会服务类、异地商会、城乡基层社会组织、涉外社会组织、枢纽型社会组织等社会组织的发展，改变传统上行政机关与社会组织的关系，实现行政机关从"业务主管"到"业务指导"的转变。2011年起，北京市开始推行社会组织分级管理制度，市、区两级财政投入2亿元，购买600项社会组织公益服务❶，引导社会组织的健康发展。同时严格控制公务员和事业单位人员兼职社会组织，要求现有社会组织中兼职的党政机关工作人员要逐步退出，还社会组织民间化本色。2012年2月，北京市政府推出了《北京市2012年政府购买社会组织服务项目指南》，包括40个类别，购买300个公共服务项目，把加快政府职能转变和扶持社会组织发展放在重要位置。可以说，我国各级政府与社会组织之间通过政府职能转移进程，形成了在社会管理与公共服务方面的合作正在走向一个良性的互动过程，通过特许经营、订立合同和政府购买服务等合作方式，民间组织可以做许多政府想做而做不好的事情，弥补政府管理的缺陷；与此同时，民间组织也可以在政府的扶持与培育下完善自我，成长为与政府和企业共同支撑经济社会生活的重要力量。随着这种互动合作实践经验的总结，在政府与社会组织之间也会不断做出调整使之更趋向合理发展。

3. 政府职能转移的试点探索取得初步成功

我国各地进行的政府职能转移采用试点推进的方式，取得了突破性进展。除了地方政府，在科协系统也进行了政府职能转移试点探索。由中国科协业务主管的全国学会达187个，约占全国同类科技学术社团的80%，各级科协组织所属学会5万个，在全国社会组织中占有重要位置。2006年以来，中国科协在民政部的支持下，设立了38个学会试点项目，先后投入经费1200万元支持一批全国学会围绕会员管理服务体系建设、办事机构队伍职业化改革、承接政府转移的社会化服务职能、组织体制改革等内容开展改革创新工作。经过几年努力，取得实效。

目前学会承接政府职能最为普遍的前三种形式是科技奖励、培训和继续教育、科技决策与咨询。承接政府职能的主要形式包括行业标准制订、

---

❶ 孙韬. 公务员年内退出社会组织［N］. 北京晨报，2011－2－26.

科技评价、行业数据统计、职业资格认定和专业职称评定。❶

学会承接政府职能态度积极。高达 93% 的学会组织表示会积极争取政府职能转移，只有不到 7% 的学会组织选择了"可有可无""尚未形成统一认识"和"尚无这方面打算"。由此可见，大部分学会组织在自身的主观意愿上是对承接政府职能转移持欢迎和积极态度的。❷

此外，我们还结合对学会组织承接政府职能转移的具体案例分析，发现目前各种学会组织在承接职能转移过程中主要存在以下几种模式：

第一，移交和授权。即由于政府部门的机构改革，或者相关法律法规的修订，导致一些职能从政府部门移交到相关学会，或者授权给学会。但此类转移模式为数不多。

第二，委托。即政府部门通过与学会组织进行协商，将本来由政府部门承担的一些职能委托给学会组织实施，但是核心的权力和责任不转移。如中国计算机学会，该学会负责人反映政府部门委托其的很多职能，只是让学会组织出面协助处理，但都没有明确提出是完全转移职能，例如教育部的工程教育认证、民政部的全国社团选举规程信息化等项目，具体承担研究工作的都是计算机学会，但都没有明确将相关权力和责任赋予该组织❸。

第三，自设职能。政府部门没有此类职能，在国家现行法律法规和政策精神框架下，学会根据市场需求自行拓展设立的某些职能。如中华预防医学会，该学会根据世界公共卫生联盟科技奖的惯例和范例，从 2006 年开始，开始设立中华预防医学会的科技奖，原来的卫生部科技奖被撤销，新奖项相当于卫生部的部级奖，现在已经成为公共卫生预防领域里最高的奖励荣誉❹。

学会承接政府职能转移给学会组织带来了积极影响。调研发现，通过承接政府职能，学会的机构权威性增加，知名度增加，收入增加、机构能

❶ 中国科学技术协会，全国学会发展报告（第五章）［M］. 北京：中国科学技术出版社，2011.

❷ 中国科学技术协会，全国学会发展报告（第五章）［M］. 北京：中国科学技术出版社，2011.

❸ 中国计算机学会负责人访谈记录。

❹ 中华预防医学会负责人访谈记录。

力增强和会员数量增加。可见，政府职能转移为社会组织提供和扩大了生存空间，有助于加快社会组织能力建设步伐。但是，收入、会员数量增加的幅度以及机构能力增强的水平还不尽如人意，主要原因在于职能转移的时间不长，尚未形成制度化运作机制。

4. 政府职能转移的地方创新

政府职能转移进程中涌现了创新运作模式。如广东在推动政府职能转移力度上较为强势，上海在孵化和培育社会组织、优化政府购买社会组织服务的程序上做得理性和精细，北京在政府职能转移的组织设计上采用结构化购买服务。课题组调研了北京的组团化购买公共服务模式，分析其经验及价值。

政府购买社会组织服务成为公共服务供给的重要尝试，也成为社会管理创新的重要着力点。各地在探索公共服务的多元供给模式过程中，有着多向度的创新模式。政府购买社会组织服务是一项系统工程，既需要严密的程序化管理，也需要精细的结构化管理。北京市政府购买社会组织服务形式多样，其中采用组团的模式具有重大创新意蕴，即围绕政府购买项目领域为核心，促进社会组织之间进行资源整合，形成服务合力，共同承接政府购买项目。这是北京首次大规模采用结构化管理机制的购买服务，是一种购买模式的创新，详见附录2《北京市政府购买社会组织服务的结构化管理机制创新》。

四、我国政府向社会组织转移职能存在的问题

（一）政府职能转移受到政府部门自利性制约

政府职能转移，必然涉及不同政府部门的既得利益，因而受到相当多的行政部门的自利性制约，职能部门对转移职能持有观望、疑虑甚至抵制的态度。政府部门拥有对社会资源进行垄断性分配的权力，长期既得利益的驱使，使得有些行政部门难以割舍已有的职能。职能的基础与核心是职权、权力与利益相关，权力部门化不但阻碍政府职能向外转移，而且尽可能地截留权力、扩张权力。

政府职能的变革与调整，也会遭到来自享有既得利益的部门和个人的

抵抗与反对。目前正在进行的行政审批制度改革，就遇到了政府既得利益部门的顽强阻碍，有些政府部门对清理和减少行政审批项目态度不积极，采取避实就虚、搞数字游戏的办法，千方百计保留行政审批项目，扩大审批项目的自由裁量权，很多消减的审批项目无足轻重，有些则是明减暗不减，目的就是保留因审批带来的部门利益。这就是学界所说的政府既是改革的倡导者、推动者，又是改革反对者的悖论。政府部门自利性的事实存在，是阻碍政府职能转变的深层次根源。要实现政府职能的转变，必须取消政府部门利益，变"部门行政"为"公共行政"。❶

（二）政府职能转移推行力度弱，政策制定易而落实困难

目前，推进政府职能转移的部门中，民政部门最为积极，中国科学技术协会也较为踊跃，但是，其他职能部门动力相对不足，因而，政府职能转移工作推行力度弱。

从操作层面来看，如上所述，一些政府部门出于本部门的利益考虑，不愿意主动将有关的职能转移给社会组织。绝大多数地方政府的财政部门也没有将社会组织承担公共服务的成本费用纳入公共财政预算中去。这也间接地使社会组织参与社会公共管理和服务的空间变得非常有限，导致政策制定容易，职能转移落实困难。

政府职能转移步伐缓慢，政策落实难的原因之一是政府认为我国当前社会组织不够成熟，难当大任。事实上，政府职能转移和社会组织能力建设是一个过程的两个方面，社会利益的多元化意味着政府不可能再作为唯一的社会管理主体了，实现社会管理主体的多元化已是大势所趋。如果坐等我国社会组织进入成熟期再开始职能转移，再赋予它们相应的权利，那样势必使很多问题的解决变得遥遥无期，实现政府职能转移往往也变成一纸空文。社会组织的发展需要其政府职能的回归，需要政府让渡出权利，为社会组织创建成长空间，使得社会组织通过实践去历练和提高自身能力。

---

❶ 王迎春．浅析政府职能转变的制约因素［J］．法制与社会，2010（2）.

（三）政府职能向社会组织转移的数量有限，结构缺失，方式单一

第一，尽管有的地方政策规定了政府职能转移的范围和类型，但是，职能转移有限。由于在政府职能转移中，社会组织处于相对弱势地位，处于被动地位，在政府职能转移动力不足的情况下，则转移职能的数量有限，承接政府职能的社会组织还是少数；同时，大量的草根社会组织无法进入职能转移视野。

第二，政府转移的职能往往是结构缺失的职能。一方面，权责利一致是管理科学对组织结构设计的基本要求，然而在目前的政府职能转移改革中，发现很多政府在转移职能过程中存在只转移责任、不转移权力、不提供报酬的现象，导致承接职能的社会组织无法拥有履行职能过程中的实际权力，却要承担履行职能过程中的相关风险，进而大大降低了社会组织承接职能转移的积极性。调研中还发现，社会组织承接政府委托的事项，没有获得相应的经费，或者经费有限，有些社会组织贴钱做政府委托项目以博取机构的权威性和知名度。

另一方面，政府部门职能具有比较强的系统性，涉及的面也比较广，分工较细，而在进行职能转移的时候，只是将其中一部分职能转移给社会组织，则给该项工作的开展带来人为干扰，降低了公共服务效能。例如中国水产学会承接政府职能转移的一个主要任务就是进行水产行业的统计，而水产行业的渔业统计职能和权力并不完全在水产学会，水产学会只负责跟生产相关的面积和产量统计，而其他的一些经济性生产指标则仍然由国家统计局农调队负责。由于经济性指标与生产性指标很难完全区分，导致两个部门的统计数据出现不一致的情形，特别是农调队的数据存在很多问题，导致统计过程主观性强、统计结果科学性差等问题。如果把所有跟行业相关的指标统计全部交给水产学会，就可以避免这种统计数据打架的情况。❶

第三，政府职能转移的方式单一。目前，职能转移最经常的方式是委托。授权、移交职能的方式较少。其他辅助形式，如补贴、税收优惠、抵用券等形式的转移相对不足。这是由于政府职能转移尚处于探索起步阶

---

❶ 中国水产学会负责人访谈记录。

段，经验不足，精力有限，因而制度设计者尚无暇顾及其他形式。

（四）政府职能转移制度性设计不完善

第一，政府职能转移目前还停留在操作层面，缺乏统筹安排。如近年来政府部门和中国科协在推动航空领域政府职能转移方面做了很多的工作，特别是科技奖励的职能，很多已经从政府部门中转移出来，然后由于缺乏统一的规划，导致航空领域现在可以进行科技评奖的部门特别多，既包括科研院所，也包括航空高校，还有航空工业集团公司，以及行业协会等，都可以进行科技评奖，导致学会组织的科技评奖项目反而显得弱势。评奖对象也普遍反映现在这个领域的奖励评选太多太滥，导致整个航空科技评奖领域的乱象。❶

第二，政府职能转移缺乏制度性规范。政府转移哪些职能，转移给谁，如何转移，什么时间转移，往往都具有一定的偶然性，没有形成制度性的操作模式，缺乏稳定性的制度设计。因此，社会组织承接政府职能往往是一事一议，今日不知明日事，影响了职能履行的连续性。

（五）政府职能转移形式化、主观化

第一，为了规避失去现有的权力，某些政府职能部门，通过成立新的社会组织，把职能从"左手转移到右手"。职能转移成为形式化的操作，同时也提高了公共服务提供的成本。

第二，社会组织能否承接政府职能，部分原因是与政府部门之间的关系。政府部门领导人的个人想法和意见，灵活性很大，操作的空间较大。"关系好"成为职能转移的重要决定因素。政府职能向社会组织转移具有浓厚的个人色彩或部门色彩，每当相关的政府部门领导更换，或者工作外部环境有所变化时，一些原本已经转移出去的职能则有可能被政府收回去，从而使得学会组织承接职能转移改革的可持续性不足。

第三，政府职能转移也存在违规操作、暗箱操作的情况。这就造成了职能转移不公开、不透明，不可避免地暗藏一些非法行为和现象，也难免出现"政事勾结"，侵吞国家和公共利益。就像政府采购，本来是一项非

---

❶ 中国航空学会负责人访谈记录。

常好的制度，在实践中却演变成"官商勾结"。我们必须对这一问题提高警惕，不要把政府职能转移最终异化为少数人牟取私利的工具。

（六）政府职能转移遭遇社会组织能力不足的困境

第一，社会组织没有能力承接政府转移的职能。近几年来，政府购买社会组织服务的内容越来越广泛。从早期的以教育、公共卫生和艾滋病防治、扶贫、养老、残疾人服务等为主，到现在的社区发展、社区矫正、文化、城市规划、公民教育、环保、政策咨询等方面。由于社会组织特别是民间社会组织起步较晚，政府支持有限，我国社会组织数量尤其是民间社会组织数量偏少，质量也参差不齐，难以承担起政府购买服务和转移职能的重任。屡有政府部门负责人反映，难以找到合适的社会组织向其购买服务。这也揭示出了当前政府购买社会组织服务的现实状态，即使政府购买服务的积极性提高，但是社会组织发育程度仍然较低，承接服务的能力尚待提升。例如，2012 年广东省政府向社会组织购买服务，结果近"八成"社会组织无力承接。人口超过 1400 万的广州市，2011 年举办了一次大规模公共服务购买洽谈会，仅有 34 家社工服务机构出席。而人口不过 700 万的香港，却有超过一万家民间组织，承担了大量社会管理和服务的功能。❶这就需要社会组织努力加强自身专业能力建设，解决自我发展问题。

第二，社会组织甚至无力履行自身应有的职能。例如行业处罚权，不是基于政府职能转移，而是基于会员授权的职能，这是协会自身所固有的。但是，目前多数协会没有意识和能力履行该项职能，而且在制度上也会碰到障碍。

五、推进我国政府向社会组织转移职能的政策建议

加快行政管理体制改革，实现政府职能转变，逐步把政府的社会职能向社会组织释放、转移，更好地发挥社会组织在社会公共事务管理中的作用，以配合和协助政府更加有效地向社会提供优质公共产品和公共服务，这已经慢慢成为社会的共识。在当前社会经济条件下，怎样在这个过渡时

❶ 雷辉. 调研称广东仅 15% 社会组织能承担政府转移职能［N］. 南方日报，2012 – 8 – 13.

期突破桎梏，社会各方众说纷纭。总的来看，下列几个方面逐渐成为政府、社会组织乃至公众都普遍认可的发展路径与对策。

（一）进一步推进政府管理体制改革

必须承认，在我国当前的社会基本条件下，提高公共服务质量、实现政府职能转移的主导角色仍然是政府。只有政府敢于放权，敢于打破狭隘的部门利益，政府职能向社会组织转移才可能得到落实。为此，政府管理体制改革是推进职能转移的首要工作，也是题中应有之义。

第一，加快推进政企分开、政资分开、政事分开、政社分开、政府与市场中介组织分开，把不该由政府管理的事项转移出去，把该由政府管理的事项切实管好，从制度上更好地发挥市场在资源配置中的基础性作用，更好地发挥公民和社会组织在社会公共事务管理中的作用，更加有效地提供公共产品。为此要梳理政府职能，清理行政审批权，把属于社会的职能还给社会组织。

第二，推进机构改革。职能转移和机构改革是一个过程的两个方面。要围绕职能转变和理顺职责关系，进一步优化政府组织结构，规范机构设置，探索实行职能有机统一的大部门体制，完善行政运行机制。

第三，加快事业单位管理体制改革。采用分类管理制度，把事业单位的职能和角色厘清，避免其成为政府职能转移暗箱操作的工具。

（二）积极探索和建立社会组织与政府的合作机制

政府职能转移是政府与社会合作的初级方式。通过政府职能转移，社会组织不断成长壮大，成为政府最佳合作伙伴。因此，在转移职能的过程中，政府应该树立合作理念，而不是颐指气使，施恩于社会组织。

长期以来，由于受传统"官本位"思想的影响，以政党体制为核心的政治组织形式是我国社会控制的基本方式。在当前社会发展的条件下，政府必须转变传统的控制观念，树立合作理念。美国萨拉蒙教授在志愿失灵的理论中也已经提出，"社会组织并不是市场和政府的替代性满足机制，与此相反，政府是弥补志愿失灵的有效机制，正因为非营利部门和政府在各自功能上的优势和不足，二者才需要相互依赖和合作，精巧的第三方治理机制才得以形成"。因此，政府应当为社会组织参与社会治理创造更好的条件而不是处于政治思维的防范心态而处处打压，只有从理念上首先认识到这一点，才能为政府与社会组织的合作奠定基本前提，才能制定和落实政府职能转移的各项措施。

（三）加强政府职能转移的规范化和制度化建设

第一，明确政府向社会组织转移职能的责任主体。现有体制下，一个强有力的政府职能部门是推动职能转移的理想主体，民政部予以配合，协调财政部门、计划部门、税务部门等各部门的资源和能力，制定并落实政府职能转移所需的各项政策和规定。

第二，明确政府职能转移的相关规范。制定独立的管理办法，规定政府职能转移的范围、方式、程序、方法，使职能转移有法可依，有据可查。

第三，明确政府职能转移的考核机制。对承接政府职能的社会组织，有着事前审查和事中监控，事后监督机制。考核标准清晰，具有可预见性，对社会组织起到指导和引导作用。

第四，制定职能转移的配套措施。

第五，加强对政府职能转移工作的监督。加大职能转移的公开力度，畅通政府与社会组织、社会公众沟通的平台，让社会组织和社会公众与政府保持实时的互动机制，从而监督政府职能转移工作。

（四）现阶段，建立以契约化购买服务为主的多元转移方式

第一，完善政府购买服务管理办法。一方面，社会组织的发展需要一定资源的支持，需要政府部门提供足够资金，以订立契约的方式来明确双方的权利和义务。另一方面，政府自身生产公共服务的能力有限，在这个多元化的社会中就需要多元的社会化公共服务提供机制。在具体落实方式上，政府可以采取政府采购、协议购买、资金补贴、减免税收等方式邀请社会组织承担某些公共产品的生产任务，政府对社会组织的生产结果进行监管和验收，保障其提供的公共产品和服务的质量符合政府的要求、符合公益的性质。

第二，建立多种政府职能转移的工具和方式。政府特许经营权出让和转让，税收优惠或补助，如贷款保证、政府保险、税收优惠、政府补贴、

政府提供办公场所等，发行债券、消费券等形式都是可以选择的工具。政府也可以采用引导性工具（政府提供信息、帮助提升社会组织公信力等）促进社会组织顺利承接政府职能。多种转移方式相互补充、配套使用可以提高公共服务的品质。

（五）推进社会组织能力建设，培育促进社会组织发展

第一，要逐步建立和健全社会组织管理体制，一方面积极引导促进发展，另一方面要严格依法管理。特别是要落实对社会组织统一登记、协调配合、分级负责、依法监管的宏观管理制度。尤其是对于大量的民间社会组织的发展，要探寻其发展的规律，推进社会组织登记管理创新，拓展社会组织直接登记范围，探索登记管理和业务主管职能一体化，推行社会组织社区备案制度，有效发挥社会组织在社会管理服务中的协同与辅助作用。

第二，要完善对社会组织的扶持政策。当前，对社会组织性质的认定仍然存在许多模糊不清的问题，也的确存在一些打着服务公益的"幌子"干着非法牟利勾当的社会组织，导致这个领域"鱼龙混杂"。当前一个紧迫的问题就是研究制订社会组织的判定标准，实施动态甄别管理。对于那些真正服务于公益的社会组织，要态度鲜明地给予支持。特别要学习和借鉴西方发达国家对社会组织发展给予税收优惠和支持的相关制度，建立适合我国国情的统一、合理的社会组织税收优惠政策体系。

第三，要建立和完善对社会组织的政府资助机制，推行政府购买社会组织服务，扶持社会组织发展公益项目，实施社会组织孵化培育工程。引导社会组织参与社会管理，支持社会组织进入群众生产生活性服务领域。制定社会组织人才政策，健全和落实社会组织从业人员职称评定、薪酬待遇、社会保险等政策。重点培育和优先发展经济类、科技类、公益慈善类和社区服务类社会组织。推动基层社会组织的培育和发展，发挥其向民众直接提供服务、直接反映诉求、参与基层社会管理的积极作用。要引导社会组织完善内部治理结构，提高社会组织的自律性，增强社会组织的透明度和公信力。

第四，在社会组织发展中真正引入竞争机制，使所有的社会组织处在一个公平的平台上发展，给社会公众以选择权，实现优胜劣汰，大浪淘

沙，逐步地把那些质量不高、管理不规范、自律性差的社会组织荡涤出去。

目前，我国已进入以政府职能转型为重点的改革攻坚阶段，转变政府职能与加快创建多元社会主体参与公共服务和社会管理新格局，势在必行。在政府保障的基本公共服务的提供上，应该更多地利用社会资源，建立购买服务的机制。要逐步做到凡适合面向社会购买的基本公共服务都采取购买服务的方式，不适合或不具备条件购买服务的再由政府直接提供。我们有理由相信，通过政府、社会组织的共同努力，"建设和谐社会"这一宏伟蓝图必将迎来更加崭新、更加有效的新机制。

参考文献：

［1］康晓光．中国第三部门观察报告［M］．北京：社会科学文献出版社，2014．

［2］徐家良．中国社会组织评估发展报告［M］．北京：社会科学文献出版社，2013．

附录 1：社会影响债券——英国政府购买服务创新模式解析

政府购买公共服务已经被视为政府部门提供公共服务的一个有效手段。面对次贷危机冲击下的日益严峻的财政危机和日益增加的公共服务需求，英国政府和社会组织联合发行了世界首支社会影响债券，开创了政府购买公共服务"社会投资、关注预防、合作服务、视效果付费"的新模式，对公共服务的购买、使用、提供和结果衡量等环节提供了创新的价值，同时对我国的政府购买公共服务给予了重要启示。

在社会管理领域，政府、市场、社会之间应该建立何种形式的、具有可操作性质的合作机制，成为社会各界所关注的课题。社会企业在英国的兴起，在中国的萌芽与发展，使公益领域和市场领域的人们看到了商业模式与社会价值可以有机统合的结果，是这种合作治理的有效探索，是政府、企业与非营利组织三方合作机制的有效探索。

英国于 2010 年发布的社会影响债券正是在政府购买公共服务领域内，对政府、企业与非营利组织三方合作机制的创新，构建了三大部门新型的合作机制。社会影响债券是一种被用来引入政府之外的投资融资工具，投资于那些如果成功执行就能实现社会价值和节省公共支出的服务。投资者可以从被节省下来的公共支出中得到融资回报。❶ 面对英国金融危机后公共服务领域存在的矛盾和发展趋势，这一模式在公共服务的投资主体、服务提供领域、成本管理以及服务质量方面实现了创新价值，对我国购买公共服务有重大启示。

一、英国社会影响债券发行的背景

（一）公共服务投入减少与公共服务需求增加之间的矛盾日益突显

首先，公共财政危机，导致公共服务投入减少。美国次贷危机引发的全球经济动荡使英国受到了严重的影响。英国的银行业危机四伏，曾发生了百年一遇的银行挤兑风潮。英国多家银行包括苏格兰皇家银行被全部或部分国有化，两家银行被兼并。英镑大幅度贬值，英镑兑美元汇率从 2007 年年末的 1:2.1 左右峰值跌至 2009 年初的 1:1.38 左右。❷ 在银行倒闭和英镑贬值的同时，房地产市场低迷，汽车销量下滑，零售业销售疲软，国内生产总值下降，等等。根据英国统计局的数字，英国的国内生产总值 2007 年全年增长了 3.1%，然而，从 10 月到 12 月的增长率只有 0.6%，而 2008

---

❶ Towards a new social economy, Social Finance, 2010. 同时英国杨氏基金会把社会影响债券定义为：社会影响债券被设计为合同的新模式，由中央政府、地方权力机构或者基金会中的一个或者多个承诺支付与取得的效果相对应的费用。社会影响债券也根据筹资方式的不同而分为地方权力机构社会影响债券，承诺社会影响债券和第三部门社会影响债券（John Loder, Geoff Mulgan, Neil Reeder & Anton Shelupanov 著，Financing social value: implementing Social Impact Bonds. The Young Foundation, January 2010）。和英国杨氏基金会的定义相比，社会融资组织更强调社会影响债券资金来源的非政府性，即是来自政府之外的投资者，而且社会服务的提供者也不包括政府部门。因为首支发行的社会影响债券是利用政府之外的投资者，目前还没有其他形式的社会影响债券，因此文中讨论的社会影响债券采用社会融资的定义。

❷ 谷歌财经，http://www.google.com.hk/finance

年第三季度更是出现了负增长，这是英国经济 16 年来首次出现的负增长。❶

伴随着美国次贷危机对英国的严重影响，英国的公共财政也同样出现了危机。由于经济危机造成税收收入大幅下降，英国政府的债务在 2009 年 9 月突破 8000 亿英镑。据欧盟统计局发布的政府（公共）债务占国内生产总值的百分比数据显示，2007 年英国的政府（公共）债务百分比是 44.5%，2008 年上升至 52.5%，2009 年更是惊人地升至 68.2%。❷ 另据新华网报道，英国 2009 年至 2010 年财年赤字为 1547 亿英镑，相当于国内生产总值的 11%。❸ 英国无论是政府（公共）债务/GDP 比还是财政赤字/GDP 比，都超过了欧盟《稳定与增长公约》所规定的"各成员国赤字不得超过其国内生产总值的 3%，公共债务不得超过国内生产总值的 60%"。

为了使国债余额/GDP 停止增长或下降到可以接受的水平，也要使财政赤字/GDP 大幅下降，英国政府不得已进行了大规模紧缩财政开支的计划，希望借此恢复财政健康，进而保证经济平稳运行。2010 年 10 月，英国财务首相大臣乔治·奥斯本公布了今后几年政府削减 830 亿英镑财政预算的细节，其中司法部在 2014 年到 2015 年财政每年削减经费 6%。❹

其次，公共服务需求量迅速增长。与公共财政支出减少相反，公众对于公共服务需求的数量越来越大，要求也越来越高。以罪犯安置管理为例，在过去的 15 年间，从 1995 年到 2010 年 2 月，英国监狱罪犯的人数增长了近 37%，超过了 84 000 名❺。累犯率也居高不下，年轻罪犯的累犯率在释放的 12 个月内达到了 40%❻。同时，处理罪犯包括在监狱的安置费用等和造成的社会损失巨大，每一个成年罪犯在监狱里的安置费用超过 40000 英镑，而年轻的罪犯费用要高得多❼。英国监狱人数预计到 2014 年

❶ 次贷危机研究课题组. 次贷危机正在改变世界 ［M］. 北京：中国金融出版社，2009.

❷ 来源欧盟统计局，转载自谷歌 http：//www. google. com/publicdata? ds

❸ http：//news. xinhuanet. com/world/2010 – 10/20/c_ 13567239. htm

❹ http：//www. chinadaily. com. cn/hqcj/zgjj/2010 – 10 – 20/content_ 1046025. html

❺ Population Bulletin-Monthly, 2010（2）；Meeting the challenge of extra time HM Prison Service, 2011 – 1 – 6.

❻ Reconviction Analysis Team, RDS – NOMS. Re – offending of Juveniles：Results from the 2005 Cohort. Ministry of Justice Statistical Bulletin, 2007（7）.

❼ Bromley Briefings：Prison Factfile. Prison Reform Trust, 2007（5）.

会上升至接近 100 000 人❶，这意味着到 2014 年，仅仅为了监禁罪犯，就将耗资 40 亿万英镑，若加上犯罪和累犯造成的经济损失就更为可观。

（二）公益风险投资发展势头良好

签支票式的传统慈善捐赠已经不能满足社会需要，随着社会企业模式的出现，相应地，也出现了捐赠—投资型的公益模式，这就是公益风险投资，即把商业领域的投资模式引入到社会领域，为公益事业注入更多资源和专业技能。"现代意义上的公益风险投资活动兴起于 20 世纪 90 年代中期的美国，2002 年左右在英国和意大利正式起步并迅速在欧洲大陆蔓延。"如 eBay 创始人杰夫·斯科尔（Jeff Skoll）建立了斯科尔基金会（Skoll Foundation）投资社会企业，另一名创始人皮埃尔·奥米迪亚（Pierre Omidyar）建立了奥米迪亚网络（Omidyar Network）投资小额贷款机构。根据学者赵萌的调查，截至 2008 年 12 月，欧洲至少有 41 家从事公益风投活动的机构，它们来自 15 个国家，而进入投资阶段的项目数量至少达到 400 个。英国最为活跃，占据了欧洲基金数量的 41%，它也是 50% 投资的来源地和 44% 投资的目标地。❷英国社会企业发展迅猛，捐赠投资的方式越来越多，有效解决了公益难题。公益风险投资模式在筹资实践中取得了良好效果。

（三）公众对公共服务绩效预期更高

随着信息化和全球化程度的加深，英国公众对国家和地方之间公共服务的差异也越来越敏感，不再仅仅满足于知道政府在该项公共服务上花了多少钱，而更关心公共服务支出的绩效，关注其是否切实改善了公众的工作生活状况。英国现存的刑前或者刑后措施亟待完善。在司法系统内，社区劳动改造比关押更加有效，但是却没有充分利用；释放后和重新安置的工作也缺少一个强有力的整合和统一。如评估罪犯教育绩效的指标是参加课程小时的数量，而不是教育的效果，如是否提升了财务技能，是否提高

---

❶ Priosn Population Projections 2007 – 2014, Ministry of Justice, 2007.

❷ 赵萌. 慈善金融：欧美公益风险投资的含义、历史与现状 [J]. 经济社会体制比较，2010（04）：117 – 127.

了刑释后的就业能力。如何满足公众对公共服务绩效的期待和诉求，需要政府创新公共服务方式，并把自己从繁杂的社会管理事务中解脱出来。

（四）政府购买公共服务的创新探索

20 世纪 80 年代，英国政府为了缩小公共部门的赤字规模，削减总的公共财政支出的同时又要满足人们对公共服务的需求，撒切尔政府率先在全世界开展了一场声势浩大的公共服务改革运动，同时撒切尔政府对于它认为必须继续提供的服务，实行竞争性投标，并且相信可以通过引入一些竞争而受益。公共服务民营化在英国兴起，随后被各个国家采用。

根据服务项目和竞争程度的不同，英国公共服务购买方式主要包括直接外包，内部交易，通过价格检验和制订标准进行内部交易，在选择供应者方面的有限自由、全面服务的竞争，以及购买者自由选择供应商。❶

然而以上述方式为代表的传统的公共服务购买的经济效率仍有待检验，同时还存在缺乏竞争、机会主义、供应商垄断等风险❷。更为重要的是，金融危机之后日益严重的财政危机使得政府的财政能力与 21 世纪以来越来越多的公共服务需求相差甚远，这也激发着传统公共服务模式的转变。在公共财政支出减少和公共服务需求增长的矛盾中，英国发行了社会影响债券，一方面解决了政府支出的负担，另一方面也把社会闲散资金聚集起来用于社会管理（目前是预防犯罪）领域。社会影响债券是政府购买公共服务的创新模式，打破了一般的"政府承担、定向委托、合同管理、评估兑现"模式，在投资主体、提供领域、成本管理以及服务质量等方面进行了创新。

二、社会影响债券的运作原理

2010 年 3 月，世界上首支社会影响债券在英国试点发行，计划利用政府外的投资来降低短期罪犯累犯率❸。试点的具体目标是服务于英国彼得

---

❶ 王名，李勇，黄浩明. 英国非营利组织［M］. 北京：社会科学文献出版社，2009.

❷ 周俊. 政府购买公共服务的风险及其防范［J］. 中国行政管理，2010（06）.

❸ Social Impact Bonds Launch PN. Social Finance, 2010（3）.

伯勒监狱 3000 名短期囚犯释放后的生活，并与他们合作，预防发生再次犯罪。如果这些服务取得了成功，即 6 年内累犯率下降超过了 7.5% ，就能从节约下来的重新犯罪成本中得到一部分作为回报，而且累犯率下降越多，回报就越高。

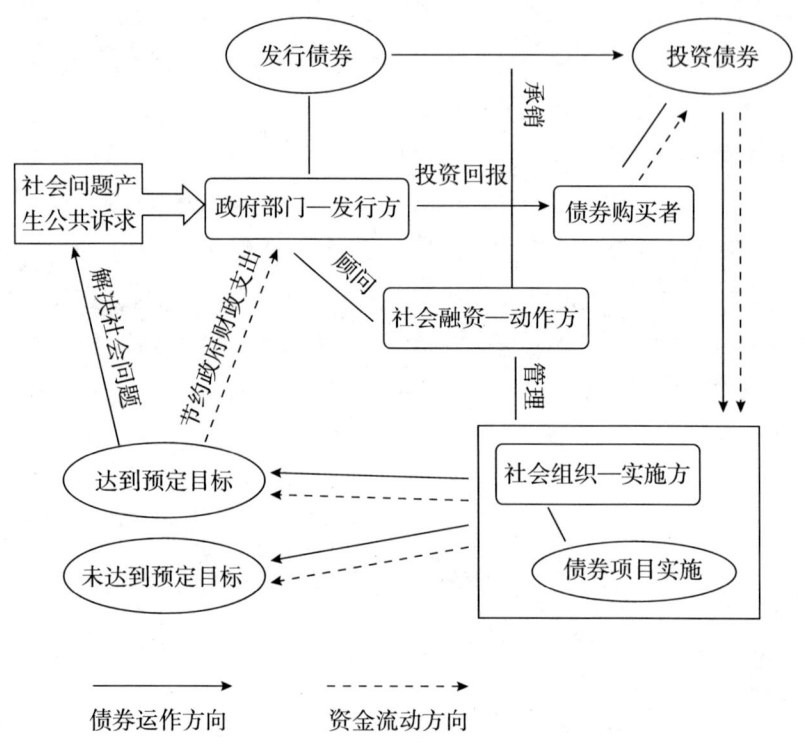

图1 社会影响债券运行示意图（2010 年）

如图 1 所示，债券涉及了多个主体的参与，特别是社会组织的参与。负责这首支社会影响债券运作的组织就是一家新型的社会组织——社会融资（组织）❶。在债券的发行环节，社会融资就与英国司法部门联合制订试点债券的目标、效果衡量、回报资金等，并负责承销债券。而社会组织因

---

❶ 社会融资，成立于 2007 年，是以在英国发展一个有效的社会投资市场为目标的社会组织。该组织提供获得资本的途径，涉及社会融资介入，给对实现重要的社会影响感兴趣的投资者和社会部门主体提供咨询和建议。更多有关社会融资这一组织的信息可见 http：//www. socialfinance. org. uk/.

其自身使用的社会价值性，与社会影响债券的目标一致，因而成为投资主力，也是这一流程中资金的来源。该支债券的首批投资者主要包括吉百利的巴罗慈善信托基金，Esmée Fairbairn 基金会，友诚基金会，亨利·史密斯慈善，约翰逊家族基金会，Lankelly Chase 基金会，纪念碑信托，Panahpur慈善基金，保罗·哈姆林基金会和都铎信托❶。这些基金会或信托公司通过购买债券，投入公共服务的运作资金，同时也与政府形成了有关服务效果回报的契约关系。

社会融资也是债券的运行方，负责选择并资助提供此次债券相关公共服务的组织，资金也在这一环节投入到项目实施中，该领域中众多的志愿者组织，包括奥米斯顿信托、青年会和自愿组织圣吉尔斯信托，帮助监狱中的短期囚犯，通过提高他们的教育、技能和信心这些预防措施，使释放的囚犯能更好地融入社会，从而避免再次犯罪❷。一旦服务的既定目标实现，政府就根据债券购买合同中的规定给予投资者一定的回报，投资者收回一定的资金。

三、社会影响债券的创新价值

（一）发行社会影响债券实现了公共服务投资主体多元化、社会化

公共服务出资主体多元化、社会化是社会影响债券的创新之一。对于财政紧缩的政府来说，社会影响债券与传统公共服务购买模式最大的不同在于吸纳社会的资金，来资助公共服务的供给，并把服务效果实现与否的风险从政府转移到了政府之外的投资者。

社会影响债券的发行降低了政府购买公共服务的成本。在传统的任何一种供给模式中，公共服务购买资金的供应方是政府，尽管合同外包等模式可能在一定经济程度上实现了经济效率，但面对政府庞大的财政赤字仍是杯水车薪。社会影响债券通过债券这一金融工具，相当于对公共服务的购买资金进行融资，政府不需要投入初始的资金，所有的资金由政府之外

---

❶ Social Impact Bonds Launch PN. Social Finance, 2010 (3).

❷ Will social impact bonds solve society's most intractable problems [N]. The Guardian, 2010 - 6 - 10.

的渠道筹集。该试点的投资者是一些大型的基金会，且主要为私募基金会，它们对具有社会价值的公共服务更加感兴趣，而且有较好的资金实力。但是如果试点成功，且有越来越多试点的建立可以分散投资风险，私人部门和个人投资者也会随着加入，就可以扩大资金的来源和增加可用资金量。

公共服务购买的社会投资不仅体现在由政府之外的社会主体提供资金投资，更体现在把市场领域的商业运作融入到社会领域，可持续地创造社会价值。债券是商业领域中常见的融资工具，但在传统的慈善领域中，组织的资金来源主要依靠捐赠，给予的回报也仅仅是社会价值的回报。这使得志愿部门的运作甚至生存都过于依赖资金源，缺乏独立性，忽视了自我的经济造血功能。社会影响债券是运用债券这一工具对社会领域进行融资，使得公共服务的投资不仅仅取得社会回报，同时具有经济回报。债券的首批投资者可以通过有效地提供公共服务，得到一定的经济回报后，再把这一回报投入到其他的社会服务中去，从而持续地创造社会价值。

我国公共服务资金供给上的不足也可以考虑采用这种模式来解决。

（二）发行社会影响债券扩大了公共服务提供领域

从社会管理角度而言，出现问题再解决远不如防患于未然，因为预防比治愈的花费要少。这意味着在出现社会问题的早期实行措施能节约纳税人的资金，同时可以建立一个更好的社会。但是做到关口前移是需要大量投入的。与政府在处理已产生的社会矛盾中投入的资金相比，解决产生这些社会矛盾根源的资金少得可怜。

在社会影响债券的模式下，预防成为了公共服务提供的首要目的。目前英国社会影响债券的试点是对短期罪犯释放后的生活、就业等进行服务，以帮助他们更好地融入社会，实现更好的生活。换句话说，释放的囚犯是这些公共服务的直接使用者，其具有很强的目标针对性，目的就是为了预防这些释放的囚犯再次犯罪，累犯率的降低最终也会对整个社区产生效益。但如果我们把目的设为控制而不是预防，那么公共服务的内容就会变成有更多的警察巡逻、更好的安全装备和更先进的犯罪鉴证实验室等，公共服务的直接使用者也会发生变化，变为更加广泛的群众，而不是具有针对性的短期释放囚犯。

社会影响债券之所以能够使得公共服务的使用关注于预防，是因为解决了公共部门没有在预防措施上投入更多资金的两大困境。首先，对于公共部门来说，预防措施相对而言比较复杂。它常常要求多个公共部门的合作，而且即使各部门在资金预算和项目目标方面都取得了统一，还是很难成功。其中关键的问题是那些在预防中投入资金的部门没能从项目的成功中看到经济回报。比如，给一个罪犯判刑、关押罪犯等费用都是由国家罪犯管理服务处承担，而不是地方政府。所以，从财务方面讲，地方政府缺少致力于降低累犯率的动力。而社会影响债券使政府从关注预防措施中看到了经济回报。如果预防措施取得了一定的效果，政府承诺将为投资者提供一定的经济回报。虽然投资者承担了预防措施没有产生预计效果的风险，投资者更多的是受到了产生效果后取得丰厚回报的激励。而在现有的模式下，即使预防措施产生了明显的效果，也没有任何回报。而且来自非政府渠道的资金也没有增加政府的债务。

其次，预防措施是否有效需要一个较长的时期才能显现，这限制了政府对预防措施的进一步投入。现存的社会问题一旦增加或者升级，政府就会倾向于解决当前的社会问题，而不是进一步加大预防措施的投入，甚至会削减预防措施的投入。英国现在的财政危机降低了政府加大预防措施投入的兴趣和可能性，尽管预防措施有可能为政府节约大额的日后处理社会问题的支出，同时能建立一个更好的社会。而社会影响债券是一种融资的合同，资金的使用方向在合同中明确规定，并且预防措施所需的资金已经由公共服务的投资者先行投入了，而且稳定在一个较合理的时期（试点计划的时期是 6 年）内，得到的经济回报可以由投资者再次投入到预防措施中，或者吸引新的投资者，通过扩大整个社会影响债券的规模，把更多的资金投入到预防措施中。

（三）发行社会影响债券促使公共服务提供者间的合作服务

近些年来，英国政府通过和那些能以更少的费用来提供公共服务的组织签订合同来提高政府资金的经济效率。但是，虽然说经济有效性是政府购买公共服务的目标之一，但不是唯一的也不是最重要的目标，服务的有效性恐怕更为重要。通过招标，看哪家公共服务供应方能够提供最低的价格来提供服务，本身就是对社会组织评估的偏失。那些规模大、自身资金充足或具有筹资优势的服务供应者能够在招标时提供一个更低的价格，更有机会和政府签订服务合同。而那些有能力取得良好的效果但是因其自身的规模和资金状况却无法在价格上和这些供应者竞争，形成了实质上只有一家供应方参与竞争的局面。

同时，采用招标合同制的方式购买公共服务更多的是鼓励公共服务提供者之间的竞争，中标去提供公共服务的社会组织有且仅有一家。然而社会价值的创造毕竟不同于经济价值。经济服务多具有简单规模效应，而公共服务更为复杂也更为专业化。改善人们的生活需要很多不同的措施。每个不同的服务提供者可能都有它擅长的某一方面，但是在争取政府的服务合同时，往往需要竞标价格，相互竞争。然而服务供应者之间的共同合作其实能把事情做得更好。社会融资债券就是鼓励多个社会组织之间的合作，为他们提供资助，以帮助他们把核心力量共同服务于目标群体，从而提高服务的质量。

（四）发行社会影响债券降低了政府购买服务的管理成本

公共服务的民营化使得政府从之前"裁判"和"选手"的双重角色中抽身而出，成为公共服务的决策者、监督者和组织服务者，而不涉及具体服务的提供，但角色的转变意味着政府承担的成本从提供环节转移到管理环节。在决定是否要对某项服务外包时，"钱有所值"（Value for Money）成为一些发达国家建立公私合作项目的第一核心准则，（Australian Government Policy Principles for the Use of Public Private Partnerships），管理成本要记入项目总成本中。

通过市场化的融资模式，政府和社会投资者签订了融资合同，并由社会组织负责项目的运行，这极大地降低了政府购买服务的管理成本。首先，增加了项目不同环节的监督主体，协助政府对公共服务的提供进行监督。社会投资者因为公共服务最后提供的质量将决定其资金的回报，而成为整个项目外部的监督者；社会融资作为项目的运作方，要对项目的实施主体进行审查并时刻监督其工作绩效，参与到内部监督中。其次，基本转移了政府组织服务环节的成本。社会影响债券使得政府从具体繁重的项目事务中抽身而出，更加专注于服务提供的成果，同时由社会组织自身来进行项目的运作和实施，也更能发挥社会组织的专业性。

（五）发行社会影响债券保证了服务质量，转移了政府风险

传统的合同管理使得节约和控制公共支出成为了主要目标。政府部门越来越倾向于关注服务对象和服务成果的量，而不是产出的效果，即公共服务的服务对象的生活得到真正的改善。

这种输入—输出型的衡量模式会限制有效的公共服务的实行。政府在签订服务外包合同中，对制订服务提供的方式（比如对为监狱罪犯提供教育培训而言，多少人通过考试取得了某一证书）更感兴趣，而不是这些服务对服务对象的生活产生实实在在的影响。但是特定的服务提供方式也没有给服务供应者留有对某些特殊服务对象发展适合他们的方式的空间。比如在公共服务产品交付阶段，非营利组织要清楚合同的明确要求和时间，按规定的时间和标准进行公共服务的提供。

同时，输入—输出型的衡量模式也对服务供应者产生了错误的目标指向，即促使寻找更节约成本的方法而不是去努力实现预期的效果。服务供应者更不会为服务对象提供额外的但是是实现预期效果所必需的服务内容，因为他们不能从效果的实现中得到经济回报，反而要承担相应的额外费用。

社会影响债券把公共服务的重心转移到了社会效果或者社会影响上，就如同债券的名称所显示的那样。这使得社会影响债券不仅能帮助规模较小但是服务效果更好的服务供应者的发展，更能实现服务质量的提升。

通过发行社会影响债券的融资方式同时也转移了公共服务的绩效风险。传统的公共服务购买采用的是先付费后服务的原则，付费前置程序是为了保证服务的及时有序的提供。为了保证服务质量，政府要进行前置审查，过程监控，结果评估。一方面，增加了管理成本，另一方面，当服务质量不符合标准时，前期投入的经费已经无法追回。但是社会影响债券的模式则是依据效果付费，只有当预期服务保质保量完成后，政府才有投入。如果预期的效果实现了，政府和投资者双赢；如果没有实现，仅有投资者付出代价。这样，大大降低了政府购买服务的风险，而把风险转嫁给社会投资者。

四、对我国的启示

2011 年 2 月 19 日，胡锦涛在省部级主要领导干部社会管理及其创新专题研讨班开班仪式上的重要讲话已经表明，政府、企业、社会三大部门合作治理理念已经纳入到社会管理创新的政策设计体系中。从全能政府到有限政府，从管制型政府到服务型政府的转变，都意味着，社会治理领域面向社会的开放体系逐步建立，社会治理的多元主体结构正在形成中。

从公共服务的购买实践来看，自 20 世纪 80 年代以来，政府购买公共服务在国际上呈现出普遍发展的趋势。而中国在转型的过程中，也开始尝试对公共服务的契约化提供——20 世纪末，上海浦东新区的"罗山会馆"模式，便是中国最早阶段政府向非营利组织购买公共服务的实践。进入 21 世纪以来，更有上海、北京、无锡、浙江、广东等多个地方政府向民间组织购买公共服务，不断进行探索，领域广泛，形式多样，以建立多元的社会化公共服务提供体系。

中国的政府公共服务购买发展至今还存在着不少问题，有些问题是发达国家和发展中国家都普遍面临的难题，比如如何真正在降低成本的同时，提高公共服务的质量，并满足公众日益增长的需求。2009 年 11 月，英国前首相戈登·布朗在一份政府工作计划的前言中指出[1]：我们处于一个充满机会的时代；在这个时代，迅猛发展的技术改变我们这个世界的速度和规模是自工业革命以来前所未有的。这使得我们能够提供给公众所要求的：由公众推动社会服务，满足他们的需求。同时，技术的发展也为我们提供了在保持公共服务质量的同时，降低服务成本的方式。毫无疑问，社会影响债券就是解决这一共同问题的一个积极尝试。2010 年 2 月，奥巴马政府的 2012 年财政预算中就出现了高达 1 亿美金的社会影响债券试点运行的预算[2]。

但是中国的公共服务购买实践还面临着一些在中国经济社会发展大背景之下的问题，比如公共服务购买中的制度建设还很不完善：公共服务购

---

[1] HM Government. Put the Frontline First: Smarter Government. 2009 (11).

[2] Performance bonds: Who succeeds gets paid [EB/OL]. The Economist, http://www. economist. com/node.

买还未纳入采购范围，缺乏相应的法律制度保障；参与购买的非政府组织多为事业性组织或政府自己组建的组织；公共服务购买程序不透明，监督不到位；购买合同主体之间关系不平等；等等❶。这些问题的解决恐怕不仅仅在公共服务购买这一层面，更多的是需要整个社会、国家和市场的发展，比如政治体制的改革带来的监督机制的完善；从人治转向法治，确保对购买合同契约的保护，实现公共服务购买合同主体双方的平等关系。而英美等发达国家对于政府购买社会服务的相关配套体系都已经较为完善，也正是在这个基础上，美国引进了英国创新的社会影响债券这一新的模式。对于中国来说，英国发行的社会影响债券对政府购买公共服务的启示更多的在于其模式背后的社会创新理念，综合利用现有资源，根据具体的问题，用新的途径、方式、程序或组织等去解决已有的社会问题。

附录2：北京市政府购买社会组织服务的结构化管理机制创新

政府购买社会组织服务是一项系统工程，既需要严密的程序化管理，也需要精细的结构化管理。北京市政府购买社会组织服务采用组团模式进行，即围绕政府购买项目领域为核心，促进社会组织之间进行资源整合，形成服务合力，共同承接政府购买项目。组团模式体现了北京市政府在购买社会组织服务中的结构化管理创新。组团是结构化管理的载体，在这个已经形成实体化结构的平台中，政府、社会组织包括支持性社会组织，以及企业、公民都有各自的角色安排。结构化管理，具有巨大的社会价值，其核心是为我们寻找到社会治理多元主体结构的建构机制。

一、北京市购买社会组织服务的组团模式概述

北京市探索建立中国特色、首都特质、大民政特点的社会组织建设与

❶ 贾西津，苏明，韩俊魁，孙杰. 中国政府购买公共服务研究终期报告摘要（政策建议）［Z］. 亚行对华技术援助项目 TA 4790 - PRC：改革支持和能力建设.

管理总体格局，以社会组织服务民生行动为载体，推进社会管理创新，激发社会组织活力，采用了组团购买社会组织服务的模式 ❶。

第一阶段：组团模式的建立。2010 年 7 月 12 日，北京市在北京会议中心召开了"政府购买社会组织公益服务项目推介展示暨资源配置大会"，标志着北京市购买社会组织服务的创新模式——组团模式的建立。

北京市购买社会组织公益服务项目是借由社会组织服务民生行动而开展的。2010 年年初，北京市民政局组织开展了以社会组织为主体，以民生建设为核心，政府主导、社会参与、贯穿全年的社会组织服务民生行动。社会组织与民生相关的扶贫救助、扶老助残、医疗卫生、文体科普、妇幼保护、服务三农、法律援助、支教助学、生态环境、促进就业十大领域开展公益服务活动。在《北京市 2010 年在直接关系群众生活方面拟办的重要实事》中，提出购买 300 项社会组织公益服务项目。为此，北京市民政局下发了《关于开展社会组织服务民生行动的通知》。服务民生行动共分为五个阶段实施，即项目申报、项目审核公布、项目实施、项目评估、总结表彰。

2010 年 7 月 12 日，北京市召开了"政府购买社会组织公益服务项目推介展示暨资源配置大会"，这次大会的亮点，就是来自全市的各类社会组织、企业、政府之间形成了一个公共服务供给的组织模式，在政府的主导和协调下，社会组织之间组团合作，政府购买组团服务。大会推介展示了社会组织服务民生行动的所有项目，为社会各界参与及合作提供帮助；安排 110 多家基金会和数十家支持性组织到会寻求合作，提供资金、人力和物力等支持。大会当天，共有 40 个社会组织签约了 35 个项目，签约资金为 714 万元；158 个项目达成合作意向，涉及资金为 819.33 万元。这标志着组团模式初步建立并实施，北京市支持性社会组织——北京市协作者社会工作发展中心主任李涛认为，这次大会，成为我国政府购买社会组织服务里程碑式的事件❷。通过组团，形成社会组织与政府之间、社会组织与社会组织之间资源共享、优势互补、相互促进、共同发展的良好局面。

---

❶　温庆云. 提升社会动员能力推进社会管理创新充分发挥社会组织社会建设的主体作用［J］. 社团管理研究，2010（9）.

❷　内部访谈资料。

第一阶段的组团模式，着眼点在于社会组织规模小、公共服务需求量大的矛盾，单个社会组织难以有效完成政府采购需求，也无法满足公众对公共服务的需求，因此，通过组团实现了规模效应。

在购买社会组织服务的起步阶段，政府政策重点是购买社会组织服务的规范性和程序化管理，而北京市政府开始探索购买服务的结构化管理。

第二阶段：组团模式的完善。2011年1月16日"文化服务民生"项目启动，该项目以"16＋1"形式实施，实施过程中组团模式得到了完善和发展。

"文化服务民生"是北京市民政局倡导的民办文化场馆公益服务行动，受益者皆为社会弱势群体，充分体现了政府对群众文化生活的关心。通过政府购买，主动邀请特殊群体走入文化场馆，在形式上变各博物馆、美术馆、图书馆的教育姿态为人性化的服务姿态，把社会教育中的人力及社会资源做大，让老年人、青少年、残疾群体感受到社会的关怀和温暖。❶

此次组团是"16＋1"形式。"16"是指政府购买16家民办文化场馆的公益服务。这些场馆承接政府购买的服务，在政府支持下，充分利用丰富的文化资源，向社会提供更好更多的公共服务；把这些民办文化场馆所处的特有领域，建成爱国主义教育基地和传统文化教育基地；同时，在提供公共服务过程中，进一步加快民办文化场馆自身能力建设。

"1"是指一个支持性组织。为确保项目的顺利进行，市民政局委托北京市协作者社会工作发展中心对项目进行专业的跟踪监测。

这一阶段，从规模上的组团发展到功能上的组团，组团带来更高的附加值。

二、组团是购买服务结构化管理的载体

第一，购买服务结构化管理凭借组团形成了实体化的合作结构。

这种组团成为购买服务结构化管理机制的载体。在"16＋1"模式中，组团不是一个虚拟的交流平台，也没有新增加一个法人实体，而是形成了一个实体化的合作结构。

---

❶ 李瑄. 开展"文化服务民生"项目的服务心得［EB/OL］. 北京市社会组织公共服务平台，http：//www. bjsstb. gov. cn/wssb/ 2011－11－30.

一方面，成立了项目专家指导小组。专家来源有 3 个方面，一是民政局，二是由 16 家民办文化场馆选出的 4 家代表，三是支持性组织——北京市协作者社会工作发展中心的负责人。这个指导小组成为文化服务民生购买项目的指导者。另一方面，成立了临时党支部。16 家文化场馆联合成立了临时党支部，成为组团合作的组织依托。通过项目专家指导小组和临时党支部这两个节点，连接了 16 家文化场馆间，构建了一个网络合作治理载体。

第二，组团模式构建了一个兼具开放性和包容性的公共服务供给多元主体结构。在公共服务供给过程中，政府、社会组织、企业、公民通过组团模式参与到社会治理进程。北京市购买服务的组团，是开放性的、包容性的结构平台。

开放性是指在组团中越来越多的组织和个人参与进来。首先参与的就是社会组织。文化服务民生行动中的 16 家组织所构建的团队不断发展扩大，截止到 2011 年年底，有 4 家新的社会组织看到组团的效应，主动要求参与到这个网络中。

包容性是指这个组织平台中的异质化因素增强。不同法人形式的社会组织（如基金会、行业协会、民非），不同地区、不同层级、不同功能的社会组织，成为这个管理结构中的异质化因素，同时，企业、志愿者都参与进来，提高了组团功能互补的意蕴。北京青年压力管理服务中心、北京少儿京昆艺术教育学会、北京行如风自行车俱乐部、海淀区社工事业发展中心、海淀区一品香山青年社等社会组织也参与到政府购买民办文化场馆公益服务项目中。在支持性社会组织的协调下，高盛银行和社区其他组织与观复博物馆形成了合作关系。

组团模式释放了"16＋1"的合作效应，这种结构化管理机制，引发了"16＋1"的合作效应，成为"16＋1＋N"的结构平台，进一步提高了政府购买服务的质量和规模。

可见，组团模式构建了社会组织之间的合作关系，也构建了社会组织与企业、公民之间的合作关系，同时，也是政府与社会组织、企业、公民的合作平台。这种开放式包容性的购买服务管理结构，实质是以多元治理主体来回应社会多元化的公共服务需求。

通过组团模式，既能够把多样性的社会治理对象纳入到社会治理内容中来，也能够根据社会治理内容的多样性和差异性而实现充分的治理，让多元化的治理主体之间通过功能性的合作和互补把整个社会治理成一个和谐的社会。具体地说，就是政府与政府外的社会组织、企业、公民实现了结构上的整合和功能上的整合，建立起一个共治的治理结构，这个结构不是线性的，而是网络式的，这个互动网络成为购买服务结构化管理的载体。

三、结构化管理中的角色安排

第一，政府是组团的倡导者和推动者。政策制定者确立了组团的理念，设计了组团的模式，亲手推动了组团的实施。社会组织之间缺乏合作机制，政府构建了一个合作的平台，借由这个组织平台，实现了对购买服务的结构化管理。程序化管理保障了购买服务的规范性，结构化管理则保障了购买服务的规模与质量。北京市民政局是"文化服务民生"项目的倡导者，社团办主任带领团队在项目开展之前就到场馆做了深入的调研，使后续工作能够切实有效地顺利展开；民非管理处作为执行方和管理方，没有生硬地执行上传下达的指令，而是把民办文化场馆当作朋友与合作者，回应其需求，分阶段地为其提供场所和机会进行培训总结和沟通，成为了各家场馆的坚实后盾。❶

由此可以看出，现阶段，社会治理的多元主体结构的形成，需要有一个主导力量。政府目前作为一个公共管理的主体，有着其他自治力量所不具备的优势。政府的角色优势决定了其对社会组织的引导和规范作用。在治理实践方面，政府曾作为单一的治理主体而存在，有着丰富的治理资源和治理经验。政府无论是自身的管理还是对社会的管理，都有着较长的历史，长时间的治理实践中，政府积累了人量的治理经验。而社会自治力量的治理经验较少，还在探索期间，政府顺势成为社会组织等社会自治力量的引领者。政府作为公权力的掌管者，以国家强制力作为后盾，拥有制度设计的权利，在社会治理工作中有着社会组织无法比拟的治理优势。因此，政府在组团模式中，成为领导者和推动者。但是并不意味着政府一直

---

❶ 李瑄. 开展"文化服务民生"项目的服务心得［EB/OL］. 北京市社会组织公共服务平台，http：//www. bjsstb. gov. cn/wssb/ 2011－11－30.

都将保有这个角色，当社会组织真正作为第三部门成为一个自洽的生态系统，形成自身的公益产业链，具有自治能力的时候，政府将仅仅是制度设计者和合作结构中的甲方，同时作为公共利益的维护者监督和保证公共服务提供的质和量。

第二，项目运作性社会组织，作为购买服务中的乙方，成为提供公共服务的合作结构中的平等主体。该类组织在组团中主要扮演公共服务的提供者和产出者。而各个社会组织之间，更多的是合作关系而不是竞争关系。通过联合行动，16家性质相似的文化场馆相互协助、相互学习、相互借鉴。在本场馆中放置其他文化场馆的宣传资料，在培训课上分享工作经验和疑惑，相互观摩沟通，这种合作是通过支持性组织实现的。

第三，支持性社会组织，也是购买服务中的乙方。但是，它不同于上述社会组织，在组团中主要有三方面的功能：①组织协调功能。由于组团是一种新鲜事物，社会组织难免会存有顾虑，支持性组织的功能是打消顾虑，完成组团心理上的调试。此外，支持性组织的另一个功能是促进组团参与各方的互动。例如，协调企业和其他性质的社会组织，帮助文化场馆建立和扩大社会资本，提高资源整合能力。②培训指导功能。鉴于目前社会组织能力建设是一个薄弱环节，在组团中，支持性组织要组织和安排有针对性的培训。北京市协作者社会工作发展中心定期组织培训，培训内容从沟通技巧到组织使命，具有明确的针对性；培训人员从场馆工作人员到志愿者，全方位覆盖，这种实用性培训和指导提升了社会组织自身的能力，把承接政府服务过程同时也变成一个能力建设过程，打破了社会组织先得提高能力、然后政府再购买其服务的逻辑。③过程监测功能。北京市协作者社会工作发展中心定期进行监控统计，通过对民办文化场馆自主数据的采集和项目记录，政府设置醒目标志和监督电话，专家与志愿者进行不定期的现场观察测评、参与主题活动、电话回访受益人等形式，确保服务民生公益性目标的实现。这就保证了公共服务提供的质和量，实际上是政府在购买服务中，政府对服务的监督职能也一定程度上外包给社会组织的具体形式。

第四，其他参与者。参与组团的企业也成为社会治理结构中的重要主体。作为营利性质的组织，企业通过参与服务民生行动，承担社会责任，重新诠释营利与非营利的界限。组团中的志愿者成为具有公共精神的新时代的公民。

四、结构化管理的社会效益

第一，结构化管理和程序化管理是政府购买服务不可或缺的两个方面。通过项目过程管理，确保服务的规范性，从而达到公共服务的质量要求。结构化管理是程序化管理的依托，科学的结构化管理可以避免两个极端：一是政府只管买，其他一切都放手，因此丧失了对购买服务的监督作用；二是政府过度干预，损害了社会组织参与购买服务的积极性和自主性。而组团所形成的购买服务的管理结构，可以在干预和缺位中寻得平衡，通过支持性组织这个中间环节，政府既减少了监督工作量，也提高了监管的有效性。

第二，结构化管理是北京市政府培育和支持社会组织的有效手段。购买服务的直接效益是通过增加供给主体，保障了公共服务的有效供给，间接效益是以此为契机，为社会组织发展提供了资金支持和政策支持。而组团模式在资金支持和政策支持之外，还提供了培训和咨询支持。对于项目运作的社会组织而言，这些培训和支持是免费的，是政府通过另外一项购买服务项目，由支持性组织提供的。同时，参与组团的社会组织扩大了社会网络，增加了社会资本，形成更大范围的合作。因此，组团扩大了购买服务的受益主体和受益范围。

同时，组团的实体化结构，使构建政府购买服务的常态机制有了组织基础。

第三，结构化管理提高了社会组织的自治能力，促使社会组织生态系统的形成。政府在购买服务过程中，以支持性组织为依托，形成社会组织自我发展、自我教育、自我监督、自我服务的共同体。组团作为一种购买服务的结构化管理，也促进了社会组织的结构化。通过组团，改变了社会组织单兵作战的传统，促成了不同性质、不同领域、不同功能的社会组织之间的合作。通过组团购买服务，改变了忽略社会组织作为第三部门的整体性存在的状况，改变了社会组织发展过程中呈现的片断性和局部性，构建了社会组织之间互联互补互动的合作机制。这种合作的加强，将随着社会组织规模的扩大，而使社会组织走向结构化，成为一个结构合理、功能齐全的自治的系统。也只有这样，社会组织才有可能作为自治力量的载体，成为与政府、市场并立的第三部门。

　　组团购买社会组织服务也面临一定的挑战，如社会组织的能力建设有待提高，社会组织的规模尚小，社会组织结构差异化程度有限，支持性组织较少，等等。但是，其巨大的社会效益是明显的，可以预见，在今后的发展中，结构化管理的制度化可持续化，也将有效解决这些问题。只有壮大结构化了的第三部门的存在，才可能构建真正的社会多元治理结构。购买服务的结构化管理，成为社会治理网络结构的实现机制。理论上的构想，有了具体的实践操作依托，北京市组团模式创新的最核心价值就在于此。

中国社会组织发展面临的问题及对策分析

杨文龙　　何深思

（北京信息科技大学公共管理与传媒学院）

摘　要：社会组织是指区别于政府和企业，为社会某些领域提供公共服务的机构。社会组织能够监督国家权力的运行，推动公民政治参与，促进政治民主，维护社会和谐稳定。在新中国成立前，主要通过宗族对基层社会进行管理，此外还存在着秘密结社类型的社会组织；新中国成立后，社会组织经历了严格限制和规范发展的阶段。当前部分社会组织存在着合法化困境；政府对社会组织存在不信任的态度；社会组织建设的文化氛围较弱；针对社会组织存在双重管理体制；社会组织的公信力缺失，监管较弱；同时存在着制约社会组织发展的一些现实因素。为促进社会组织健康有序发展，政府需要加强社会组织发展的顶层设计，转变观念，树立与社会组织合作共治的理念；改革双重管理体制；建立健全社会组织的政策法律体系；健全社会组织的治理结构；加强对社会组织各方面的监督；获取稳定的资金来源渠道，使社会组织健康发展。

关键词：社会组织　国家权力　双重管理体制

一、社会组织的基本理论

（一）社会组织的内涵

　　学术界对社会组织进行界定时，认为社会组织存在广义和狭义之分。广义的社会组织指的是人类在进行生产生活的过程中，所产生的一切社会合作形式；狭义的社会组织是指区别于政府和企业的第三类组织。本文对社会组织这一概念界定为，在政府和企业之外，为社会的某些领域提供社会服务，并且具有非营利性、公益性、自治性和志愿性等特点的组织机构。

在我国，社会组织是官方最新使用的概念，之前官方在正式场合多使用"民间组织"或者"社会团体"来称谓这种类型的组织。1998年，国务院修订了1989年出台的《社会团体登记管理条例》，出台了《民办非企业单位登记管理暂行条例》，对社会团体和民办非企业单位进行制度性规范，该条例对社会团体和民办非企业单位进行了概念界定。社会团体主要是指中国公民自愿组成，为实现会员共同意愿，按照其章程开展活动的非营利性社会组织，而民办非企业单位主要是指企业事业单位、社会团体和其他社会力量以及公民个人利用非国有资产举办的，从事非营利性生活服务活动的组织机构。1999年，中共中央办公厅、国务院办公厅联合发布《关于进一步加强民间组织管理工作的通知》，正式提出了"民间组织"的官方称谓，并规定对民间组织实行业务主管部门和登记管理机关双重负责的管理体制。2004年，国务院出台《基金会管理条例》，将基金会从"社会团体"中分离出来，使基金会成为民间组织中又一种相对独立的类型。此后，社会团体、民办非企业单位和基金会共同隶属于"民间组织"，成为互相独立的三种类型。近些年来，官方开始逐渐使用"社会组织"这一概念，与"民间组织"的称谓并存，并逐渐统一到"社会组织"的概念。我们依据政府、市场和公民社会的三分法对社会组织进行界定，社会组织指的是政府系统和市场系统之外所存在的组织，社会组织具有不同于政府组织和市场主体的特点，这样的社会组织在我国大致表现为如下情形。

（1）八大人民团体类民间组织。如中华全国总工会、中国共产主义青年团、中国科学技术协会、中华全国工商联合会、中华全国妇女联合会、中国全国归国华侨联合会、中华全国台湾同胞联谊会、中华全国青年联合会。这八大人民团体类民间组织是新中国成立后在中国共产党的领导下建立起来的统一战线组织，其成员基本涵盖了各种主要的统战对象。几乎所有的人民团体都呈现出伞形的组织结构，在全国各个层级建立了成千上万的分支机构，拥有着数以百万计的会员。属于这一类型的社会组织还包括25家国家规定的免登记社团，如作家协会、国际贸易促进会、新闻工作者协会、残疾人联合会、宋庆龄基金会、红十字会、法学会等。这种类型的社会组织往往由政府发起成立，政府直接任命组织负责人，组织负责人拥有一定的行政级别，人民团体的工作人员多属于公务员序列或者是事业单位的在编人员，类似于政府的延伸机构。

（2）事业单位。事业单位可以分为三种情况，即全额拨款、差额拨款和不拨款的事业单位。拥有全额拨款的事业单位可以视作政府机构，差额拨款和不拨款的事业单位可以获取经营性收入。这些有经营性收入的事业单位大多由政府发起成立，政府直接任命单位的主要负责人，多数的工作人员也是编制内人员，由政府提供工资，事业单位的活动领域涉及科学、教育、文化、卫生等各个方面。某些政府不拨款、需要自负盈亏的事业单位和企业组织比较相似。

（3）居委会、村委会等群众性自治组织。这些群众性自治组织也是由政府发起成立，经费来源是政府财政拨款，财权通常由上级机关代管。群众性自治组织的职责主要在于执行政府的决策命令，完成上级政府下达的各项任务。居委会、村委会等社会组织更类似于政府部门。

（4）在民政部门登记注册的社会团体、民办非企业单位和基金会。目前这类社会组织发展比较迅速，发挥着日益重要的作用，这类社会组织又可以分为以下几种：

①在民政部门登记的社会团体和基金会，属于官办的公益性民间组织，由政府发起成立，属于社团法人，其组成人员主要来自自主招募，但也有少量的政府部门安置人员，其中的组织资源多来自于社会，政府对于这种类型的社会组织大多以政府购买服务、到社会组织中进行视察或者参与组织活动等方式给予支持。还有一类民间发起的公益性社会团体和公益性基金会，其组织负责人和重大决策事项一般都是组织自己决定，政府给予的资源相对较少。

②还有一类是因政府机构改革和职能转变而成立的社会组织，通常是由政府发起成立的协会、商会等互益性组织，一般也注册为社会团体。政府对这类社会组织的组织负责人和重大决策事项往往进行较多的干预，这类组织的资金来源是会员缴纳的会费，这类社会组织为会员和服务对象提供有偿服务获取收入，社会组织的组成人员有政府进行安置的，也有组织自行进行招聘的，政府对于这类社会组织往往有不同程度的支持。

③民办非企业单位大多由民间发起成立，属于民办非企业法人，其组

织的经费来源是依靠自身的经营性收入，其成员主要通过市场招聘。目前，民办非企业单位在我国社会组织体系中属于比较特别的一类，由于相关法律规范的缺失，这类社会组织的管理存在着一定的问题。

（5）在其他政府部门登记注册的民间组织。这种类型的社会组织包括由民间发起成立的互益性社会团体及其归口管理下的组织，其中有的组织登记为社团法人，有的组织按照国家有关法规成立，但没有取得法人资格，其经费来源主要是会员会费，以及提供有偿服务所取得的收入。

（6）挂靠在合法组织下的各种民间组织，或者是社区内部活动的各种民间组织，或者是在合法民间组织下的二级机构。这类的社会组织往往由民间发起成立，依托于有法律身份的民间组织而存在，其所挂靠和隶属的组织往往能给予其资源或者合法化的证明，但有时也会受到不同程度的干预。

（7）街头的兴趣组织和群众团队，互联网上的虚拟社区。这些组织由民间发起成立，没有法律身份，没有登记注册，政府也不禁止它们开展活动。经费来源多是会员交纳的费用。随着民间组织备案制的建立，这种类型的社会组织开始逐渐纳入到正常管理。

以上只是进行一些列举，但是并不能涵盖我国社会组织的所有情形。从中可以看出，关于社会组织的分类并不十分清晰，管理比较混乱，需要对各种类型的社会组织进行明确地区分，以利于社会组织的规范管理。

（二）社会组织的特点

社会组织的特征主要包括民间性、非营利性、公益性、自愿性和自治性等。民间性是相对于国家公共权力机关而言的，社会组织不同于政府部门，其做出的行为对相对人没有强制性；非营利性和公益性是相对于企业而言的，企业进行市场化运作，以营利为目的，社会组织从事的活动不以营利为目的，主要是从事社会公益事业、社会服务事业和慈善事业，是为了发展公益事业，实现社会的公共利益；自愿性和自治性是针对社会组织成员的结合方式而言的，社会组织的成员自愿参加各种社会组织，社会组织具有一定的自治性。这样的特征使得社会组织明显区别于政府部门和进行市场化运作的企业，成为一支重要的力量为我国社会的发展进步服务。

（三）社会组织的作用

1. 社会组织监督国家权力的运行，推动政府决策民主化

罗伯特·达尔认为：一个国家要维系民主就"需要各种各样的独立社团和组织，也就是说，需要一个多元的市民社会"。在我国，社会组织能够通过各种形式的社会监督，制约国家权力的运行，促进我国的民主政治建设。社会组织中的一些具有较强专业性的行业协会或学术研究会，通过自身拥有的专业知识为政府和社会服务，在政府进行决策的过程中，为其提供技术指导和咨询论证，促进政府决策的科学化和民主化，为政府的决策提供智力保障。

2. 社会组织能够推动公民政治参与，促进社会自治

改革开放之前，个人依附于各种单位和企业，国家通过单位和企业进行社会资源的分配。改革开放之后，单位制弱化，社会组织的出现改善了由于单位制弱化而产生的社会松散状态，为个人活动搭建了比较宽广的组织平台，人们通过参加各种社会组织，参与到政治和社会建设之中。公民通过各种社会组织进行政治参与，能够得到政治民主实践的锻炼，积累政治参与的经验，提升公民的民主素质，为以后实现社会自治创造必要条件，奠定坚实基础。通过引导受助群体努力改变自己的现状，增强他们自力更生的意识，不仅使他们脱离物质贫困，也使他们脱离心理贫困。非政府组织的慈善救助行为，不仅有利于协助政府缓和社会矛盾，同时也为公众参与提供了平台，有利于营造一个管理完善、秩序良好、人民群众安居乐业、社会宽容友爱的和谐社会。[1]

3. 社会组织可以促进政治民主，维护社会和谐稳定

社会主义民主包括政治民主、经济民主和社会民主等诸多方面，政治民主则是社会主义民主的一个重要组成部分。托里·戴蒙说："一个充满活力的市民社会不但提高了民主政治的责任能力，而且提高了民主政治的代表性和生命力。"社会成员通过参加各种社会组织，参与到国家和社会事务的管理中，促成社会问题的解决，这使得民主制度更加完善。随着改革开放的深入推进，市场经济的快速发展，我国的社会结构发生了巨大变化，各种社会矛盾逐渐增多并复杂化。大量社会组织的产生和发展，为人

们提供了归属感，提供了利益表达的载体，这可以有效预防社会矛盾的激化，消除社会中的不稳定因素，促进社会和谐。

4. 社会组织在提供公共服务的过程中，能够弥补政府和市场的不足

随着市场经济的深入发展，仅仅通过政府和市场已经不能解决某些问题，这时就需要公益性社会组织的存在，通过社会组织来承担一部分公共服务工作，以弥补政府和市场的"失灵"。在为社会提供公共服务的过程中，政府强制性地对社会资源进行分配，而社会组织则是通过非强制性的方式来动员各种社会资源，能够在一定程度上缓解政府进行社会管理时的压力，如社会组织可以通过组织社会捐赠、进行志愿服务等方式，为公众提供所需要的社会服务，成为社会管理和公共服务的有益补充。大量的民办教育、医疗卫生、社会福利等机构的成立，具有贴近群众、了解群众、机制灵活的特点，这些社会组织向社会提供了很好的服务，填补了公共服务的薄弱环节，扩大了公共服务供给，使多样化的社会需求能够得到逐渐满足。同时，社会组织为公众提供各项公共服务，能够促进政府管理职能的转变，促进政府管理运行机制的创新，从而逐渐推进政府简政放权，推动社会权力和自治权力的发展。从塑造国家与社会权力的关系角度来讲，社会组织有助于形成"小政府、大社会"的社会管理体制新格局，从而实现"善治"。[2]

5. 社会组织推动着我国文化繁荣发展和社会创新进步

广大的学术性团体和民办文化服务机构，聚集着我国众多的专家学者和专业人才，通过组织各种形式的群众乐于参与、便于参与的文化活动，满足着人民群众日益增长的精神文化需求。学术性社会组织的建立，学术交流、研讨活动的开展，推动着我国理论创新、科技创新和技术创新，造就了国家重要的思想库和人才库。

二、我国社会组织的发展历程及发展趋势

总体来看，我国政府对社会组织的管理，大致可分为三个阶段，即新中国成立前社会组织的发展阶段、新中国成立后到改革开放前对社会组织的严格控制阶段以及改革开放以来社会组织的规范发展阶段。

（一）新中国成立前我国社会组织的发展

中国经历了长期的封建社会的发展，在广大的农村基层社会主要是依托宗族来进行社会管理。宗族是依托血缘关系和地缘关系而组建起来的社会组织。在中国的古代社会，宗族具有强大的凝聚力，具有天然的区域优势，深刻影响着每个人的日常生活。古代的宗族制度与宗法制度存在着密切的联系。所谓宗法，是指以血缘关系为基础，尊崇共同的祖先，在宗族内部区分尊卑长幼，并且规定继承的秩序、宗族成员不同的权力和义务的法则。宗族组织及其建立的宗法制度，在中国延续几千年之久，这在世界各国的历史上绝无仅有，至今对中国社会产生着深远影响。

宗族对基层社会进行行政管理是指宗族协助或者代替国家权力机关行使行政管理权，宗族之所以拥有这项功能，是中央和地方、政权和族权在基层社会相互妥协平衡的结果。通过行使基层行政权力，宗族强化了自己的权威性和强制性，强化了对其成员的控制。国家政权通过承认宗族在地方的权力存在，既达到了控制广大农村社会的目的，又能够弥补国家行政权力的不足。宗族主要通过进行赋税催收、治安维护、徭役征发以及户籍管理等方式对基层社会进行管理。

宗法制度的长期存在产生了一定的正面影响。首先，促使中华民族形成了重视人伦、重视亲情、重视家庭生活的传统，有利于维护社会的和谐稳定。其次，形成了中华民族重视祖先、重视传统、重视统一的精神。今天，炎黄子孙无论存有何种信仰，无论来自什么地方，但维护祖国统一的思想高度一致，也与这一制度的影响息息相关。但这一制度产生的负面影响更引人关注。宗族社会的存在，宗法制度的建立，导致了专制社会和专制思想的形成，人们普遍缺乏民主观念和民主精神。如今，专制制度虽然不复存在了，但是几千年遗留下来的专制思想对中华民族的影响可谓根深蒂固，并时不时地以某种形式表现出来，这极大地制约着我国民主政治的发展进程，制约着中国特色社会主义政治文明的发展。

（二）新中国成立后我国社会组织的发展

1. 改革开放前社会组织的发展

1949 年新中国成立以来，对于国家和社会的关系，一直呈现着国家强社会弱的局面。新中国刚刚成立时，国家在对旧社会进行改造和对新社会进行构建的过程中，"在政治上实行党政合一和党国合一，在经济上把工商企业改造成国家控制，在社会生活中把所有民间组织全部纳入官方范围"[3]。国家在中国共产党的领导下，对政治、经济、社会等方面实行总体性控制，国家与社会高度合一，社会领域所应有的自主性完全消失。

首先，国家对旧社团进行清理，建立了一批人民社团。新中国成立之初，社会上存在着大量的民间社团组织，为了清理整顿这些社团组织，1950年中央政府颁布了《社会团体登记暂行办法》，1951年颁布了《社会团体登记暂行办法实施细则》，这是我国第一部对社团进行管理的法规。这部法规规定了社会团体的类别、登记的原则和程序等事项，明确规定了社会组织由人民群体团体、文艺工作团体、社会公益团体、学术研究团体和宗教团体这五类组成，为社会组织的管理工作提供了明确的法律依据。但是，新建立的国家政权对一些旧的社会组织心存疑虑，"社会团体的登记过程也是新政权用自己的社会主流价值观对当时存在的社团进行判断和选择的过程。依据中国共产党领导的多党合作的政治体制，非主流的社会团体均被解散。那些与社会主义价值观不符合的社团被认为是'封建'或'反动'的而被取消。有些团体被加以改造"[4]。经过这样的清理整顿，新中国成立前建立的大部分社团组织被取缔，建立了以工会、共青团、妇联等八大民间团体为代表的社会组织，这些社会组织被纳入到国家的行政体系管辖中。

国家完成对旧社团的清理，建立了一批新的社会组织之后，不再执行统一的登记工作，并且没有设立专门的登记机关对社会组织进行管理，而是由各个政府部门负责对与自己业务相关的社会组织进行管理。据统计，20世纪50年代初，全国性社会组织仅有44个，1965年不到100个，地方性社会组织只有6000个左右，并且这些社会组织的类型比较单调。从新中国建立到实行改革开放这段时间，教育、文化、卫生等社会服务类组织都转变为国家的事业单位，在城市中，以单位为核心进行社会管理和社会控制。新中国成立前存在的各类社会组织所具有的社会功能由这些事业单位全面承接下来。在这一时期，国家的基本政策取向在于抑制民间社会组织的发展，通过控制单位组织进而控制整个社会，在国家已经建立的行政系统之外，不允许其他社团活动的存在。可见，在这一时期，社会组织的活动空间不大，所起到的作用非常有限。在政社合一的模式下，各种社会资源由政府进行全面控制，社会组织没有独立的空间，没有足够的活动范围，从这种意义上来说社会组织消失了。

2. 改革开放以来社会组织的发展

1978 年实行改革开放政策以来，面对不断增多的社会组织，为了适应经济改革的需要，国家适当地对社会管理政策进行调整，"由原先的'全能主义'治理模式逐渐转变为'威权主义'治理模式"，[5]对社会组织采取管理和控制的策略，以实现改革开放进程的平稳发展。

改革开放初期，中国社会百废待兴，自主结社处于比较宽松的时期。1978 年召开全国科学大会时，邓小平提出了"科学技术是生产力""四个现代化，关键是科学技术的现代化"等一系列重要的观点，凸显出科学技术的重要作用，受到社会的广泛关注和认同。以此为契机，全国以及省、市、自治区的科学技术协会相继成立，几年时间内，全国范围内的社团组织，如中国少年儿童发展基金会、中国红十字会、中国教育学会、中国航海学会、中国地震学会、中国考古学会等一批全国性的社会组织陆续成立。在改革开放初期，国家并没有颁布对社会组织进行管理的新法规，没有明确规定具体的注册登记部门，由于当时正处于改革开放的初期，从而形成了社会组织发展的宽松期，社会组织的数量呈现出迅速增长的态势。截止 1989 年年初，全国性社团由"文革"前的近百个发展到 1600 多个，增长了 15 倍。地方性社团也由 6000 多个发展到近 20 万个，增长了约 32 倍。[3]经过这一时期的快速发展，大量的非政府、非营利组织得以建立，并形成了一股比较自主的社会力量。

20 世纪 80 年代末，关于社会组织的双重管理模式建立。由于社会组织的快速发展，国家的政治生活和社会生活受到影响，如何将蓬勃发展的社会力量控制在国家权力之下，如何对独立于国家体系的社会组织进行监管，成为政府面临的新问题。1989 年为了加强对社会组织的管理，国家开始对各类社会组织进行重新登记，出台了《社会团体登记管理条例》，这一条例成为 1950 年后国家对社会组织进行管理颁布的第二部法规。《社会团体登记管理条例》明确规定，社会组织的登记机关是中华人民共和国民政部以及县级以上各级民政部门；社会组织在进行登记时需要有业务主管部门的审查意见；登记机关对社会组织有监管职责；实行每年一次的年检制度等。这样的规定使社会组织的管理统一归口到政府民政部门，增强了登记机关和业务主管部门对社会组织的审查和监督，初步形成了国家对社会组织的管控制度。20 世纪 90 年代，随着市场化改革的启动和政治体制改革的进行，国家加大了对社会组织的清理整顿力度。1998 年重新修订了《社会团体登记管理条例》，强化和完善了"归口登记、双重负责、分级管理"的制度，国家对社会组织的管控模式正式确立起来。

可见，改革开放以来，我国经济领域从计划经济向社会主义市场经济转变的同时，社会领域几乎是"从无到有"地建立起社会组织的管理体制。以监督控制为主的社会组织管理体制，虽然控制了大量社会组织的合法性身份，但是社会组织却以不可阻挡之势发展壮大，以其特有的方式占领着社会领域，为社会提供着仅凭政府无法完成的公共服务项目。

（三）我国社会组织的发展现状

近几年来，我国社会组织登记注册数量的增长率达到 10% —15%，超过了 GDP 的增长率。没有进行登记注册的社会组织的数量更为庞大，有几百万家。社会组织的业务覆盖范围涉及教育、卫生、养老等诸多领域，服务社会的能力得到显著提升。但是总体来看，我国社会组织的发展表现出总体力量弱小、服务领域相对集中、地区之间发展不平衡等特点。据有关数据统计，教育服务类、社会服务类和卫生服务类三种类型社会组织的数量位列前三，分别为 24.8%、13.4% 和 9.5%；农业及农村发展、科技与研究、文化、工商业服务等类型的社会组织的比例都超过了 5%，职业及其从业组织、生态环境、体育、法律、宗教等类型社会组织比重皆不足 5%。国际及其他涉外组织占 0.14%。社会组织在东部、中部和西部地区的发展极不平衡。据统计，东部地区、中部地区和西部地区的社会组织分别占全国社会组织总数的 48.7%、25.2% 和 26.2%；西藏、新疆、宁夏、内蒙古和广西壮族自治区的社会组织的总数较少，每个自治区社会组织的平均数是全国平均数的 48.6%。

（四）我国社会组织的发展趋势

1. 社会组织的"社会技术性"不断增强

社会组织某种程度上形成了一种技术权威，获得了与政府和企业相权衡的力量。20世纪50年代，德国学者雅斯贝尔斯将公民自发组成的组织称为"社会技术性集体"。雅斯贝尔斯认为，"社会技术性集体"和"实质性共同体"不同，没有承载着历史和过去并拥有独特而深厚的风俗和信仰，它们在结构上比较松散，存续的时间不确定，有的时候甚至缺乏组织的形式以及加入的手续。"社会技术性集体"的组成人员是为了一种共同的兴趣、利益或目标资源集合到一起的，淡化了组织成员之间在意识形态及经济地位上的差异。社会技术性使得公民组织直接面对具体的社会问题而采取行动，依靠共同的目标将志愿者个体的力量整合在一起，从而形成了一种技术权威，获得与政府、企业相权衡的力量。[6]比如，北京的"自然之友"一直致力于环境的保护，累计发展会员一万多人，其中活跃的会员3000余人，团体会员近30家，获得国际国内各种奖项20余项，为中国的环保事业以及公民社会的发展做出了积极贡献。还有"绿色流域"组织拥有着科学评估的专业权威，一直致力于西南地区的河流保护，为改善当地的基础设施起到了很大作用。

2. 社会组织的虚拟化逐渐显现，社会参与水平逐渐提高

我国的社会组织在信息时代发展成长，计算机和手机互联网等为公众提供了广阔的平台，公众可以通过电子邮件、聊天室和虚拟俱乐部等方式便捷地进行沟通，这样就形成了一个超越物理空间的平台，公众可以利用网络平台组成各种正式或非正式的社团，这些虚拟社团可以"促进交换行为，包括资源交换和关系强化"。互联网以前所未有的速度和手段打破了时空的限制，网络虚拟组织便于更多的公众参与。比如，2005年发生的圆明园铺膜事件听证会中，政府环保部门、许多社会组织和广大公众竞相参与，进行通力合作，形成了环境影响评估报告，较好地解决了湖底防渗透工程，达成了良治。随着社会组织参与性的增强，共青团、妇联和工会等人民团体在对自身进行改革的同时，开始兴办基金会等社会组织，向社会组织的志愿模式学习，提高了工作效率。

3. 社会组织的影响力逐渐扩大，和国际社会组织的联系日益频繁

社会组织在国际人道救助方面表现积极，成为党和政府在外交方面的得力助手。20世纪末，国际社会组织（INGOs）通过在香港、澳门等地设立分部，在内地设立代表处，挂靠政府机构或事业单位，甚至通过同地方

政府签署"谅解备忘录",取得暂时合法运作许可等方式进入我国。[7] 如今,国际社会组织在中国的活动数量大为增加,投入经费逐渐增长,促进了我国社会公益事业的发展和本土社会组织的成长。我国不少慈善和公益服务类社会组织创立初期的经费主要来自国外社会组织的支持,学习国外社会组织的组织理念、运作方式和人员培训等,学习国外社会组织的成长经验。据调查资料显示,2006 年年初至 2009 年年底,共有来自 20 多个国家和地区的 375 个国外社会组织在云南省内开展活动,主要进行救灾捐助、环保教育、医疗卫生、农村社区发展和社会服务方面的活动。此外,政治类国际社会组织在国内的活动也有序开展起来,透明国际就是其中的典型代表。透明国际每年提供一百多个国家的清廉指数和行贿指数,为几十个国家提供反腐败技术支持,对中国的反腐败进程也产生了深刻的影响。同时,我国社会组织的国际化程度也在逐步推进,2004 年,我国社会组织积极参与印度洋的海啸救援,仅中国红十字会就募集到善款 4.43 亿元人民币,引起了世界广泛关注。

三、我国社会组织发展面临的问题

社会组织在快速发展的同时,面临着许多的挑战,尤其是政府与社会组织的关系、社会组织自身发展面临的挑战等问题更具有现实性和紧迫性。

(一) 社会组织的合法化困境

在我国现阶段,主要依靠三部行政法规对社会组织进行规范,即《社会团体登记管理条例》(1998 年国务院令第 250 号)、《民办非企业单位登记管理暂行条例》(1998 年国务院令第 251 号)和《基金会管理条例》(2004 年国务院令第 400 号)。这三部行政法规由国务院制订,立法层次相对较低,且制订的时间较早,有关规定已经不能适应实践的发展需要,造成了现实生活中社会组织的发展无法可依的困境。比如,按照条例的规定,我国社会组织可以划分为社会团体、基金会和民办非企业单位三种类型,其中基金会也能取得社会团体法人地位。但是从国际上来看,基金会和民办非企业单位属于大陆法系中的财团法人或者是英美法系中的公益法人,都可以享受税收减免优惠。但我国现行的《民法通则》只承认企业、机关、事业单位和社会团体法人四种类型，造成基金会和民办非企业单位法人身份的困境。[8]基金会等社会组织不恰当的法人地位，造成了其税收减免等方面的问题，如2009年国家税务总局要求基金会把捐赠收入并入应税所得计缴2008年度企业所得税。该举措引发了中国青少年基金会等五家基金会的联名上书，它们认为自己作为在民政部注册的国家级基金会，按照《基金会管理条例》及其相关解释的规定，捐赠收入和存款利息均不缴纳所得税。问题在于《基金会管理条例》的法律层级太低，不能对财政部和税务总局产生规制力。

社会组织在国家法律层次规制方面比较缺乏，造成了社会组织在现实中过度管制和管理真空并存的局面。当前，中组部、中宣部、统战部、民政部、安全部、工商总局等单位都有权力对社会组织进行管理，针对社会组织的法律规范，不仅有国务院和民政部门颁布的规定，还有各部位、各地方政府出台的细则，致使众多的社会组织被过度管制；同时由于各种行业协会、专门团体、学术性团体以及日益发展的网络团体具有自身的特点，而针对这类社会组织的具体管理法规相对缺乏，导致很多社会组织实际上处于一种"三不管"的境地。

（二）政府对社会组织的"两难选择"

政府对社会组织的认识不全面，虽然中央对社会组织的发展已经有了明确的指导思想，但是部分地方政府并没有认识到社会组织在经济社会发展中应有的地位，认识上存在着一些偏差。要么忽视社会组织的存在，防范限制社会组织，使得社会组织的作用得不到有效发挥；要么美化社会组织，对某些社会组织尤其是非法社会组织所产生的负面影响缺乏足够的认识，因此产生了对社会组织规范管理不够重视等问题。政府机关普遍对社会组织持有不信任甚至是怀疑的态度，产生原因是多方面的。在中国古代，社会组织除宗族的表现形式外，还有秘密结社，而秘密结社通常处于官府的对立面，民反官的传统大多来自于秘密结社这样有组织的力量。如今，人们往往信任政府的权威，而对于社会组织，往往认为是针对于党和政府的异己力量，非常容易成为反政府组织，因此一些地方政府对于社会组织往往采取怀疑和抵制的态度。政府在扶持社会组织的发展和加强对社会组织的管理之间，经常会出现摇摆不定的政策取向，尤其是对于一些自下而上发展起来的社会组织，往往是限制很多而支持不足。可以说，改革开放后我国对于社会组织的相关政策表现出强烈的控制型管理取向，其目的在于防止出现敌对社会组织，防止出现破坏社会稳定和国家安全的现象，防止社会组织从事不利于国家的政治性活动。维护政权和政治局面的稳定是政策制定者考虑问题的首要出发点，这是建立在防范公民社会的二元对立的理论假设基础之上的，政府总是有意无意地把社会组织塑造成自己的对立面，这样政府与社会组织合作进行社会管理的可能性就降低了。

（三）社会组织建设的文化氛围较弱

在西方，公民社会源远流长，社会组织的发展有来自文化方面的深厚积淀，包括与市场经济相适应的普遍的公民意识、自治观念、法治观念、契约精神、公益精神等。[9]中国经历了漫长的宗法社会，血缘、地缘和业缘的扩展逐渐形成了等级森严的宗法格局。这种宗法关系发自于儒家的"孝"文化，由"孝"生"顺"，由"孝"生"忠"，形成了"家—族—天下"的政治发展逻辑，造就了家国一体的整体性社会。基于"忠孝"文化之上，"专制君主不仅通过国家暴力机器对臣民实行全面的行为控制，还借助一整套等级森严的伦理纲常对臣民进行奴化教育。在这种刚柔并济的持久的政治统治下，臣民不再具有独立性和自主性。他们丧失自我意识，逐渐养成了一种卑微顺从的奴性性格"[10]。进而形成了依附性的臣民文化，这种"臣民文化"与"公民文化"截然相反，人与人之间并不是通过沟通和说服来实现行动的一致性，而是通过建立在强权和纲常伦理的基础上，依靠等级控制来实现的，不允许差异化和多样性的存在，力求实现价值体系的整齐划一。因此，我国在传统文化上与发达国家具有本质的区别。社会组织在公民社会中更容易产生发展，是公民基于公共利益的考虑，自发、自愿组成的自治性组织，而这种积极参与公共事务的自组织行为在"臣民文化"的传统下，是很难发生的。中国社会的构成是以"自我主义"即利己主义为中心，根据"己"之血缘、资本而伸缩自如的"差序格局"是其基本衍生逻辑。这种伸缩自如的私德模糊了公共利益和私人利益的差别，可以助推牺牲大家成就小家甚至个人现象的发生。[11]这样的文化背景导致我国公民文化的缺失，使得社会组织在孕育和发展过程中缺乏文化基因，形成了社会组织发育上的先天困境，在后天的发展过程中同样会导致文化认同上的困难。在社会组织文化认同上的不足，直接导致了社会组织在社会资源分配上的不利地位，在更深层次上造成了社会组织制度构建上的滞后和不足。[12]西方社会组织的发展能够得到社会舆论和民间文化价值的肯定，能够获得良好的政策支持，建立起合理的运行机制。而中国在转型过程中，社会组织的发展受到旧的社会价值体系和伦理道德观念的影响，公众原有的公益观念变得越来越模糊，社会的志愿精神、公益精神和公信力严重不足，进而影响到社会组织的发展。这样的文化氛围导致公众对社会组织不理解、不支持、不参与，公众参与社会组织的力度明显不够，甚至许多人对社会组织的活动置身事外，成为了专业人员的独角戏。这样的状况，成为社会组织发展的无形障碍。

（四）针对社会组织的双重管理体制

《社会团体登记管理条例》《民办非企业单位登记管理暂行条例》和《基金会管理条例》共同构成了管理社会组织的基本法规，构建起我国社会组织管理的基本体制，形成了登记管理机关和业务主管部门分别负责的双重管理体制。对于社会组织来说，这样的体制造成了多头管理的并存。根据条例的规定，每个社会组织必须同时接受业务主管部门和政府主管机关的双重领导，其日常业务主要受到业务主管部门的领导，每个社会组织在成立时首先要找到相关的主管单位。《社会团体登记管理条例》只做出了一般性规定，县级以上的相关党政机关以及县级以上政府的授权机构，都可以成为社会组织的业务主管机构，这就造成社会组织的业务主管部门呈现出五花八门的状况，甚至有的社会组织能找到好几个业务主管部门。对于那些能找到主管单位的社会组织来说，这样的体制可能带来的是多头管理。而对于那些找不到业务主管单位的社会组织来说，社会组织的成立过程将是十分的艰难，可能会因为无法登记而成为非法社会组织。如果业务主管部门拒绝履行审查许可职责，即将成立的社会组织将缺乏相应的权利救济手段。这种强迫社会组织寻找业务主管部门的制度使得许多社会组织不能进行合法登记。

社会组织的发展受到非竞争原则和跨地区限制原则的阻碍。非竞争原则指的是为避免出现社会组织之间的竞争，在同一个行政区域内，禁止设立业务范围相同或者相似的社会组织。跨地区限制原则是指社会团体和民办非企业单位等不得设立地域性的分支机构。设定这样的原则，极大地限制了社会组织多样化的发展，将一些社会组织置于垄断地位，造成社会组织缺乏积极进取的动力，从而导致社会组织偏离非营利性和公益性的特点。同时，当今的社会组织存在着重大活动请示报告制度和年检制度。重大活动请示报告制度作为一种事前检查和审批制度，是建立在政府对社会组织不信任的基础之上的，容易使政府和社会组织之间产生对立情绪，阻碍社会组织的自主发展。关于社会组织的相关政策法规，表现出强烈的控制型管理取向，其价值理念在于对社会组织进行严格的控制管理，使其适应体制的要求，成为党联系群众的桥梁，辅助国家对社会进行控制和管理。

（五）社会组织的公信力缺失

理论和实践的发展表明，社会组织在提供社会公共服务的过程中越来越发挥着举足轻重的作用。政府部门、市场主体以及社会组织共同构成公共事务管理的三个治理主体，多中心的治理结构正在逐步形成。社会组织通过依靠道义力量征集人力资源与物质资源，在提供公共物品和公共服务方面发挥着举足轻重的作用，其重要性显得尤其突出。但是在一些热点事件中，社会组织屡次受到质疑，如郭美美事件引发的红十字会危机，尚德诈捐门引起的中国慈善总会信任危机，中非希望工程项目"卢美美"引发的中国青基会信任危机，河南宋庆龄基金会房地产事件引起的宋庆龄基金会危机等，这些社会组织的信任危机导致整个社会组织的公信力急剧下降，从而阻碍中国社会组织的健康发展。某些社会组织为了谋取自身利益，不负责任，不注重服务质量，侵害公众利益；有的社会组织进行违规违法操作，欺骗政府和社会公众，获取不义之财，造成了社会组织信誉的坍塌。社会组织的公信力问题，直接关系到社会组织的健康发展，关系到中国社会组织在国际上的地位和声誉，因此解决社会组织的公信力问题已经刻不容缓。

（六）对社会组织的外部监管不力

针对社会组织的监督管理机制不健全，根据《社会团体登记管理条例》第31条的规定，社会组织需要每年向业务主管单位和登记管理机关提交工作报告，接受年度检查。据此规定，对社会组织的监督管理似乎是有章可循的，但是从实际情况来看，登记管理条例对社会组织的监管主要是一种"门槛监督"。社会组织的业务主管部门只是让其起到挂靠的作用，缺少对社会组织开展定期和不定期的监督检查。登记管理机关也主要是负责登记注册的职能，对于社会组织的年度检查往往流于形式。虽然民政部门在社会组织的年度检查中会提出审计要求，但一般是由社会组织自己寻找审计机构来出具审计报告，由社会组织自行承担费用，在这种情况下制作出来的审计报告的客观性和真实性难以得到保证。《社会团体登记管理条例》第30条规定，社会团体的财务和资产管理还要接受财政部门和审计机关的监督。对社会组织进行监督的部门过多，主要包括政府民政部门、业务主管部门、财政部门和审计机关等，这种多种监督主体的制度设计，旨在对社会组织进行严格监督，但是在实际运作过程中，由于缺乏有效的协调配合机制，各个监督主体之间经常会出现相互扯皮、互相推诿的现象，不能形成监督的合力，反而会产生监督缺位的状况，监督主体的多元化往往会造成实质性监督的缺位。除此之外，由于缺乏公众监督的相关制度规定，一旦社会组织面临外界的社会监督持有排斥或者不合作的态度，社会监督的作用就难以实现。

（七）制约社会组织发展的现实因素

1. 社会组织的非政府性和民间性程度较低

我国多数的社会组织在人员经费、办公场所等基本资源方面，对政府特别是业务主管单位存在较高的依赖程度，体现出强烈的官办色彩。清华大学的同一项调查表明，中国社会组织中有46.6%是由业务主管部门提供办公场所的，31.9%有自己的专用办公室，8%租赁办公室，1.7%办公场所在领导或成员家中。从兼职人员所占比例来看，清华大学同一项调查表明，只有4.6%的社会组织没有兼职人员，其余均有兼职人员，人数从1到4人到最多40人以上不等，即使那些没有专职人员的非营利组织也有兼职人员，这反映了许多社会组织与政府混合运作的情形。

2. 社会组织的自治性较差

大量的调查研究表明，我国社会组织的自治程度不高。多数的社会组织是由政府主管部门发起成立的，目的是协助政府部门进行管理工作；党和政府制定的有关社会组织的法律政策具有强大的约束力；业务主管单位比登记管理机关具有更大的影响力；业务主管单位主要通过这样的方式影响社会组织，如推荐或者派遣社会组织领导人、出席社会组织会议、参加社会组织活动、审查社会组织年度工作报告和财务报告、派遣人员到社会组织任职并发放工资等；党和政府还通过在社会组织中建立党组织或者选派党政官员在社会组织中担任领导等方式来影响社会组织。造成的结果是社会组织的自治程度较低，追求行政级别和待遇，争取行政管理权的强烈行政化色彩。

3. 社会组织的资金短缺

资源供养不足，使我国社会组织成长的动力不够。社会组织既不同于政府组织，也不同于企业组织，社会组织获取资源的方式自然也不同于政府和企业。政府建立在社会公权力基础之上，以国家强制力为后盾，以为整个社会提供公共服务和公共产品来换取税收；企业是为了追求自身利益最大化目的的经济人的集合体，通过生产、销售产品来赚取利润。因此，无论是政府还是企业，都有自己较为稳定的资源供养方式。社会组织作为公民自发组成的志愿性组织，没有国家强制力作为后盾，不能依靠税收供养；另一方面也不以营利为宗旨，不能依靠利润供养。社会组织必须依靠自身的优势来吸取社会资源，支持自身的发展。

资金短缺是影响社会组织可持续发展的瓶颈问题，常常会造成社会组织的服务能力下降，各种项目和活动难以正常开展，甚至可能会产生自身的生存问题，更谈不上创新和发展了。企业依靠生产产品和提供服务，政府依靠财政收入，社会组织的资金来源主要依靠会员的会费、政府不稳定的支持资金以及少量的个人捐赠。某些社会组织对政府的依赖程度较高，一旦政府切断了对社会组织的资助，社会组织就失去了主要的支撑，面临着生存的问题。现代社会组织体制的建设需要实现"政社分开"，这有利于社会组织的自治，但是会不同程度地减少社会组织的资金来源。因此，如何从根本上摆脱对外部的依赖，探索出一条内生性资金利用和增长机制，已经成为当前社会组织发展面临的主要问题。

4. 社会组织力量较弱

由于社会组织的成立登记门槛过高，一定程度上限制了社会组织的发展，我国每万人拥有民间组织数量为 1045 个，而法国为 110.45 个，美国为 51.79 个，巴西为 12.66 个，印度为 10.21 个，埃及为 2.44 个，[13]以上国家均高于我国的现有水平，体现了我国社会组织的人均占有量严重不足。就社会组织活动的地域范围来看，我国社会组织以基层性和地方性社会组织为主。从清华大学 NGO 研究所的调查来看，被调查的民间组织中有 68.7% 的活动范围在一个县、市、区范围内，8.6% 的组织活动范围在一个省范围内，仅有 1.1% 的组织活动范围在两个或两个以上省范围内，[14]这主要是由于我国严格限制社会组织的跨地域活动范围。我国大多数社会组织成员人数较少，属于小型的社会组织，北京大学中国社会团体研究中心对北京和浙江两地的社会组织进行调查后发现，拥有 1000 名以下会员的小型社团占社团总数的 60% 左右，几乎 90% 以上的民间社会组织的支出规模都在 50 万元以下，5% 的社会组织每年的支出额甚至在 1000 元以下，每年支出额在 100 万元以上的社会组织还不到 2%，这反映了我国社会组织实力弱小。现存的社会组织还十分弱小，造成其难以承接政府的转移职能，难以有效动员各种社会资源，难以承担应负的社会责任。我国的社会组织不仅数量偏少，而且结构不合理，互益性的行业协会和商会较多，公益性、慈善性、服务性的社会组织偏少；服务于工商企业的社会组织偏多，服务于农业农村、社会服务、卫生保健等方面的较少。

5. 社会支持欠缺

在社会组织的资金来源中，社会捐赠所占的比重较低。据统计，在由重大事件和巨大灾难直接引发了慈善捐赠"井喷"的 2008 年，全国接收各类捐赠款物总额达 1070.49 亿元，比 2007 年增长了 246%[15]，占全国 GDP 总量的 0.356%。即使这样，与某些发达国家相比，还存在着很大的差距。据统计，2004 年美国仅各类慈善机构获得的慈善捐赠总额就相当于 GDP 的 2.17%，英国为 0.88%，加拿大为 0.77%。[16]同时，大量的调查表明，社会组织的志愿者工作人员和义工数量都严重不足，据有关学者的研究，我国目前只有 100 多家慈善公益机构，慈善捐赠占 GDP 的比重不到 1%，而这些慈善组织所掌握的资金不到 GDP 的 0.1%，公民捐赠主要以响应党和政府号召的被动捐赠为主，"经常主动捐赠"很少。[17]另据清华大学前述同一项研究，在社会组织收入结构中，企业赞助和项目经费占 5.63%，募捐收入仅占 2.18%。对社会组织进行问卷调查时，有 34.4% 的社会组织表示没有志愿人员，17.5% 的志愿人员在 1—4 人，只有 18.3% 的组织志愿人员在 40 人以上。同时志愿者平均每人每月参加活动仅 4.45 天。这表明我国的志愿捐赠和志愿者工作情况均处于较低的水平，这与我国现行社会组织管理制度和政策中缺乏与志愿者工作相关的政策法规激励有关，同时也反映了《公益事业捐赠法》存在的局限性。由于历史的原因，某些社会组织与政府相关部门具有紧密的联系，在人、财、物和办公场所等方面并没有完全分开，有的社会组织甚至成为政府的下属机构，这导致社会组织难以获得自主发展和自我管理，缺乏发展的动力和活力。

四、社会组织健康有序发展的对策建议

（一）加强社会组织发展的顶层设计

社会组织的建设是一个长期而艰巨的过程，是一个涉及众多方面的综合性系统性工程，仅仅在某一领域或某一环节进行创新很难取得突破性的进展。目前我国有民政部门对社会组织的管理和监督进行统筹，但对社会组织的管理又涉及工商、税务、银行等各个部门，单靠民政部门一家难以实现全面性的系统变革。因此建议加强社会组织发展的顶层设计，将社会组织的发展纳入国家经济社会发展的整体规划，纳入国家整体发展的战略目标，增强对社会组织的协调力度，推动社会组织的顶层设计和整体规划。同时应当考虑到社会组织在城乡之间、不同地区之间、不同行业、不同阶层之间以及不同文化程度之间存在的巨大差异，考虑到不同社会阶层所能承受的参与成本，在立法层面降低社会组织的登记准入门槛，如降低关于会员数、活动资金最低限额的限制，以有利于社会底层群众和弱势群体等参与到社会组织中。在社会组织发展的初期阶段，政府重在培育和扶持社会组织的成长，之后重在监督和服务，等到条件成熟、法律环境基本具备之后，应当考虑由行业协会发挥自律作用。

（二）政府转变观念，树立合作共治理念

政府首先要在文化上达成对社会组织的认同。寻求政府与社会组织的文化认同，必须找到两者之间在价值上的契合点。公民社会正好提供了联结政府和社会组织在价值观上的契合点。社会主义国家强调公民享有各种

各样的政治权利，并且各项政治权利和自由受到法律的保护，其中一项重要权利就是公民能够充分表达自己的意愿，拥有集会、结社、游行和示威的自由，国家对公民政治权利的规定和保护，有利于我国公民社会的建设，有利于公民文化的形成。"公民社会产生的标志就是独立的社团组织的存在。从最低限度来说，只要存在不受国家权力支配的一定数量的社团组织，就可以说公民社会初步形成了。[18]"只有具备了公民文化，公众才会为了维护公共利益和公民权利而积极地组织起来，社会组织才能发展繁荣。社会组织发展需要"公民文化"，而公民文化又成为政府对社会组织认同的文化基础。只有找到了政府和社会组织在文化认同上的契合点，实现政府对社会组织的文化认同，才能更好地解决社会组织在资源供给和制度建设等方面的困境。

政府应当转变原有观念，从战略高度把握和认识到社会组织的价值。社会组织作为市场经济和民主政治发展的必然产物，其产生和发展具有强大的推动力和社会基础，社会组织的快速发展已经成为一种社会趋势和潮流，必须改变忽视、限制甚至敌视社会组织的观念。如今，我国的社会组织进入到快速增长的时期，党和政府需要加强对社会组织的领导和管理，规范社会组织的发展，从"五位一体"建设的高度，从巩固和加强党的执政基础的高度，通过解放思想、更新思想观念、创新管理方式，思想上接受社会组织，政治上认可社会组织，政策上支持社会组织，体制上吸纳社会组织，引导社会组织在公众需要的领域充分发挥自身的独特作用，控制和限制社会组织的消极因素，发展具有中国特色的社会组织发展体系，将社会组织发展成为党和政府可以放心、可以依靠的力量。

实现社会管理的创新，政府部门就要摆脱传统家长制的束缚，增强政府与社会合作共治的理念。经济全球化和政治民主化已经成为世界发展趋势，公民社会势必要承担越来越多的公共管理职能。社会管理的创新，不应当是政府自上而下的单向度的管理，而应当是政府与社会组织相互合作，共同进行社会管理，这已经成为社会发展的共识，是社会发展的趋势。政府并不是公共产品的唯一供给者，政府应当理性地认可多中心的社会治理模式，充分认识到社会组织在社会管理中应有的地位，促进社会的多元治理与合作治理。政府除了需要转变观念，还需要转变职能，将社会能做好的事情交由社会组织进行管理，这实际上是一个权力回归社会的过程。政府应当扮演宏观制度的供给者，而不是微观领域的干预者。政府的职能在于"经济调节、市场监管、社会管理和公共服务"，应当加快政府职能转变的步伐，把属于社会组织的职能归还给社会组织，切实下放权力。

（三）改革社会组织的双重管理体制

双重管理体制存在着一定的弊端，在这一体制下社会组织的登记和成立的门槛过高，大量的社会组织因为不能或者不愿注册而游离于法律监管之外，这已成为制约社会组织发展的基本障碍，对社会组织的双重管理体制进行改革成为改革呼声最高的一个方面。目前存在的双重管理制度应当调整为由登记机关统一直接登记或者备案制度。社会组织的成立，只要满足法律规定的条件，就可以直接向登记管理机关提出申请，登记管理机关按照规定，依法审批登记。对不具备具体要件的基层社会组织，由登记管理机关实行备案制度。据不完全统计，民间组织备案制度已经在北京、上海、天津、山东、浙江、湖北等许多地方试行，全国已经备案的组织超过20万个，主要形式包括慈善组织、群众性文体组织、科普组织和为老年人、残疾人、困难群众提供生活服务的组织。南京市改进社会组织登记制度，全面推进社区社会组织备案制度，全市备案的社区社会组织已超过8000个，数量位居全国同类城市前列。[19]

改革社会组织的双层管理模式，需要降低社会组织的"准入门槛"。上海市从2000年开始在部分市区将街道作为社会组织的业务主管单位，这样就使得社区内社会组织得以突破准入门槛的制约。深圳市2004年开始三步走的发展战略，取消了行业协会等社会组织的双重管理体制，允许社会组织直接进行登记：第一步，2004年成立行业协会服务署，履行行业协会业务主管单位的职责；第二步，2006年将行业协会服务署和市民政局民间组织管理办公室合并，组建成市民间组织管理局，行业协会自然过渡到由民政部门直接登记的管理体制；第三步，2008年出台了《关于进一步发展和规范我市社会组织的意见》，对社会福利类、工商经济类和公益慈善类社会组织实现由民政部门直接登记管理的体制。政府应当顺应形势的发展，改革对社会组织的双重管理体制，实现社会组织的直接登记制或备案制，实现真正的"政社分离"，给予社会组织更大的独立地位，消除社会组织对政府的行政依附关系，让社会组织回归公共性和民间性。

（四）健全社会组织的政策法律体系

在国际范围内，各国关于社会组织的制度建设不尽相同，但是，凡是社会组织发展良好的国家，都有着和本国国情相适应的法律和制度。在法律建设方面，英国 1601 年出台了《慈善法》和《救济法》，这两部法律是世界上较早的对非营利性组织进行专门规范的法规。美国的联邦税法规定，从事非营利性、非政治性活动的组织可以申请成为慈善组织，可以获得税收优惠。日本的《特定非营利活动促进法》、联邦德国的《结社法》、南非的《非盈利组织法》和匈牙利的《公益组织法》等都从不同的侧重点将社会组织纳入到国家的法律体系之中。无论是在具有悠久结社传统的欧美法系国家，还是尊崇国家权力的大陆法系国家（或地区），大都为拥有法人资格之外的非营利组织留有一定的法律空间，且这一空间在许多国家或地区还有不断扩大的趋势。[20]与上述国家相比，我国关于社会组织的法律框架表现出一定的滞后性，需要逐步建立和完善社会组织的法制体系。在宪法层面，应当明确提出公益财产依法得到保护的原则。随着社会的发展，公益财产的规模将变得越来越大，保护公益财产应当像保护国有财产、私有财产一样，将保护公益财产写入国家的根本大法，使保护公益财产成为社会的责任，成为公民的义务。关于规范社会组织的行政法规，应当争取早日修订和完善《社会组织登记管理条例》《社会团体登记管理条例》《民办非企业单位登记管理暂行条例》和《基金会管理条例》，颁布一些专项管理条例，对行业协会、公益医疗机构和公益教育机构等专业性较强的社会组织进行规范管理，逐步建立起分类监管的行政法规体系。在适当的时机出台《社会组织法》，随着社会组织类别的日益丰富和复杂，有必要建立一个涵盖所有社会组织类别的统一的基本法律。国务院法制办可会同民政部有关部门，不断完善原有条例，为将来制订社会组织法奠定基础。也可先行出台《行业协会法》《慈善法》等单项法规，以此为基础，不断完善社会组织的法律体系。同时需要修订《民法通则》，明确社会组织的法人地位。对现有的企业法人、机关法人、事业单位法人、社会团体法人四种类别加以补充，或者将社会团体法人修正为社会组织法人，重新对社会组织法人的注册资金限制、法律地位等问题进行明确界定。

在社会组织发育程度较高的国家，政府对社会组织往往采取积极主动的合作态度，主要通过购买服务、委托职能、税收优惠、特殊拨款等方式对社会组织进行扶持引导，以实现政府与社会组织的良性互动。我国对社会组织进行管理的同时，也应当根据经济社会发展的需要，构建出具有中国特色的社会组织管理的政策体系，对不同类型的社会组织采取不同的扶持政策，明确发展的重点和发展方向。应当建立政府向社会组织购买服务的制度，建立财政资金支持社会组织的制度，政府可以通过购买服务、委托管理、合同立项等方式，建立对社会组织的资助机制，设立政府向社会购买服务的专项基金，针对不同类型的社会组织制定适当的财政补贴政策。结合政府的行政管理体制改革，政府在增强社会组织管理能力的情况下，需要逐步将公共服务事项、农村生产技术服务事项和社会慈善等事项转移给社会组织，让社会组织承担更多的社会公共服务事项。健全社会组织配套政策，解决各方面政策缺失的问题，健全社会组织的财务制度、人事管理、职称评定、岗位培训和社会保险等政策，解决社会组织的实际困难。

（五）建立现代社会组织制度，健全社会组织治理结构

健全权责明确、运转协调的社会组织治理机构，明确各个层级的具体职责，确立章程的核心地位，健全议事、选举、财务、人事等各项制度。建立健全"以会员大会或代表大会为决策中心，以理事会或董事会为执行组织，以秘书处、办公室、财务处、宣传部等为办事机构的组织体系。应在理事会或董事会之外设立监事会，对组织的年度计划、年度财务审计报告和平时的经济活动进行批准、监督"[21]。减少社会组织的行政化倾向，社会组织应当以社会成员自发组建为主，党政领导干部不得兼任社会组织的负责人，社会组织与政府以及党政机关在人、财、物方面实现脱钩，确保社会组织的民间性和独立性。政府部门不得直接干预社会组织正常业务的开展，增强社会组织活动的自主性。

加强社会组织人才队伍建设，建立健全社会组织内部的约束和激励机制，充分发挥从业人员的工作积极性和主动性。在社会组织中推行社会工作者资格认定，进行职业水平评价，推动人才队伍的专业化、职业化和年轻化。加强和改进社会组织的党建工作，将社会组织中思想政治素质好、业务水平高和群众信赖的优秀分子吸纳到党的队伍中来，同时需要改进党组织在社会团体中的工作方式，使党组织和社会组织的行政机构能够相互

配合、相互支持，充分发挥党组织在社会组织中的应有作用。

（六）加强社会组织的舆论监督

社会组织的公信力危机一直阻碍着社会组织的正常发展，产生危机的主要原因在于社会组织的公开透明和规范运作问题。之所以会产生郭美美事件等类似情况，问题就在于社会组织不规范、不透明的运作和管理，这也突显出公众对捐款去向的担心，对一些社会组织打着慈善的旗号谋取不正当利益的警惕。社会组织的慈善捐助活动，并没有形成完整的信息公开制度，捐赠人并不能知晓所捐赠款项是否被合理利用，当有关社会组织的负面信息向社会传播时，公众对某些社会组织垄断地位的不满，对捐款的担心被激发和放大，从而整个社会都开始关注和反思社会组织的发展。郭美美事件对公益性慈善组织带来了巨大的舆论压力，对其起到了巨大的倒逼作用，使几乎所有的慈善性公益组织都认识到，透明度和公信力才是社会组织的生存之本。

要保障社会组织的公信力，一方面需要社会组织的机构自律，另一方面需要对其进行外部监督。机构自律在慈善事业的内部发生作用，政府监管与社会各界的监督则在慈善事业的外部发生作用，当慈善机构运行合法且规范时，外部的监督实际上不起作用。因此，政府监管只起依法裁判的作用。[22]同时，社会组织应当根植于社会，面向公众，以社会需求为导向，努力提高自身的信任度和支持率，主动接受社会公众的监督，以提高自身的公信力。社会组织的发展建设应当以机构自律为主，以政府和社会的监督为辅，实现二者的配合协调，这是社会组织能够健康发展的保证，机构自律尤其是高层次自律更应得到重视，这是确立社会组织公信力的重要方面。政府要转变职能，努力建设服务型政府，督促大型社会组织做好表率，积极发挥示范带头作用。

加强对工作人员业务方面的培训，使其具有较高的业务能力、专业素质和奉献精神，这是社会组织能够有效开展工作的前提；同时可以大力引进人才，特别是高学历、专业型、创新性人才，这样社会组织才能从源头上解决人才问题。构建良好的文化氛围，从精神上、情感上留住人才，鼓舞人才，带动人才积极工作，无私奉献，这是社会组织人才任用机制不可或缺的重要一环；提供适当的保障待遇，满足他们日益增长的物质文化需要，解决他们的后顾之忧，是稳定队伍、留住人才的关键。

（七）获取稳定资金的来源渠道

首先，社会组织应当努力争取政府的资助。据统计，国外社会组织的资金来源中，来源于民间捐赠的占10%，来源于公共部门的占43%。争取政府的财政支持，将政府的财政支持保持在一定比例是非常必要的。同时应当扩大募捐来源，提高募捐收入。社会组织应当疏通信息渠道，增强运营的透明度，争取各种形式的社会资助。社会组织同样可以提高经营性收入，虽然社会组织强调不以营利为目的，但是为了维持组织的可持续发展，在保证完成各项事业任务的前提下，应当按照市场经济的客观要求和国家规定，根据各自的专业特点，努力发挥自身优势，拓宽服务范围，依法积极组织各项收入。[23] 随着社会建设的不断深入，社会组织得到较快发展，已经成为社会建设的一支重要力量。目前，政府对社会组织的资源投入带有很大的随意性，在整个公共财政体系中并没有明确对社会组织资源资金投入的规定，社会组织在活动场地、设备资源、活动资金等方面面临的制约也相当突出。针对这些问题，政府应当在整个财政体系中将社会组织发展的投入统筹进来，按照参与率、活动开展和社会影响力等指标对社会组织资金投入进行系统的配置。从长远来看，应当鼓励社会组织从官办走向民办，由社会组织成员自己成立、运作和筹集资金。在美国有一个名为"人类服务之友"的社会组织，主要是对社区的贫困家庭发放食品，该组织成立之初的收入主要来源于组织自己卖废品的所得，后来开始收到当地企业、团体和居民个人的捐赠，越到后来收到的捐赠越多，捐赠所占的比例越大，大致占到其收入的80%以上。在食品的来源上，主要是三种渠道：一是用组织所获得的收入去购买；二是来源于当地居民的赠与；三是美国粮食署的救济食品，而政府的救济食品所占比例为30%。

应当积极试点政府职能的转移和政府购买服务政策，有效扩大社会组织的发展空间。例如，2009年10月广东省出台了《关于开展政府购买社会组织服务试点工作的意见》，对政府职能转移和购买社会组织服务的政策进行了探索，对政府向社会组织购买服务的范围和方式进行了明确，规定购买服务的资金全部纳入财政预算，实际转移给社会组织和事业单位130余项职能。全年中，全省的社会组织已承接政府转移职能的占45%，接受政府购买服务的占 9%。2009 年深圳市总共取消了 31 个政府部门，调整和转移了 284 项职责和行政审批事项，并于 2010 年出台了《深圳市社会组织发展规范实施方案（2010—2012）》和《深圳市推进政府职能和工作事项转移委托工作实施方案》，促进社会组织承接政府职能和工作事项。

参考文献：

[1] 赵黎明，贺福安. 非政府组织在我国社会保障建设中的作用［J］. 求索，2010（3）.

[2] 汪志强. 我国非政府组织：检视、批评与超越［J］. 武汉大学学报（哲学社会科学版），2006（2）.

[3] 俞可平. 中华人民共和国六十年政治发展的逻辑［J］. 马克思主义与现实，2010（1）.

[4] 中国社团研究会. 中国社团发展史［M］. 北京：当代中国出版社，2001：623.

[5] 邓正来，丁轶. 监护型控制逻辑下的有效治理——对近三十年国家社团管理政策演变的考察［J］. 学术界，2012（3）.

[6] 李鹏程. 对话中的政治哲学［M］. 北京：人民出版社，2004.

[7] 马秋莎. 全球化、国际非政府组织与中国民间组织的发展［J］. 开放时代，2006（2）.

[8] 葛道顺. 中国社会组织发展：从国家主体到国家意识［J］. 江苏社会科学. 2011（3）.

[9] 刘红霞. 改善我国非营利组织管理环境的几点浅见［J］. 企业家天地，2009（2）.

[10] 张凤阳. 政治哲学关键词［M］. 南京：江苏人民出版社，2006：137.

[11] 谭日辉. 社会组织发展的深层困境及其对策研究［EB/OL］. http：//www.cnki. net/kcms/detail/43. 1165. C. 20140303. 0847. 006. html. 2014－03－03 08：47

[12] 石国亮. 中国社会组织成长困境分析及启示——基于文化、资源与制度的视角［J］. 社会科学研究，2011（5）.

[13] 中华人民共和国民政部民间组织管理局. 我国民间组织发展与管理情况［J］. 学会，2005（1）.

[14] 邓国胜. 非营利组织评估［M］北京：社会科学文献出版社，2001：43—44.

[15] 2008 年中国慈善捐助报告［DB/OL］. http：//www.1dona tion1 gov. cn.

[16] 徐麟. 中国慈善事业发展研究［M］. 北京：中国社会出版社，2005.

［17］李景鹏．京、浙江两地调查的总的一般性的分析报告［2］．

［18］国家与市民社会：一种社会理论的研究路径［C］．北京：中央编译出版社，1999.

［19］孔德福．社会组织管理在创新中前行［J］．社团管理研究，2009（2）．

［20］贾西津．国外非营利组织管理体制及其对中国的启示［J］．社会科学，2004（4）．

［21］王名，刘培峰．民间组织通论［M］．北京：时事出版社，2004.

［22］戚小村．"仁"以"诚"立：社会公益组织的诚信［J］．湖南师范大学社会科学学报，2006（2）．

［23］刘卫．城乡基层社会组织发展和管理体制研究［OB/OL］．中国社会组织网，http://www.chinanpo.gov.cn.

我国社会企业的发展现状与可持续发展路径探析

——以北京市同心希望家园为例

谷栗隶

（北京信息科技大学公共管理与传媒学院）

摘　要：随着改革开放的深化，市场经济体制的逐步建立以及城镇化的持续推进，流动人口成为各大城市不可忽视的一个特殊群体。为了促进社会和谐与可持续发展，满足流动人口的合理化与多元化需求成为人口流入地政府必须认真面对的问题，但城市公共服务供给能力的提升速度往往落后于流动人口的流进速度。因此，在以流动人口为目标人群的公共服务供给方面出现较大缺口，而社会企业为弥补此缺口做出了自己的贡献。本文旨在以服务于流动人口的社会企业为例，分析其成长经验与潜在风险，并探讨我国社会企业的可持续发展路径。

关键词：社会企业　流动人口　可持续发展

一、问题的提出及研究意义

人口流动不仅包括在一定地理空间内的横向迁移，还包括抽象空间的纵向迁移等更加丰富的内涵。本文所指的人口流动仅指人口在我国行政区域内的横向迁移，即人口在地理空间上的流动。由此形成的流动人口就是指"常住地与户籍所在地分离的人口"。[1]为了控制人口流动，我国于1958年颁布了《中华人民共和国户口登记条例》（以下简称《户口登记条例》），其主要作用是通过户籍制度限制占我国人口绝大多数的农村人口向城市的流动。[2]因此，户籍制度实际上发挥了"社会屏蔽"制度的作用，即剥夺了一部分人分享城市资源的权利和机会。[3]因为与《户口登记条例》

相匹配的还有城市粮食的定量供应，国家通过对最基本的生活资料的统一规划将人口流动的空间限制在尽可能小的范围内，[4]这种限制不仅体现在城乡间的人口流动，也体现在城市之间的人口流动。

尽管制度间的相互衔接将我国农村人口长期限制在城市之外，但随着改革开放的推进，市场经济体制的逐步建立，流动人口在城市的吃饭问题得以解决，所以尽管我国的户籍制度至今仍然没有发生根本性变化，但人口流动在一定程度上摆脱了户籍的束缚。此外，城乡间经济发展水平的悬殊成为吸引农村人口向城市迁移的基本动力，[3]农村人口渴望改善生活的愿望的长期积累使得农村人口涌向城市成为必然。因此，农村人口成为城市流动人口的主体。[5]尤其像北京这样的特大城市，外来农村人口在流动人口聚居区中所占比例更是高达71.0%；就受教育程度而言，社会资源研究所的调研显示，在北京的外来人口聚居区中，初中及以下文化水平的受访者所占比例为61.3%。[6]因此，"文化程度低，谋生能力弱"[7]成为大城市流动人口的一个显著特征。即便如此，城市的发展还是离不开大量流动人口的存在，尽管大多数流动人口由于其能力趋同而导致个体的可替代性较强，但流动人口整体为城市发展做出的贡献仍然不可替代。因此，尽管大量流动人口的存在对城市的基础设施承载能力、政府公共服务的供给能力、社会稳定的治理能力等提出严峻挑战，但考虑如何满足流动人口的合理需求仍然比控制流动人口规模能够更有效地解决因大量流动人口的存在而产生的诸多问题。流动人口满足自身需求的途径不止一条，有效途径之一就是影响政府决策。然而，与本地居民相比，流动人口在影响地方政府决策方面往往因无人代言而影响偏弱。[8]如此一来，流动人口的就业、社会保障、子女教育、住房、有尊严的生活等物质和精神需求往往因未引起政府重视或者即便引起政府重视却因政府能力有限而无法获得满足。

实践中，一个不属于政府体系，也不同于传统企业和非营利组织的组织形式——社会企业为此开辟了一条解决路径。鉴于社会企业在就业、养老、环境等复杂问题方面展现出的能力以及在为流动人口提供服务方面的成功案例，社会企业在解决流动人口相关问题方面还具有很大潜力。因为社会企业的"社会性和企业性"[9]决定其具有为流动人口服务的社会使命感和维持组织生存与发展的自我支持能力，这使得社会企业在具有公益性的同时不过分依赖外界的资金支持，从而摆脱传统民办非营利组织面对社会问题有心而无力解决的困境，进而使得流动人口这一弱势群体的需求不仅得到尊重而且得到有效满足。因此，对社会企业在服务流动人口方面的理论和实践展开研究，既能为解决城市流动人口的相关问题开辟一条新思路，解决流动人口需求多元化与供给主体缺失、供给能力不足间的矛盾，又能在不扩大流动人口流入地政府规模的前提下提升政府统筹社会资源和供给公共服务的能力。

二、国内外研究现状述评

20 世纪 80 年代，在新公共管理运动、公共财政困境、社会福利制度改革、社会问题趋于复杂、非营利组织为跳出发展困境而进行的公益创新以及可持续发展理念的共同推动下，社会企业在欧美国家悄然兴起。[10] 虽然我国各阶层人士对流动人口并不陌生，但社会企业这一概念直到 2004 年才首次进入我国，[11] 相关的研究、论坛、会议等促进了我国在社会企业方面的理论研究与实践。[12] 由此也使我国学术界和实务界对社会企业形成了不同的认识及不同的研究视角和研究特色。

通过对相关文献的研究发现，我国关于社会企业的研究主要集中在以下几个方面：有关社会企业的概念和特征的认识性研究、国内外经验介绍、对策型研究、有关社会企业发展的前瞻性研究和有关社会企业家的研究等。[13] 总体看来，我国有关社会企业的研究成果颇丰，研究视角与研究层次也呈现多样化，为本研究的开展提供了丰富的参考资料。

杨家宁等通过对相关研究成果的分析总结出西方关于社会企业有四个研究视角，分别是领导视角、组织行为视角、社会转变视角和企业社会责任视角。[14] 因为社会企业兴起于西方，所以国外关于社会企业的研究无论是成果数量，还是研究视角、研究层次、研究方法都相对丰富而成熟，也为本研究的开展提供了更为广阔的视野。

三、社会企业的特征

国内外学术界对社会企业的概念与内涵的探讨已有很多，但都没有达成共识，所以本文并不试图对社会企业的概念提出自己的理解，而只采用几个基本特征对社会企业进行界定。第一，社会企业应当具有公益性，即以解决社会问题、实现社会目标为己任；第二，社会企业应当具有企业性，即从事商业活动以便营利；第三，社会企业利润使用的限制性，即绝大部分利润应用于继续服务于社会公益或自身发展，只有一小部分利润可用于股东分配，[15]或者其他用途（可与公益事业有关，也可与公益事业无关）。其中，公益性是首要属性，企业性是为公益性的实现而存在，而对利润使用的限制是维持其公益性的基础。笔者只采用这三个特征来界定社会企业是基于以下原因：第一，我国社会企业的组织形式多样，有非营利组织、合作社和商业企业，[16]所以无法仅从其组织形式来判断其是否是社会企业；第二，虽然国内外学术界对社会企业特征（有的研究者称之为"要素""属性"等）的探讨并不限于前述三点，但笔者认为，那是对国外社会企业特征的概括与总结，而国外社会企业相比于国内社会企业的发展要成熟得多，所以用国外成熟社会企业的完整特征来比照国内情况并不现实，但符合前述三项标准的社会组织则数量众多，而且符合前述三项特征的组织能够与社会企业的公益属性相吻合，因此，笔者仅通过前述三项特征界定社会企业。

四、北京市石景山区同心希望家园案例分析

（一）北京市石景山区同心希望家园概况[17]

（1）成立：对于流动人口的最大群体——农民工而言，其主要困难集中在健康、就业和子女教育三个领域，而北京市石景山区同心希望家园（以下简称"同心希望家园"）正是为解决农民工的上述困难于 2005 年成立的。

（2）目前主要开展五项业务：①3 家爱心超市：分别是位于石景山区的法海寺店、北辛安店（位于笔者访问的同心希望家园办公地所在的北辛安社区）、西黄村店，还有 1 个库房。爱心超市概况如表 1 所示。②图书室：已经向孩子们办出了 300 多张借书卡，周六开放，以便借书与还书。③亲子活动室：每周二至周五上午活动 1 个半小时。④三点半学校：每周一至周四放学后开始。⑤周末兴趣班：服务对象为流动家庭中的三年级到六年级的孩子。除超市外，其他项目仅开办于北辛安社区，而且除超市低价出售旧衣物外，其他项目均为免费。

表1 爱心超市情况概览

经营时间	门店分布	服务对象	物资来源	商品种类	稀缺物资	盈亏月份	
冬季下午2点开始营业	法海寺店				男士衣服	1—4月	淡季/亏损
夏季下午3点开始营业	北辛安店	流动人口	95%来自大学捐赠	旧衣、鞋、帽、玩具	12岁以前的孩子的衣服	5—9月	持平
营业时长为7—8个小时（下午6、7点最忙碌）	西黄村店					10—12月	旺季/盈利

（3）人力资源概况：同心希望家园共有10名工作人员，均为女性，大部分员工生活在北辛安社区，工作年限1—8年，人员较为稳定，具体分工如图1所示。

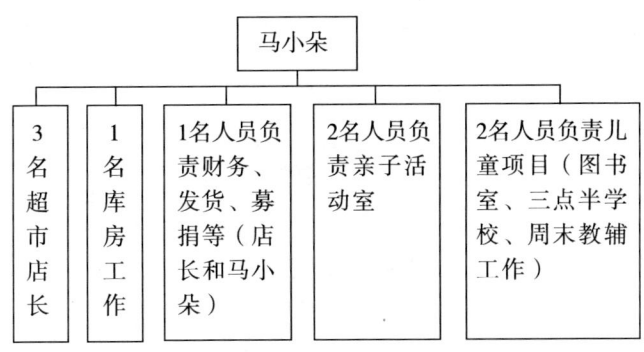

图1 同心希望家园人员分工图

（4）财务概况：同心希望家园的收入来源有两部分，一部分是超市的经营收入，另一部分是来自基金会的资金支持，每年总收入在40万元左右（包含各项成本支出）。因为在目前的项目中，除超市有偿出售二手衣物外，其他项目均为免费，所以同心希望家园的盈利只来自爱心超市。详情如表2所示。

表2　同心希望家园财务概况

收入来源与数额（含成本）	超市经营收入 15 万/年左右	总收入 40 万/年左右
	来自基金会的资金 24 万/年	
成本支出	人员工资	
	房屋租金	
	库房捐赠衣物的分拣、整理、消毒等开支	
	衣物运输费	
	其他	
爱心超市盈利的使用	用途	比例
	超市发展基金	40%
	返回社区公益	40%
	其他	20%

（二）同心希望家园取得的成绩

多年来，同心希望家园在克服各种困难之后，开办项目逐渐稳定，并取得了不错的成绩，主要体现在以下几个方面：

（1）解决妇女就业。同心希望家园为流动妇女提供了就业岗位，[18]尽管数量有限，但为达成流动人口进京的首要目的——就业做出了自己的贡献。

（2）用行动践行绿色消费理念。因为爱心超市销售的商品均为外界捐赠的二手衣物，这为可以继续发挥作用的旧衣、帽等物资提供了再利用的渠道，由此提高了二手衣物的利用率并相应地减少了资源消耗，而流动人口购买二手衣物最明显的好处是为家庭节约开支。据马小朵介绍，8 年来，爱心超市已经售出衣物 20 多万件，如果按照每件衣物给购买人节省 10 元计算，那么爱心超市迄今已经为流动家庭节省了 200 多万元。[18]应该说，爱心超市的存在满足了流动人口购买需求的同时，还满足了其尽可能节约开支的需求。这也应当是爱心超市能够存活并盈利的主要原因之一。

（3）亲子项目让母亲和孩子都受益。因为流动人口的文化程度普遍偏低，所以即便是有充分时间与孩子共处的母亲也难免因缺乏教育子女的知识而无法让孩子在自己的教育下具备良好素养，但流动人口也越来越重视对子女的教育，只是未必能够获得合适的机会。同心希望家园的亲子项目为流动儿童的教育提供了平台。参加亲子活动的孩子懂得了分享和等待，不会因要求未获满足而哭闹；参加亲子活动的母亲则学会了与孩子交流的恰当方式。[18]可以说，亲子项目获得了两个双赢，一是参加活动的母亲和孩子都获得了自我提升，这种提升将不仅仅限于母亲和孩子间关系的和谐，还将产生扩散效应，母亲和孩子在与他人交往中也会因为素养的提高而获得相应的尊重；二是母亲和孩子的向好变化让亲子项目的举办方——同心希望家园看到了工作成效并获得成就感，这也是对同心希望家园全体工作人员继续从事公益事业的一种鼓励。

（三）同心希望家园的经验分析

1. 社会企业家的领袖作用

一个组织的成功与否与其领导者本人的素养存在密切关系，而对于社会企业的领导者，学术界往往称其为"社会企业家"。这些社会企业家通常具有如下品质：

（1）强烈的社会使命感。"创造社会价值是社会企业家的使命"[19]，他们开展活动的目的是为了促进社会公益，而非以个人私利或者经济利益为核心目标。曾经是一名普通来京务工人员的马小朵通过自己的努力在北京成家立业，因自己的改变而希望帮助他人改变，所以怀着感恩之心创办了同心希望家园并且全职从事该项工作。[18]愿意帮助他人并为此成立专门的机构帮助他人，笔者认为，这是社会使命感使然，尽管马小朵自己并未如此描述。

（2）具有坚忍不拔的品质。[20]社会企业家能够为了实现公益目标，即使面对接二连三的困难也会选择坚持，绝不放弃。马小朵表示，尽管目前同心希望家园只经营3家爱心超市，但其实曾经开办过十几家，只是因为各种原因如今只保留下来3家，但只要有货源保证，还是会开设新店。[21]这种不断克服困难的勇气在为公益事业奋斗的成功人士身上几乎都有所体现。

（3）对于社会需求具有敏锐的洞察力，目标明确，有选择性。杰夫·摩根等认为，"一些最好的社会创新者会发现未被市场和政府解决的问题"[22]。因此，社会企业家对于未被满足的社会需求具有敏锐的洞察力，并且具有同情心。[22]因为马小朵认识到流动妇女和儿童其实有她们自己的需求，而这部分需求还未通过政府和市场途径获得满足或者获得充分满足，所以在创立前就确定了服务的目标人群，即农民工及其家庭中的妇女和儿童。经过半年的考察，马小朵发现，虽然北京的其他辖区也有很多流动人口聚居区，但年轻人较多，与之不同的是，在石景山区的流动人口中，举家进京的农民工很多，孩子多。因此，马小朵将同心希望家园的创办地确定在目标人群集中的石景山区。另外，在选择爱心超市开办的社区时，主要遵照两条标准：一是流动人口集中，二是在社区中有认识的人。[21]

（4）持续思考的能力与创新精神。在与马小朵的几次交谈中，笔者发现，她很善于思考。她打算 2014 年开设新的爱心超市，但主要来自大学捐赠的衣物仅能满足目前 3 家爱心超市的需求，所以新货源是新店能否开办的关键。为此，她打算在城市社区建立募捐点以便接受捐赠。[23]应该说，这样的想法并不新颖，因为"新想法也很少在本质上是完全新的"，[22]但对同心希望家园来说，在城市社区建立募捐点是新的尝试。

（5）亲和力。亲和力的作用不仅仅在于凝聚组织内部成员为公益事业共同奋斗，而且能够争取到其他利益相关者的认可，如目标人群，马小朵的亲和力让她和她的目标人群没有距离。

2. 内生型人力资源储备与培养模式

社会企业可以和一般企业一样通过内部选拔和外部招聘两条途径获取人力资源，不同的是，社会企业虽然也开展营利活动，但营利的目的是继续开展公益事业而非持续提升工作人员的薪酬水平。因此，与传统民办非营利组织一样，社会企业也会面临因薪酬水平过低而无法获取与维持所需人力资源的困境。马小朵表示，因为薪酬水平过低，无法将外来人员留住，所以工作的开展只能依靠社区人员，[24]即依靠流动人口为流动人口服务。因此，同心希望家园的工作人员与其服务对象便具有同源性，即均源自流动人口。除了现有工作人员以外，在人力资源储备方面，爱心超市会发掘一些人员并将其推荐为后备人力资源，另外，参加亲子活动的母亲们也被视为后备人才。[18]笔者将此种人才储备与培养模式称为内生型模式，内生型是指其现有工作人员与后备力量均源自流动人口。[25]尽管选择此种人力资源储备与培养模式多少有些无奈，但其优势也是明显的，这种模式在满足社会企业用人需求的同时为一些流动人口解决了就业问题，而就业以及参与各种活动的机会为相关人员提升自身素养提供了平台；流动人口自身素质的提高也为进一步提高其自我治理、自我服务能力创造了可能。

3. 资金来源具有多样性，衣物来源具有保障性

（1）据马小朵介绍，同心希望家园的资金来源主要有两个：一是超市

收入，二是基金会支持，[23]其实还有一个来源就是个人捐款，[18]尽管这部分资金比例很小，但还是在一定程度上保证了同心希望家园资金来源的多样性。此外，马小朵表示，2014年申请了政府购买服务，[23]如果申请获得批准，那么资金来源渠道将进一步拓宽。（2）爱心超市能否设立以及能否正常运转，除了具备人力和财力方面的因素以外，货物来源是最为关键的因素，因此，只要解决货源，爱心超市的成立与经营就不是问题，虽然爱心超市的衣物有95%来自各个大学的捐赠[18]而使其货物来源较为单一，但每年的捐赠次数与数量均有保证，所以每年几万件的捐赠衣物仍然能够保证现有3家爱心超市的经营需求。[23]

4. 财务公开，盈余使用安排彰显公益性

同心希望家园拥有自己的博客，除了向访问者展示同心希望家园的接访活动、工作人员的心得与经验、工作成绩等，还发挥着向社会公示爱心超市账目和捐赠名单的作用。据笔者观察，爱心超市的账目从2010年起基本上每个月都会公示，最早的账目公示可以追溯到2009年。与之后的账目公示不同，关于2009年的收支情况只是做了全年情况的公示，而按月公示则是从2010年开始的。捐赠名单的公示时间不太规律，据观察，应该是每1至4个月公示一次。[26]从与马小朵的交谈以及同心希望家园的博客能够看出，"账目公开，欢迎监督"[27]是该社会企业从事公益事业的基本态度。在讲明为何低价出售获捐衣物的基础上进行账目公示，使超市的收入与支出处于公开状态，有利于接受各方监督，消除各种质疑，同时也有利于自我督促、自我约束。实践表明，公益与公开的结合是保持公益事业可持续发展的重要理念与主要方式之一。前文中的表2显示了爱心超市对于盈利的使用和比例分配，其中至少80%的盈利使用都与公益事业直接相关，[18]由此保证了其公益性的首要特征。

5. 利益相关者参与治理

因占有不同的资源与社会资本，不同的利益相关者将会对社会企业的决策和运行产生不同程度的影响，因为资源和社会资本决定了其表达诉求的能力与实现诉求的执行力。如果占有优势地位的利益相关方较为强势，那么较为弱势的一方实现自身需求的可能和程度都会降低。笔者认为，同心希望家园的利益相关者应当包括出资人、工作人员、服务对象、基金

会、政府、捐赠者、志愿者。在同心希望家园的运作中，利益相关者参与治理的理念与实践至少体现在两个方面：一是爱心超市的商品定价听证会。2008 年，为给爱心超市商品定价举行过三次听证会。同心希望家园邀请经常光顾超市的妇女参加听证，向其公开运营成本，之后双方共同商定价格。二是爱心超市的盈余用途以及比例的分配是工作人员共同商讨确定的，同时也有志愿者提供建议。[18]价格听证会为超市经营方和消费者之间的沟通提供了平台，由此增强了双方的理解，实现了经营方为农民工服务的初衷；对于爱心超市盈余的使用和分配比例的确定方式则在同心希望家园内部实现了民主决策，这避免了家长式管理作风可能带来的不利后果。因此，可以说，在两个关键利益点上，同心希望家园的利益相关者参与治理的理念与方式为其避免了不必要的麻烦。

6. 有规律的培训

在同心希望家园开办的项目中，亲子项目是母亲与孩子同时参加的活动。在活动中，只有母亲知道如何指导孩子，才能让孩子在活动中受益。为此，负责亲子活动的两位妈妈老师[28]从 2007 年开始每周六接受北京师范大学从事学前教育的张燕老师（女）的免费培训，到 2013 年夏天改为每月两次培训。这种有规律的培训教会了妈妈老师做游戏、做操等很实用的内容。[18]专业培训无疑让参加培训的妈妈老师学到了教育孩子所需要的知识和技能，她们又将所学到的知识和技能带到亲子活动的课堂，让参加亲子活动的孩子们能在母亲的教导下发生切实的向好变化，也为参加亲子活动的母亲们提供了继续参加活动的动力，也会因此吸引更多的母亲带着孩子参加到项目中来，由此使更多的流动妇女和儿童受益。

7. 规范运作与灵活经营

（1）规范运作。爱心超市以很低的价格出售捐赠衣物，虽然迎合了农民工满足基本需要同时节省家庭开支的需求，但二手衣物若处理不当还是会产生不良后果。不过，爱心超市销售的衣物在出售前都会在库房经过一系列的规范处理，包括分拣、整理和消毒，最后才会进入销售环节。[18]一方面，对旧衣物的规范处理是同心希望家园工作人员具有较高社会责任感的集中体现，由此也能够提升其社会公信力与合法性，从而扩大其对目标人群的吸引力以及潜在捐赠者的规模。毕竟，草根型公益组织的合法性不仅仅包括获得合法身份，即法律合法性，还包括获得社会认可，即社会合法性。而规范运作是其获得社会合法性的重要基石。另一方面，规范运作也是促使社会企业走向成熟的必经之路。

（2）灵活经营。从表1中可以了解到，爱心超市与一般超市的营业时间不同。爱心超市在上午闭店，因为社区居民上午基本都外出工作，无人光顾，所以上午闭店、下午营业的经营特色，一方面，符合社区居民的活动规律，另一方面、由于超市店长均为女性，上午闭店的安排为其完成家庭事务提供了保证。[29]尽管为实现社会目标而工作是高尚的，是出于利他的考量而做出的行为，但利他的同时做到利己不仅仅能够实现个人与目标人群的双赢，更重要的是这种双赢为公益事业的可持续发展提供了保证。笔者在此所说的利己不仅仅是经济上的利己，还包括非经济性利己因素。爱心超市在营业时间上的灵活安排就是一种非经济性利己因素。这种利己因素的存在没有让爱心超市的店长为了服务目标人群而牺牲家庭，从而在一定程度上避免了公益事业领域普遍存在的因个人牺牲过多而导致的人力资源流失率较高的问题。

8. 有利的外部环境

虽然内部因素对组织的生存与发展具有决定性作用，但外部因素的作用仍非常重要。

（1）不断推进的城镇化进程在吸引越来越多的流动人口进入城市寻找生存和发展机会的同时，也让城市的公共服务供给能力面临严峻挑战。很显然，流动人口的进城速度超过了城市为其提供服务能力的增长速度，因此，为城镇化进程做出牺牲和贡献的流动人口在进入城市后的需求往往无法通过政府和市场获得满足。这种供给与需求的失衡与政府职能转变趋势的重合，为政府和市场以外的第三力量参与供给提供了契机。

（2）政府对社会组织的认可是社会组织开展活动的必备条件。除了给予合法身份以外，政府向社会组织购买服务无疑是向公众展示政府支持社会组织发展的最直接表现。例如，2012年8月，广东省财政厅"向社会发布了第一批《2012年省级政府向社会组织购买服务项目目录》，为全国首创"[30]。此外，政府对"社会企业"身份的正式认可将为社会企业发展环境的改善创造条件。例如，2011年6月的《中共北京市委关于加强和创新社会管理全面推进社会建设的意见》中明确提出为"进一步提升社会公共服务水平……积极扶持社会企业发展，大力发展社会服务业"。2014 年 3 月，《北京市 2014 年使用市级社会建设专项资金购买社会组织服务项目申报指南》发布，以此启动了 2014 年北京市政府向社会组织购买服务的工作。政府鼓励社会组织参与公共服务供给的一系列政策均表明了政府对社会组织提供公共服务能力的肯定，这将为社会企业及其他社会组织开展相关活动提供政策依据。

（3）双重管理体制的改革为更多社会组织获得合法身份、开展公益活动提供了便利条件。长久以来，双重管理体制一直是我国社会组织获得合法身份的主要障碍，所以学术界和实务界一直呼吁对双重管理体制进行改革。2011 年，《国民经济和社会发展第十二个五年规划纲要》提出对社会组织的管理要建立健全包括"统一登记"在内的社会管理体制。2013 年，《国务院办公厅关于实施〈国务院机构改革和职能转变方案〉任务分工的通知》中明确 2013 年完成的 29 项任务中包括"对行业协会商会类、科技类、公益慈善类、城乡社区服务类社会组织实行民政部门直接登记制度，依法加强登记审查和监督管理"。2009 年 8 月，北京市东城区对公益服务类组织进行登记体制改革，此类组织直接到民政部门登记即可。从 2013 年 4 月 1 日起，北京市开始对包括公益慈善在内的四类社会组织全部实施直接登记。如此看来，长期阻碍我国社会组织健康发展的双重管理体制已在中央和地方开始了改革探索，尽管相关改革不会一蹴而就，但终究可以为更多的社会组织获得合法身份和从事公益活动提供机会。

（四）同心希望家园发展面临的挑战分析

1. 人力资源储备存在的风险

人力资源具有能动性与延续性，其开发与使用具有可持续性。[31]因此，对于任何组织而言，人力资源都是最宝贵的资源，社会企业也不例外。自开办同心希望家园以来，马小朵发现其主要任务就是寻找合适的人承担相应的工作，只要做到"人岗匹配"，某一方面的工作就能够正常开展。[18]在人力资源方面，同心希望家园的工作人员与其目标人群具有同源性，而且也很注重从目标人群中发现和培养骨干力量，从这个角度讲，该组织的人力资源储备较为充足；但另一方面，由于流动妇女存在家庭负担较重、身体健康、生育二胎等问题，所以培养骨干力量比较耗时，而且稳定性不足，[18]这让看似资源丰富的人力资源储备库在发挥人力资源供给功能时受到制约。尽管从服务对象中发掘后备力量具有明显优势，但为了降低此种人力资源储备与培养模式的劣势对组织发展的影响，另外开辟人力资源培养途径还是很有必要的。

另外，在研究任何一个社会企业的成长和发展时，社会企业家是必定会考察的一个重要因素。相关文献均显示，社会企业家个人所拥有的社会资本对于社会企业的创建与发展发挥着关键作用，社会企业家个人也往往因此具有不可替代性。然而，社会企业家的卓越能力与重要性在被强调的同时，另一个问题常常被忽视，即既然社会企业家是至关重要的，那么为了保证社会企业的可持续发展，社会企业家作用的发挥也应当具有可持续性，但其不可替代性使其作用的可持续性受到挑战。笔者认为，同心希望家园的发展就面临这样的风险。因此，社会企业家的继任者的产生机制理应受到社会企业研究者的关注。

2. 财政自主性较弱

社会企业兴起于非营利组织普遍遭遇资金困难的时期，为了走出资金短缺的困境，非营利组织选择通过商业活动获取资金以减少对政府资助和私人捐赠的依赖，由此逐渐转型为以经营收入为主的财政自主型组织，这是成熟的社会企业获取资金的主要渠道。[32]萨拉蒙通过对34个国家的调查发现，非营利组织收入的平均53%来自于其服务收费和其他商业收入。[33]对表2数据进行计算可知，在同心希望家园的收入结构中，其唯一的自主经营收入——爱心超市收入占全部收入的比重低于38%，而基金会的资金支持所占比例在60%左右。与萨拉蒙的调查结果相比，同心希望家园的财政自主性低于50%，笔者认为其自主性偏弱，受制于外部资金支持的情况较为明显。而且在基金会的各项资金支持中，不乏仅以一年期为限的资助项目，与公益事业的长期性相比，其外部资金支持缺乏一定的稳定性。在财政自主性较弱与外部资金支持欠缺稳定性的情况下，其运行所面临的资金风险进一步提高。因此，开辟更多渠道获取多元化资金支持有助于降低其资金风险。

3. 衣物供应渠道较为单一

爱心超市是目前同心希望家园唯一产生经济收益的项目，而其产生收益的前提是拥有充足的货源。就目前的情况看，每年主要来自大学的捐赠衣物有几万件，并且捐赠具有稳定性，所以稳定而充足的货源能够满足当前3家爱心超市的经营需求，但由于大学捐赠衣物占到爱心超市获捐衣物的95%，[18]笔者认为，虽然来源稳定且充足，但爱心超市对大学捐赠衣物的依赖度仍然过高，从降低企业经营风险的角度考虑，各个大学就是爱心超市的供应商，而过分依赖任何一类/一个供应商对于企业而言都存在较高风险，因此，发掘潜在捐赠群体，分散衣物供应风险是爱心超市应当考虑的问题。

4. 政府直接补贴的缺乏[34]

因为开办爱心超市、开设图书室、开展亲子活动以及办公等都需要场地，所以房租是必不可少的开支。据马小朵介绍，尽管同心希望家园从事的是公益活动，但在房租方面并不会享受到优惠，一方面，因为房屋出租方认为，虽然承租方是在做善事，但自己要养家糊口，所以不会因为承租方做善事而在房租方面给予优待。[18]另一方面，"在政府补贴方面，与欧洲国家不同，我国目前尚未出现政府以直接补贴的方式为社会企业提供收入来源"[34]。如果相关政策配备齐全，让房屋出租方因出租房屋用于公益用途获得一定补贴或者直接补贴给从事公益活动的承租方，那么类似同心希望家园的社会企业在房租开支方面将会节省一定成本。社会企业若想将尽可能多的资金用于公益事业，一方面要通过商业活动开源，另一方面通过各种方式节流也必不可少，而社会企业本身节流能力有限，所以政府通过完善政策、细化操作方案予以支持将有利于社会企业的成长与发展。

5. 无专门法律予以约束与保护

到目前为止，我国还没有专门的法律法规对社会企业的概念、性质、利润分配等进行规范，这使得社会企业在利润是否可以分配以及分配多少等关键问题上缺乏合理约束与保护。公益组织发展中心（NPI）的报告也显示，在其受访者中，对"建立社会企业/合作社的法律障碍"是妨碍社会企业在中国发展的消极因素的认可率达到了100%，在所有妨碍因素中认可率最高。[12]

6. 公众认知障碍与传统观念的误解

社会企业的概念传入我国只有十年左右，除了学术界和实务界之外，社会企业在公众中的知名度还很低，而且在传统观念中，从事公益活动就应该是无偿奉献，不管是人、财，还是物，都不应该向受益者收取任何费用，所以公众不仅对社会企业这一概念本身感到陌生，对于通过营利活动从事公益事业的做法更是缺乏认同，这导致很多掌握捐赠资源的潜在捐赠者不愿意将衣物捐赠给社会企业，同心希望家园就曾遇到这类问题。[35]这无疑让爱心超市失去了不少的潜在捐赠资源，对爱心超市拓宽衣物供应渠道造成障碍。

五、对社会企业可持续发展的思考

（一）以 SWOT 分析为基础的策略选择

在很多研究者眼中，社会企业是解决非营利组织尤其是民办非营利组织所面临的各种难题的良药，包括财政自给能力弱且资金匮乏，人力资源短缺且欠缺专业性与稳定性等严重制约组织生存与发展以及服务供给能力的难题。然而，通过前文的案例分析可知，尽管社会企业具有各种优势，但在我国，社会企业与民办非营利组织面临的难题类似，而且因为缺少专门法律的约束与保护，社会企业还面临更高的法律风险。因此，为了巩固优势，削弱劣势，充分利用有利的外部条件，降低不利因素的影响，保持同心希望家园的可持续发展，在前文分析的基础上，笔者借助 SWOT 分析将同心希望家园的内部环境与外部环境集中呈现，以便针对不同因素的组合提出不同的发展策略，如表 3 所示。

表 3　同心希望家园的 SWOT 分析

内部环境	优势 （Strengths）	具备社会企业家精神的领导者 内生型人力资源储备与培养模式 利益相关者参与治理 具有一定的财政自主性 爱心超市货源稳定且充足
	劣势 （Weaknesses）	人力资源培养耗时且缺少稳定性 财政自主性较弱 爱心超市货源渠道单一

续表

外部环境	机遇 （Opportunities）	目标市场依然庞大 政府认可社会企业 政府向社会组织购买服务 双重管理体制的改革
	威胁 （Threats）	缺少专门法律规范 缺少政策支持 公众认知障碍与传统观念的误解 拆迁等其他因素

需要说明的是，尽管组织发展的内部与外部环境在一段时间之内具有稳定性，但优势与劣势、机遇和威胁四个因素对组织发展的影响并非一成不变，因此，笔者根据不同因素影响的显著性提出四种发展策略，但并不意味着其他因素不存在，只是不足以影响策略选择，如表4所示。

表4 基于 SWOT 分析的策略选择

	机遇（O）	威胁（T）
优势（S）	业务拓展策略	业务有限拓展策略
劣势（W）	业务巩固策略	业务维护/休眠策略

（1）业务拓展策略：在人、财、物三个关键资源均活跃并充分又恰逢有利外部环境时，可充分利用自身优势，以爱心超市为依托，将亲子活动室、三点半学校等同心希望家园的全部项目进行全面拓展，做到有爱心超市即有亲子活动室、三点半学校等免费项目，将同心希望家园的受益群体进行全面拓展，满足更大目标群体在亲子教育等方面的非经济性需求。

（2）业务有限拓展策略：这一策略是在虽有优势但外部环境中威胁因素作用明显的情况下的策略选择。业务有限拓展策略也可称为业务优先拓展策略，即选择限制因素最小的业务进行优先拓展，而非将所有项目全面铺开。在不危及现有业务的情况下，适当拓展业务范围，避免内部优势的无谓消耗。

（3）业务巩固策略：当劣势因素明显时，充分利用现有资源，抓住机遇将劣势因素的影响降低，从而巩固现有业务，稳定现有受益群体，同时为解决内部问题争取时间，避免劣势在短时间内对组织形成较强冲击。

（4）业务维护/休眠策略：在内外环境均不利的情况下，尽可能维护现有业务，使受益群体维持现状；在无力维持现状的情况下，保留能够维持的业务，而其他业务则进入休眠状态，这种业务休眠策略有利于保留一定实力，在条件允许的情况下重新开展先前业务。之所以称之为休眠策略是因为相关业务进入休眠状态并不意味着完全停止运转，保证业务正常运转的相应资源要做好维护工作。例如，人力资源是组织最为宝贵的资源，而与工作岗位匹配的人力资源更是难得，所以这部分人员在业务进入休眠期时也要与之保持良好沟通，避免人力资源的彻底流失。

（二）社会企业可持续发展的路径选择

为了保证社会企业的可持续发展，尽力保持优势并充分利用现有机遇固然重要，但通过一定途径消灭或者降低劣势与威胁的影响对社会企业更加重要。因为从一定程度上讲，内部优势与外部机遇并不具有决定性作用，而且不具有唯一性，其他社会企业也能够获得，而不同社会企业的不同命运往往取决于其对待劣势和威胁的处理方式，所以笔者建议与同心希望家园处境类似的社会企业通过以下路径探索可持续发展之路。

（1）建立内、外两个人力资源储备库。与很多民办非营利组织一样，社会企业也面临人力资源短缺且人员缺乏专业性的难题。因为不能像一般企业那样通过良好的工作环境和高薪留住人才，尤其是核心人才，所以在薪酬水平有限的条件下，通过各种方法进行内部培养就成为解决人力资源问题的首选路径。在这方面，同心希望家园在服务对象中培养后备力量的做法值得借鉴。这种人力资源培养与储备模式，一方面，培养并储备了所需的后备力量；另一方面，也提升了服务对象的参与意识，从而激活服务对象中积蓄的智慧与力量。

虽然内生型人力资源培养模式在很大程度上解决了社会企业人力资源不足的难题，但仅仅依靠内部人力资源库存在相当程度的风险。随着我国城镇化的持续推进，大城市中现有的城乡结合部将如往日的城乡结合部一样面临拆迁风险，这也就意味着聚居于城乡结合部的流动人口的再次迁移，而为其提供公益服务的社会企业也就面临潜在人力资源大规模流失的风险。在新的内部人力资源储备库建立起来以前，以服务对象为人力资源后备力量的社会企业将面临人力资源供给出现缺口的风险，由此可能影响相关服务项目的正常开展。因此，仅从弥补短时人力资源缺口的角度考虑，建立外部人力资源储备库也是十分必要的。笔者建议，有需要的社会企业可与高校中的相关专业建立联系。例如，亲子活动需要具有专业素质的人员负责，那么可以谋求与某高校中的学前教育专业建立联系，通过平常的亲子活动、培训活动等建立良好互动关系，以便在需要时可借助高校在校生维持项目的正常运转。另外，通过政府支持也可为社会企业建立外部人力资源储备库，例如，政府可承诺为解决社会企业临时性甚至长期性的人力资源短缺问题，在社会企业提供薪资的基础上另外提供薪金补贴和其他福利支出，以协助社会企业弥补与一般性企业竞争人才时的劣势。

（2）通过内外两条途径提升资金实力，以稳定与扩展业务范围和受益群体。首先，提升资金实力的内部途径是指社会企业需要通过多种方式提升经营收入在其总收入中的比重，以降低对外部资金的依赖程度，避免因外部资金链断裂可能对现有项目产生的不利影响，即通过提升财政自主性维护其公共服务供给能力的稳定性。鉴于以经营收入为主要收入来源是成熟社会企业与非营利组织的主要区别之一，也是此种组织形式的主要优势，因此，提升经营收入（包括有偿服务收入、会费收入等）是财政自给率低于50%的社会企业应当认真对待的问题。进一步了解目标人群的购买需求、增加爱心超市的商品种类是可以考虑的一种解决方式。

此外，尽管社会企业需要通过提升经营收入在总收入中的比重以提升财政自主性，但争取外部资金支持依然是社会企业维持正常运转以及拓宽业务的重要基础。因此，为了保证外部资金的稳定性，在尽量争取外部资金支持的长期性的同时，使外部资金来源多元化也是规避外部资金缺少稳定性这一风险的有效选择。争取政府购买服务的项目资金是社会企业争取政府支持的最直接渠道，而且由于相关信息向社会公开，所以在信息获取方面具有较高的便利性与现实性。另外还有一个可以快速或者以细水长流的形式汇集资金的方式就是捐款，但由于社会企业往往不具备公开募集资金的资格，所以争取私人捐款就成了获取政府支持、基金会支持以外获得资金支持的主要渠道。在私人捐赠者中，企业家等经济实力较为雄厚的人士无疑是能够保证捐款数额的潜在捐赠者。无论是小额捐款还是数额较大的捐款，首先让潜在捐赠者了解本组织的基本使命、现有业务、受益人群等基本信息是争取前者信任的第一步，因此，通过各种途径进行自我宣传是获取更多外部资金支持的必要工作。

（3）拓宽爱心超市货物的供应渠道。拓宽货物供应渠道有利于降低仅依靠一家供应商使企业面临的各种风险。例如，供应商擅自抬高价格或者供应商因某种原因无法正常供应物资时，将使企业蒙受经济损失等。尽管爱心超市的货物均为供应方捐赠，但货源渠道过于单一也使爱心超市面临衣物供应链断裂的风险提升。因此，笔者建议拓宽货物供应渠道。这一渠道包括原有渠道，即大学，可通过有合作关系的大学社团向更多的大学宣传爱心超市的经营理念、经营方式、服务人群等基本情况，通过提升知名度获取更多的捐赠资源。另外，需要拓宽的供应渠道就是其他可能存有大量旧衣物资源的社团、基金会等组织，但难点可能在于爱心超市尽管低价但仍需受益者有偿获取衣物的经营方式不能被潜在供应方理解而无法获得相应资源。[35]这与我国公众认知和传统观念有关。虽然社会企业仅凭一己之力难以让公众认知发生普遍性转变，因为这需要政府和社会力量的共同努力并且需要时间积淀，但等待不是社会企业的本性，否则，很多社会企业就不会产生，通过多种方式让更多人理解和支持社会企业的运作理念和运作方式才是社会企业创新精神的集中体现。因此，社会企业可以邀请潜在捐赠者来访，让其了解社会企业运用企业方式从事公益活动的本质，了解此种运作方式与传统慈善方式相比的优势以及对受益群体的影响差异。为了尽量消除受邀方的疑虑，社会企业可与政府部门联合发出邀请。通过政府对社会企业的支持，增加社会企业从事公益事业的公信力与合法性。

（4）建立与完善相关法律与政策，为社会企业发展提供法律保障与政策支持。社会企业在我国发展面临的众多难题多与缺乏专门法律规范与相关政策支持有关，但由于立法和制定政策均属于公权力，所以社会企业只能通过影响公权力获得法律地位和政策扶持。为此，通过相关渠道与方式推动有关社会企业的法律与政策的出台是社会企业为自身健康发展需要做出的必要努力。鉴于社会企业个体力量的局限性，由服务领域类似的不同社会企业联合完成可有效降低此项工作的难度。例如，联合向各级人大代表表达社会企业的诉求，最好能够形成书面文件并提供立法或政策建议。另外，邀请人大代表和相关政府人员适时来访，以此加强双方的了解与互动，既为政府部门对社会企业的监督提供契机，也为社会企业为自身争取法律地位和政策支持提供条件。

六、结语

通过研究相关文献不难发现，向社会企业转变被不少研究者当作是帮助非营利组织走出困境的良方，包括克服人力资源不足、专业性欠缺、资金自主性较低等困难，而实际情况往往事与愿违。尽管社会企业与传统非营利组织实现社会目标的方式存在差异，但困扰我国传统民办非营利组织生存与发展的不利因素也同样困扰着我国的社会企业。因此，了解社会企业为何成功固然重要，但对不利因素进行分析并思考解决之策才是保持社会企业可持续发展的长久之计。

（致谢：笔者要感谢同心希望家园负责人马小朵女士接受面对面访谈与多次电话访谈，并对访谈内容予以确认，在此表示衷心感谢!）

参考文献：

[1] 陈俊蕊，程绍珍. 城市流动人口子女的教育现状与教育对策初探 [J]. 内江科技，2008（1）.

[2] 陈建刚，陈昌文. 我国城市流动人口管理的难点及对策设想 [J]. 四川行政学院学报，2004（5）.

[3] 李强. 当前我国城市化和流动人口的几个理论问题 [J]. 江苏行政学院学报，2002（1）.

[4] 杜丽红. 中国城市流动人口管理问题研究 [D]. 成都：西南财经大学，2007：38.

[5] 戴丽敏，应晓玲，周菲，谢广田. 城市流动人口子女的社会性背景与其人格发展的相关研究——以杭州市为例 [J]. 教育测量与评价（理论版），2009（9）.

[6] 数据来源于社会资源研究所的调研报告。社会资源研究所在北京调查走访了29个外来人口聚居区，这些聚居区主要分布在四环到六环之间。受访居民的户籍构成如下：北京城镇4.5%，北京农村8.9%，外地城镇15.6%，外地农村71.0%。社会资源研究所. 外来人口聚居区公共服务状况调查 [R]. 北京：社会资源研究所，2013.4 - 6.

[7] 周秦生. 新时期大城市流动人口服务管理模式设计 [J]. 公安研究，2011（4）.

[8] 郭宏斌. 城市流动人口服务管理中的问题及改革途径 [J]. 西安石油大学学报

（社会科学版），2012（4）.

［9］舒博. 社会企业的崛起及其在中国的发展［M］. 天津：天津人民出版社，2010.

［10］王名，朱晓红. 社会企业论纲［J］. 中国非营利评论，2010（2）；潘小娟. 社会企业初探［J］. 中国行政管理，2011（7）.

［11］笔者参阅的多数文献认为"社会企业"概念首次进入中国是在 2004 年，但也有研究者认为是在 2002 年。例如：朱晓红. 社会企业：北京市构建节能型社会的创新机制［J］. 华北电力大学学报（社会科学版），2009（2）；周燕平，覃立力. 社会企业视角下诺乐模式的分析研究［M］//陆汉文，蔡志海. 社会企业评论. 北京：社会科学文献出版社，2013. 189.

［12］公益组织发展中心（NPI）. 中国社会企业调查报告［EB/OL］. http：//wenku. baidu. com/link？url＝0fM0KaOmUvtRv7FHoRBQWQF2P42EiGIKWeNF69B6d－k Q1GtLOWBdQjSrQhySzI6aCOCh5FrqnfayUJEZgVBfyTLlWl4PViodSft1pDqm0X＿， 2014－11－25.

［13］相关研究见：王名，朱晓红. 社会企业论纲［J］. 中国非营利评论，2010（2）；潘小娟. 社会企业初探［J］. 中国行政管理，2011（7）；林海，彭劲松，严中华. 从 NPO 到社会企业——非营利组织转型策略研究［J］. 科技管理研究，2010（18）；赵萌. 社会企业战略：英国政府经验及其对中国的启示［J］. 经济社会体制比较，2009（4）；徐君. 社会企业组织形式的多元化安排：美国的实践及启示［J］. 中国行政管理，2012（10）；郑胜分，王致稚. 台湾社会企业的发展经验［J］. 中国非营利评论，2010（2）；朱晓红. YBC 重建家园创业行动及其经验分析——基于社会企业的视角［J］. 中国非营利评论，2008（2）；康蕾，徐月芳，何荷，等. 中国社会企业战略发展的思考——以深圳残友模式为例［J］. 战略决策研究，2012（2）；杨光飞，马晓浔. 本土社会企业发展的困境与契机：实践观察与理论思考［J］. 广州公共管理评论，2013（1）；付鸿彦，廉晓洁. 社会企业家与公益创业、社会创新［J］. 人民论坛，2011（32）；祖良荣，陆华良. 社会企业家精神：一个管理学研究前沿［J］. 南京财经大学学报，2011（4）；等等.

［14］杨家宁，陈健民. 西方社会企业兴起的背景及其研究视角［J］. 中国非营利评论，2010（1）.

［15］潘小娟. 社会企业初探［J］. 中国行政管理，2011（7）.

［16］XIAOMIN YU. "The governance of social enterprises in China［J］. Social Enterprise Journal，2013，9（3）：225－246.

［17］资料来源：2013 年 12 月 24 日对同心希望家园负责人马小朵女士的访谈记录，2013 年 12 月 25 日、2014 年 3 月 17 日和 2014 年 3 月 21 日对马小朵女士的电话

访谈记录。

[18] 资料来源：2013年12月24日对同心希望家园负责人马小朵女士的访谈记录。

[19] 杨宇，郑垂勇．"社会企业家精神"概念评述［J］．生产力研究，2007（21）．

[20] JOHN SMALLEY. 社会企业：英国"困顿社区"重生的新推手［J］．李关云，译．21世纪商业评论，2006（1）．

[21] 资料来源：2014年3月21日对同心希望家园负责人马小朵女士的电话访谈记录。

[22] 杰夫·摩根等．社会硅谷：社会创新的发生与发展［J］．张晓扬，译．经济社会体制比较，2006（5）．

[23] 资料来源：2014年3月17日对同心希望家园负责人马小朵女士的电话访谈记录。

[24] 资料来源：2013年12月24日对同心希望家园负责人马小朵女士的访谈记录，2014年3月21日对同心希望家园负责人马小朵女士的电话访谈记录。

[25] 据马小朵介绍，在同心希望家园就业的人员均为流动人口，尽管马小朵现已落户北京，但初来北京时也是流动人口中的一员，所以在谈及同心希望家园的现有工作人员（包括马小朵在内）时，笔者将其全部视为流动人口。

[26] http：//blog. sina. com. cn. /txxwjy，2014年3月29日．

[27] 如表2所示，同心希望家园的主要收入有两部分：第一，基金会的资金支持。因为这部分资金的使用情况要定期向基金会报告，接受基金会监督，所以未在博客上公示。第二，爱心超市的收入。因为这部分的收支情况没有诸如基金会这样的外部监督，所以将爱心超市的财务情况在博客上予以公示。资料来源：2014年3月31日对同心希望家园负责人马小朵女士的电话访谈记录。

[28] 妈妈老师既是负责亲子活动的工作人员，也是带着自己孩子参加活动的妈妈。参见2014年3月31日对同心希望家园负责人马小朵女士的电话访谈记录。

[29] 资料来源：2013年12月24日对同心希望家园负责人马小朵女士的访谈记录。在访谈中，马小朵表示，让妇女有时间完成家庭事务很重要，因为妇女来京的主要任务是照顾家庭，而非工作，所以在保证不影响其照顾家庭的情况下开展工作就显得尤为重要，否则，她们会选择家庭而非工作。

[30] 刘勇．广东公布首批政府购买服务目录［EB/OL］．http：//dz. jjckb. cn/www/pages/webpage2009/html/2012 – 08/16/content_ 48711. htm？div = – 1，2014 – 3 – 24.

[31] 吴宝华．人力资源管理实用教程［M］．北京：北京大学出版社、中国林业出版社，2007.

[32] 舒博．社会企业的崛起及其在中国的发展［M］．天津：天津人民出版社，2010：173.

[33] 转引自：舒博．社会企业的崛起及其在中国的发展［M］．天津：天津人民出版社，2010.

［34］余晓敏，丁开杰．社会企业发展路径：国际比较及中国经验［J］．中国行政管理，2011（8）．

［35］宋扬．同心爱心超市：用商业的手做慈善［EB/OL］．http：//gongyi. sina. com. cn/gyzx/2009 － 06 － 05/133510136. html，2013 － 12 － 19.

电子政务绩效评估研究

佟　岩

（北京信息科技大学公共管理与传媒学院）

摘　要： 现代政府以向公民和社会提供优质、高效的服务为宗旨，以提高政府绩效为目标，因而政府绩效评估作为一项有效的管理工具，在公共行政中受到广泛关注。基于电子政务在政府改革及提升政府绩效过程中所显示出的种种优势，电子政务日益成为现代政府运作的主要方式，成为政府更好地实现其管理、服务职能的重要手段。而在大规模的投入和建设后，电子政务能否真正取得预期的成效已成为各国、各级政府必须关注的问题。电子政务自身的绩效已成为政府绩效的重要组成部分，对电子政务绩效的评估已成为政府绩效评估不可缺少的一部分。因此，对电子政务的绩效进行评估，建立电子政务绩效评估指标体系具有十分重要的理论和现实意义。

关键词： 电子政务　绩效评估　指标体系

一、政府绩效评估的基本理论问题

美国管理学家威廉·纽曼把管理解释为：把一个团体的努力朝某个共同目标引导、领导和控制；哈罗德·孔茨把管理解释为：设计并保持一种良好环境，使人在群体里高效率地完成既定目标的过程，主要包括计划、组织、人事、指挥和控制五项职能。可见，管理的好坏离不了控制，而控制的基础无疑是评估的存在，否则，控制的实施将无以为据。于是，我们说评估对于保证管理工作质量至关重要。现代政府以向公民和社会提供优质高效的服务为宗旨，以提高政府绩效为目标，因而政府绩效评估（Government Performance Measurement）作为一项有效的管理工具，在公共行政中受到广泛关注。

（一）政府绩效评估的概念及发展沿革

1. 政府绩效评估的概念

如果单纯从语言学的角度来说，绩效（performance）包含有成绩和效益的意思，它最早用于投资项目管理方面，后来在人力资源管理方面又有广泛应用。运用"绩效"概念衡量政府活动的效果，所指的不单纯是一个政绩层面的概念，还包括政府成本、政府效率、政治稳定、社会进步、发展预期的含义在内。

从框架上而言，政府绩效主要包括三个方面：经济绩效、社会绩效和政治绩效。在政府绩效体系中，经济绩效是政府绩效的主要内涵和外在表现，在整个体系中发挥着基础作用。没有经济绩效，社会绩效和政治绩效就会缺乏物质基础和物质支撑，社会绩效和政治绩效也不会长久持续。社会绩效是政府绩效体系中的价值目标，没有社会绩效，经济绩效就没有实现的意义和价值，政治绩效会失去社会基础。政治绩效是整个政府绩效的中枢和核心，实现经济绩效和社会绩效需要政治绩效作为法律和制度的保证和保障。同时政府绩效体现在政府行政管理的每一个层面和领域。这种绩效既不是政府短期投入的回报，也不是政府终端产品的累积，而应该是较长时期经济发展、社会进步、政治文明的总成果。

政府绩效不仅包括经济、社会、政治三个具体维度，还分为微观、宏观两个层面。宏观层面的政府绩效以特定的政府为关注对象，涉及整个政府活动的成绩和效果，具体体现为政治的民主与稳定，经济的健康、稳定发展，人们生活水平和生活质量的持续提高，社会公正与公平、国家安全和社会秩序的改善等。可见宏观层面的政府绩效取决于政府管理活动的各个主要方面，包括政府素质、政府能力、政府职能、政府行为方式、政府决策的质量等。政府在微观层面的绩效由个人绩效和组织绩效构成。个人绩效包括个人的工作表现、工作成绩、工作态度，以及个人的专业知识和熟练程度。组织绩效是以特定的政府机构或公共部门为关注对象，体现为这些单位的工作成就或效果，具体以效率、效益、服务质量等来衡量。目前，由于具体评估指标的可度量性，最为有效和具有可操作性的还是政府微观层面的绩效评估，各国所开展的也都是这方面的评估，如对政府经济职能部门或具体经济政策的评估、政府公务员的业绩评估等。

政府绩效评估在广义上等同于政府绩效管理的概念，它是指用组织的整体战略把组织内各成员整合起来的，以结果为基础的一系列计划、管理、监测和检查程序。美国国家绩效评估中的绩效衡量小组这样定义绩效管理："利用绩效信息协助设立统一的绩效目标，进行资源配置与优先顺序的安排，以告知管理者维持或改变既定目标的计划，并且报告成功符合目标或叙述未能达成目标的原因的管理过程。"它包括了目标设定、目标达成以及结果评估的系统过程，代表了一个组织（政府）整合各种资源以接近目标的行为和程度。狭义的政府绩效评估，则是指对政府及行政人员"政绩"的评估。它是用一定的目标尺度，考核、判断该政府及行政人员所取得的成绩。

概括地说，政府绩效评估就是根据管理的效率、能力、服务质量、公共责任和社会公众满意程度等方面的判断，对政府公共部门管理过程中投入、产出、中期成果和最终成果所反映的绩效进行评定和划分等级。政府绩效评估以绩效为本，谋求现代信息技术在政府公共部门之间、政府公共部门与社会公众之间进行沟通与交流的广泛运用，谋求顾客通过公共责任机制对政府公共部门的直接控制，谋求政府管理对立法机构负责和对顾客负责的统一；它以服务质量和社会公众需求的满足为第一评价标准，蕴涵了公共责任和顾客至上的管理理念；它以加强与改善公共责任机制，使政府在管理公共事务、传递公共服务和改善生活质量等方面具有竞争力为评估目的。

2. 政府绩效评估的发展沿革

西方发达国家对政府绩效问题的研究，与政府管理模式的变化有着密切的关系。在传统行政模式下，早期对政府绩效的研究由于受到科学管理运动和一般管理理论的影响，主要采用机械效率的研究方法。他们认为，公共组织与私人组织在管理方法的本质上没有任何区别，因而普遍的效率原则对政府和企业都是适用的。其后，由于行为科学的出现和发展，效率研究开始关注人的因素，对组织内部沟通联系、领导风格、人际关系和其他组织内部状态的评价开始部分取代传统的机械效率测量。在这一阶段，效率研究仍然没有摆脱传统行政模式的束缚，对政府绩效的改革和评价仍然存在着诸多困境。

"二战"以来，到20世纪70年代，西方国家关于政府绩效的理论研究和实践活动进入了一个新的高潮。在理论研究方面，赫伯特·西蒙等行政学者对行政效率改进和评估提出了非常有益的建议。在实践活动方面，

1973 年尼克松政府颁布"联邦政府生产率测定方案"（the Federal Government Productivity Measurement），力图使公共部门绩效评估系统化、规范化、经常化。1979 年，撒切尔任命雷纳勋爵任其顾问，并推行改革，开展了著名的"雷纳评审"（Rayne Scrutiny Programme）。雷纳评审是"以解决问题为导向"的"经验式调查"，针对人们相当熟悉并似乎司空见惯的东西，评审者提出质疑，以便发现存在的问题，从而拟订提高效率的具体方法和措施，并征求建议，在有关方面人员对必要采取的改革措施达成共识的基础上由被评审单位的负责人实施改革的具体措施。1980 年，英国环境大臣赫尔在环境事务部率先建立了"部长管理信息系统"（Management Information System for Ministers）。它集目标管理、绩效评估为一体，旨在向部长提供全面的、规范化的信息。1983 年英国卫生与社会保障部第一次提出了较为系统的绩效评估方案，这一方案包括 140 个绩效指标，应用于卫生管理部门和卫生服务系统的绩效评估。这一时期，政府绩效评估侧重点是经济和效率，追求投入产出比的最大化。

随着 20 世纪 80 年代以来新公共管理运动的兴起，政府部门的绩效研究进入了一个全新的发展阶段，关注的焦点逐渐转向了效益和"顾客满意"，质量被提到了重要地位，在西方行政管理实践中，"效率优位"被"质量优位"所取代，所以这一时期的评估侧重点是公共服务的质量和效益。20 世纪 90 年代梅杰政府的"公民宪章运动"和"竞争求质量运动"将评估重点进一步放到公共服务的质量方面，并引入公共服务的外部评价主体，从而使绩效管理和评估更加战略化和系统化，绩效评估方法也得到进一步改善。1993 年由时任美国副总统戈尔领导的国家绩效评审活动发表了名为《从繁文缛节到结果导向——创造一个花少钱、工作好的政府》（简称《戈尔报告》）的报告，通过对政府组织进行企业化改造，使政府的组织结构、运行机制、人事制度和预算制度等发生了很大的变化。随着政府改革的不断深入，政府绩效评估作为一项有效的管理工具，在公共行政中受到了愈来愈广泛地关注，其过程也更加规范化、系统化，在指标的确立和分析方法的选择上，逐步呈现由定性转向定性与定量相结合，采取科学的数学分析方法等趋势。

除了美国和英国外，荷兰、澳大利亚、法国等国家都将绩效评估作为政府改革的一个重要组成部分，以此提高政府效率和服务质量。德、法等国也已经建立了科学完整的目标体系，对政策进行评估。以至于西方学者惊呼"评估国"正在出现。

我国对政府绩效评价体系的研究起步较晚，但发展较快。学者们就政府绩效评价体系的价值取向、评价模式、评价指标体系、评价机制展开了深入研究。近几年，随着我国行政体制改革的不断深入和政府管理水平的不断提高，一些地方政府和部门已经开始尝试进行政府绩效管理与评估的实践活动。如 1994 年山东省烟台市建委试行的"社会服务承诺制度"，1995 年河北省政府开展的"干部实绩考核制度"，以及近几年许多城市开展的"万人评议政府活动"。实践证明，绩效管理和绩效评估方法在我国政府及其他公共部门领域有着广泛的需求。

（二）政府绩效评估的应用类型及方法

在近期中国行政管理学会联合课题组的调研中，对我国当前政府绩效评估的现状进行了分析。课题组认为，目前我国政府绩效评估的应用主要分为三种类型。

第一种是普适性的政府机关绩效评估。其特征是，绩效评估作为特定管理机制中的一个环节，随着这种管理机制的普及而普遍应用于多种公共组织。例如目标责任制、社会服务承诺制、效能建设、行风评议等。

第二种是具体行业的组织绩效评估。主要将绩效管理和评估应用于某个行业，一般具有自上而下的单向性特征，即由政府主管部门设立评估指标体系，组织对所属企事业单位进行组织绩效的定期评估。例如卫生部门为医院设立的绩效评估体系，教育部门为各级各类学校设立的绩效评估体系（如普通中小学教育质量综合评价体系、成人中等专业学校评估体系、大学本科教育合格评价体系等），财政部、国家经贸委、人力资源和社会保障部、国家计委联合推出的企业效绩评价系统等。

第三种是专项绩效评估。针对某一专项活动或政府工作的某一方面开展绩效评估。例如北京市的国家机关网站政府公开检查评议，南京、珠海等市开展的"万人评政府"活动，深圳市的"企业评政府"，山西省运城市的"办公室机关工作效率标准"等。

此外，上述各种类型的绩效管理和评估活动所采用的具体技术方法也各不相同。一是绩效管理与目标责任制相结合。依靠目标管理方法，将政府总目标进行层层分解，最终形成尽可能定量化的指标体系。这一方法的主要目的是希望把绩效管理方法作为考核各级政府及其主要领导干部的手段，并作为干部奖惩、职务升降的主要依据，从而明确领导干部的责任机制。二是绩效管理与社会服务承诺制相结合。这种方法多数应用于向公众直接提供服务的公共部门，将绩效管理方法作为"一种公共服务的质量改进机制"。三是绩效管理与效能监察相结合。将政府效能纳入到行政监察体系之中，使传统以廉政监察为主的行政监察的范围得到进一步拓展。主要用于政府机关内部的各项管理制度和专项工作。四是绩效管理与效能建设相结合。效能建设是在效能监察基础上形成的新的思路和新的运作机制，在评价主体和评价对象上都比效能监察更加宽泛，从而避免了效能监察的局限性。

总的来看，我国的政府绩效管理实践已在各级政府和部门中逐渐开展起来，并引起社会各界的广泛关注。在政府和公共部门中开展绩效管理活动，对于促进我国民主制度、推进政治体制改革、改进政府绩效、提高政府信誉无疑具有重要意义。

（三）政府绩效评估的意义

建立公正的政府绩效评估机制，具有十分重要的意义和作用。

1. 政府绩效评估有利于监督政府行为

政府是在国家中拥有垄断强制力的组织。一般情况下，对于拥有垄断强制力的政府组织行为的制约因素相对于任何其他形式的组织来说都要少。在这种优势地位下，若想保证政府职能的实施符合社会经济的发展需要，就必须为它设立一套完善的制衡机制。在这套完善的制衡机制中，法律等强制性限制固然不可少，但严格的、客观的不以政府自身利益为核心的评估体系的设置却更为重要。因为评估的存在，将促使政府必须按评估的标准而不是按政府自己任意的妄想去行事。同时，政府绩效评估为整个社会从外部监督政府作为提供了基准线。政府职能的实施除了需要自我约束外，还需要有整个社会对它从外部进行监督评判。因为社会团体的监督，以及广大民众的议论将从外部为政府行为的改进提供压力。

2. 政府绩效评估有助于提高政府绩效

现代政府管理的核心问题是提高绩效。"要改进绩效，你必须首先了解目前的绩效水平是什么。""如果你不能测定它（绩效），你就无法改善它。"一方面，绩效评估为行政改革提供了技术支持。传统行政模式建立在行政垄断的基础上，其主要特征是权力高度集中、严格的规章制度、重"过程"而轻"结果"取向的管理机制等。行政改革的新理念是主张公共服务市场化、社会化，强调权力非集中化，"结果为本"和"服务为本"等。任何新理念都必须有相应的技术支撑才能付诸实践，而绩效评估为公共管理的新理念提供了有力的技术支持。另一方面，绩效评估在行政管理实践中具有重要功能。概括起来，有以下五大功能：①计划辅助功能——某一阶段的评估结果为下一阶段计划的科学制订提供了基础；②监控支持功能——为评估而拟定的绩效标准及据此搜集的系统资料，为监控提供了一个重要的、现成的信息来源；③促进功能——根据测量得到的信息改进工作；④激励功能——"若不测定效果，就不能辨别成功还是失败；看不到成功就不能给予奖励；不奖励成功，就可能是在鼓励失败"；⑤资源优化功能——绩效评估有助于科学设定目标并根据效果来配置资源。总之，政府绩效评估有助于在政府内部形成浓厚的绩效意识，从而把提高绩效的努力贯穿于行政管理活动的各个环节中。

3. 政府绩效评估有利于改善政府的形象和信誉

一方面政府绩效评估是政府向公众展示工作效果的机会，而展示成果能赢得公众对政府的支持。另一方面，政府绩效评估不只是展示成功，它也暴露政府的不足和失败，但这并不一定损害政府部门的信誉，相反，政府向公众公开所面临的困难和问题并展示其为提高绩效所做的努力及其结果，有利于克服公众对政府的偏见，建立和巩固对政府的信任。

二、电子政务绩效评估问题的提出及其必要性

（一）电子政务绩效评估问题的提出

随着信息技术的飞速发展，尤其是计算机技术和通信技术的融合，人类社会进入了一个前所未有的信息化时代，信息技术以其强大的生命力，正不断推动着生产力的革命性变革，必然诱发社会生产关系和上层建筑的变革。政府作为最大的公共组织，承担着大量公众事务的管理和服务职

能，电子政府及电子政务作为信息技术的产物，受到了各国政府的高度重视。从理论上讲，电子政府的建立和电子政务的发展，为政府管理科学化和现代化提供了强有力的技术支持，将在政府职能的转变、政府效率的提高、政府决策的科学化、政务的公开透明以及政府开支的节约等方面产生重大而深远的影响。这表现为：首先，电子政务的应用、实施，将从服务、管理、消费三个方面使政府的职能发生重要转变。其次，电子政务的实施和发展，将极大地提高政府的工作效率和政府决策的科学化和民主化水平。再次，电子政务的实施和发展为政务公开提供了方便、有效、快捷的载体，有利于政府的勤政、廉政建设。最后，电子政务为政府开支的节约提供了新的途径。可见，电子政务的实施为政府的改革提供了基础，使其能提高效率、降低成本，为公民、企业和社会提供更优质的服务，从而也能大大提升政府的绩效水平。

提高政府绩效，是公共管理始终追求的基本目标之一。基于电子政务在政府改革及提升政府绩效过程中所显示出的种种优势，电子政务日益成为现代政府运作的主要方式，成为政府更好地实现其管理、服务职能的重要手段。而在大规模的投入和建设后，电子政务能否真正取得预期的成效已成为各国、各级政府必须关注的问题。可以说电子政务自身的绩效已成为政府绩效的重要组成部分，对电子政务绩效的评估已成为政府绩效评估不可缺少的一部分，甚至可以说，对电子政务绩效的评估已成为衡量政府绩效的最直接手段。为此，要想客观、全面、公正地反映、评估政府绩效，就必须正确评估电子政务的绩效。可见，对电子政务的绩效进行评估具有至关重要的理论与现实意义。

电子政务绩效评估是指电子政务一切投入和产出的过程评估。这种过程可以是有形的，也可以是无形的，既包括电子政务"硬件"建设，又包括电子政务"软件"发展的政务活动过程。全面的电子政务绩效评估是以政府经济学、公共管理学、信息技术、投资均衡理论和资产评估、网络评估等为基础。完整的电子政务绩效评估的内容可规范为四个大的方面：一是电子政务业绩，主要表现为电子政务为社会经济活动提供服务的数量和质量。在数量上，表现为尽可能地满足社会对政府管理服务规模的需要；在质量上，表现为尽量提供优质服务，具有高效率的办事能力。二是电子政务效率。电子政务效率反映的是行政机关和行政人员从事电子政务活动所取得的劳动成果、社会经济效益同所消耗的人力、物力、财力和时间的比例关系。它属于对政府机关和公务员从事电子政务工作的数量和质量的评价。三是电子政务效能，是指政府通过实施电子政务所生产的"产品"和向公众提供的服务的水平。四是电子政务的成本，即实施电子政务所占用和耗费的资源及其程度。

从不同角度出发，可将电子政务绩效评估划分为不同的类型。根据评估层次划分，可将电子政务绩效评估分为宏观评估、中观评估和微观评估；根据评估指标划分，可将电子政务绩效评估划分为规制性评估、描述性评估和警示性评估；根据评估时限划分，可将电子政务绩效评估划分为近期评估、中期评估和远期评估；根据评估主体划分，可将电子政务绩效评估划分为专门评估组织的评估、政府内部评估、其他国家机关评估和社会评估等；根据评估内容划分，可将电子政务绩效评估划分为专项评估与综合评估。

由于受电子政务建设的经验和资料、时间的限制，本文的研究只能是初步的。研究的对象和范围是公众信息网上的电子政务，是对已实施的电子政务的评估，即对正在运作的电子政务的绩效进行的评估。

（二）电子政务绩效评估的必要性

如今，在国家层面，信息化已被定性为"关系现代化建设全局的战略举措"，"电子政务是今后一个时期信息化工作的重点"。就我国目前电子政务建设及政府上网工程的进展来看，其状况有喜有忧，一些地方政府投资几十万、几百万建起的网站无人问津，成为信息海洋中一个又一个分割的信息孤岛，这样的电子政务势必成为劳民伤财的"政绩工程"，设施一流，而实际效果却与预期相去甚远。中国电子政务发展的状况与存在的问题如何？中国电子政务发展的前景怎样？各地区电子政务水平与结构对整个国民经济发展的影响如何？对这些问题，如今尚未有科学与完整的量化的数据来反映与评价。因此迫切需要建立适合中国国情的评价与比较电子政务水平及发展的指标体系，迫切需要研究测算中国电子政务水平与发展状况的计算方法，以对中国及各省（区、市）电子政务水平、发展进程、存在的问题进行量化的反映与评估，以促进全国及各地区电子政务健康、快速地发展，从而促进中国经济乃至中国现代化的发展。

1. 为维护国家安全和利益

由于互联网上的信息传播不分民族、种族和国家，没有空间的限制和国界的壁垒，所以，上网的任何一个人都可以轻易地跨越"国界"，与别国政府或别国公民自由地交流往来，各国政府的电子政务所服务的对象也不一定是本国的公民。于是，传统的与土地密切相连的国家疆界和国家主权行使空间被打破，各国被愈加紧密地联结在一起，谁也不能脱离于网络之外取得独立发展。"在以和平与发展为主旋律的现时代，技术成了替代军事而调节国家之间的权力和权威分配、利益关系等国际政治生活的主要杠杆。在当今世界上，某个国家技术上的强大，大致预兆了它政治上的强大。"随着各国电子政务建设的逐步开展和信息化进程的不断加快，各国政府对互联网的依赖性会越来越大，各国要维护国家主权、信息安全和自身利益，就必须加强"网络国防"建设，这就需要政府坚持对涉及电子政务信息安全的各个环节进行评估，以便采取积极的应对策略，尽可能地维护国家的安全和利益。

2. 为促使政府出台合理的发展战略和对策

电子政务建设没有现成的章法可循，需求也在不断变化，困难很多。由于我国与发达国家的政体、政府职能、城市功能及文化背景差异较大，我国无法照搬发达国家的做法。而进行电子政务评估可以使政府和广大公众了解我国各级政府电子政务运作和发展状况，找出与发达国家之间存在的差距，从而客观理性地对待这种差距，促使政府尽快制订出适合我国国情的、有中国特色的电子政务发展战略与对策，从而趋利避害，建设好中国的电子政务。

3. 为引导IT开发商和服务商的开发战略

中国的电子政务正持续地给众多IT开发商和服务商带来巨大的商机。目前，我国IT企业在办公系统软件、操作系统软件以及嵌入式CPU等一些关键技术领域都取得了突破性进展，使我国电子政务系统有望建立在具有自主知识产权、安全可靠的网络技术环境下。为获得持续增长的商业机会，IT服务商必须清晰判断中国电子政务发展的现状与趋势，从而不断调整自身战略发展规划。可见，我国电子政务评估对于IT开发商和服务商确立企业的发展战略无疑具有重要的引导作用。

4. 缘于巨大资金投入后的效益回报要求

据世界银行估计，仅仅在发展中国家建立适当的信息技术基础设施就需要 3000 亿美元投资。对于现在的政府管理者而言，任何的投入必须产生回报，否则就是财政的损失。对于电子政务的投入到底能给政府、企事业单位和公众带来什么回报是政府决策者必须关心的问题。由于电子政务建设投资数目巨大，涉及政府管理全过程，引发政府全方位的变革，因此，必须对电子政务的各个方面和环节进行全面分析和评估，进行最终的实施效益评估，以量化的基准来判断电子政务应该做些什么，目前已经做到了什么，并指导电子政务后期拓展工作的顺利进行。

三、国内外电子政务绩效评估方法的比较分析

我国电子政务和政府门户网站建设虽然取得了重大进展，在政府的公共管理与服务中的作用已经开始显现，但与一些发达国家相比，还有较大差距。为此，我们有必要借鉴国外电子政务的评估经验和方法，为我国的电子政务建设提供参考。

（一）国外电子政务绩效评估的方法及分析

对电子政务的效益进行评估，国外已经有类似的应用。在上海举行的第三届亚太地区城市信息化论坛上，美国前副总统戈尔在介绍电子政务建设经验时表示："我们在让每一个机关上网的同时，建立了一些具体的业绩评估，对联邦部门的每一个计划进行评估，结果显示各个部门的质量是很不一样的。"

1. Accenture 咨询公司的评估方法

世界著名的 Accenture 咨询公司从 2000 年开始，用其独有的评分系统对发达国家的电子政务进行评分，并发布年度报告。该公司 2002 年对有代表性的 23 个国家或地区的电子政务发展水平所做的调查将 169 项政府在线服务项目分类，提出了一套有关电子政务评价的指标体系，评测结果前四名分别为加拿大、新加坡、美国和澳大利亚。

Accenture 公司评估电子政务的标准是，信息公开与通信程度是一种公共服务，信息公开化程度越高，通信越发达，就表明公共服务成熟度越

高。Accenture 的评分系统侧重于测量被调查者电子政务的总体成熟度。总体成熟度又分为公共服务成熟度和客户关系管理两个指标。在 2002 年的研究报告里，"服务成熟度"被分配 70% 的权重，而政府网站的运作情况则以客户关系管理（Customer Relationship Management，缩写为 CRM）指标衡量，具体体现为政府网站的构成和用户的满意度，这一部分被给予 30% 的权重。两项相加 100 分，以此综合考察政府的网络战略和国民利用电子政务的具体状况。将这两个指标的得分进行加权平均后的分数为政府服务总体成熟度。其中，服务成熟度又包括服务成熟广度和服务成熟深度两个方面。服务成熟广度是指政府负责提供的服务中已经在网上实现的比例，服务成熟深度是指政府服务的完备水平。具体来说，是把政府服务分成发布、互动和交易三个层面，以反映某一项服务所能达到的最高成熟度。客户关系管理（CRM）测量政府将服务提供给用户时达到的精致程度。关于 CRM，又有 5 个子指标，分别是洞察力、互动、组织性能、客户建议和网络。

2．Gartner 咨询公司的评估方法

Gartner 主要从 3 个方面评估电子政务项目的有效性，即公民的服务水平、运行效益和政治回报，而每个大类又包含一系列具体参数。比如，在公民的服务水平一项中就包括了诸如成熟性、是否成功和有用性等若干具体指标。由此可以看出 Gartenr 公司的评估指标还是比较侧重于量化的一套评价系统。

3．联合国公共经济与公共管理局的评估方法

2002 年 5 月，联合国公共经济与公共管理局和美国公共管理学会一起，对联合国 190 个成员方的电子政务建设情况进行了调查研究与分析比较，并发表了一份联合报告。该报告从"政府网站建设现状""信息基础设施建设"和"人力资源素质"三个方面提出了衡量一国电子政务发展水平的"电子政务指数"，并以此对 133 个成员方的电子政务发展水平进行了评估。

该报告将各国电子政务的网站建设划分为起步阶段、提高阶段、交互阶段、在线事务处理阶段以及无缝链接等五个阶段，并且以数字 1、2、3、4、5 分别赋予这五个阶段，以量化各国的"政府网站建设现状"。每个阶

段又根据差异情况划分为 4 档，每档间隔 0.25。具体数字来自于评估者对有关国家网站的调查分析。比如，"信息基础设施建设"包括 6 个主要指标：每百人计算机拥有量、每万人的互联网主机拥有量、网民占国家人口的比例、每百人的电话线拥有量、每百人的移动电话拥有量、每千人的电视机拥有量。"人力资源素质"包括 3 个指数：联合国开发计划署的人文发展指数、信息提供指数以及城镇人口与农村人口比率。

4. 国外电子政务绩效评估方法的分析

上文谈到 Accenture 的评分系统引入 CRM 的概念评测电子政务，并给予 30% 的权重，这一点反映了西方发达国家电子政务的新趋势，即越来越注重改善用户体验，以用户为中心提供政府服务。通过对 Accenture 的评测体系研究，我们发现西方发达国家的电子政务评测集中于电子化服务方面，聚焦于与公众的交互服务。这与这些国家"用户导向、结果导向和市场基础"的三大电子政务发展战略原则的要求是一致的，也与这些国家的社会经济发展水平和政府信息化程度相适应。Gartenr 与 Accenture 不同的是，Gartner 的电子政府战略评估体系并不是对世界各国电子政务发展水平做横向的比较，而是对某国特定电子政务项目的有效性进行评估。当然，如果对该评估体系做某些调整，也同样适用于电子政务的国家间的比较。而联合国公共经济与公共管理局和美国公共管理学会发表的联合报告的优点是，所衡量的指标都能从公开出版物上找到数据；但是，该报告对于"政府网站建设现状""信息基础设施建设"和"人力资源素质"三个方面的权重分配情况以及各子方面的权重分配情况未做说明，也没有给出具体的计算公式。

（二）我国电子政务绩效评估的方法及分析

建立科学的电子政务评估体系，对电子政务总体框架进行系统评估，对电子政务的实施，不仅具有指导意义，也有规范作用。目前，我国的一些研究机构和学者也对电子政务绩效评估工作进行了有益的探索。

1. 广州时代财富科技公司的评估方法

广州时代财富科技公司（www.FortuneAge.com）于 2002 年 5 月 15 日发布的《中国电子政务研究报告》显示，目前我国的电子政务还处于比较低的水平，无论是信息的实用性和完整性，还是实质性的电子政务功能，离公众的期望都还有很大差距，我国电子政务度仅为 22.6%。这项指标是在对 196 个政府网站的内容、功能及问题进行详尽分析的基础上，根据评价电子政务水平的指标体系得出的。该指标体系包含政府机关的基本信息、政府网站的信息内容和用户服务项目、网上政务的主要功能、电子政务的推广应用四个方面共计 30 项评价指标，是一个较为全面的评估体系。

2. 互联网实验室的评估方法

2002 年 9 月，互联网实验室（chinalabs. com）发布了《中国电子政务效果测评研究报告》（以下简称《测评》），从公众服务、办公自动化和科学管理三个方面对我国电子政务的效果进行了评估。该《测评》引入了社会卷入度、用户体验度、信息化成熟度和环境变革度四个指标，每个指标下还有若干小节，试运行结果得出的结论是，目前我国电子政务进行得最好的是办公自动化，最差的是公众服务。

3. 国家信息中心的评估方法

2003 年 1 月，国家信息中心课题组研究的《中国电子政务发展评估报告》通过专家鉴定。该报告的总体设计思路是从广义相对论入手，引入"时间、空间、质的规定性和量的可计算性"；采用国际上把电子政务发展过程分为 5 个发展阶段的较为成熟的做法，结合中国电子政务发展的实际情况，开发了具有中国特色的电子政务发展评估模型：即中国电子政务发展环境评估模型、中国电子政务投资评估模型、中国电子政务发展状态评估模型、中国电子政务发展过程评估模型和中国电子政务综合集成评估模型。

4. 我国电子政务绩效评估方法的分析

借鉴国外先进的电子政务绩效评估成果，结合我国电子政务发展现状，建立适合中国电子政务发展动态的评估指标体系是当务之急。上文中谈到的时代财富科技公司所进行的电子政务评估工作主要是基于政府网站。虽然 gov 是电子政务最直接的表现形式，对它的建设使用情况的研究能让我们最直接地掌握中国电子政务的现状，但是，仅仅从政府网站的信息披露情况、网上办公情况和网站本身设计、链接等特性对电子政务这个大框架进行评估未免过于单一，而我们现在需要的，不仅仅是对政府网站的评测，更多的是对电子政务的宏观把握。互联网实验室的《中国电子政务效果测评研究报告》则从公众服务、办公自动化和科学管理三个方面对我国电子政务的效果进行了较为全面的综合测评，是中国第一份电子政务测评的系统方案，收到了良好的市场反响。而国家信息中心开发的电子政务评估工具具有较广泛的实用意义，可根据不同的评估对象，增加相应的评估内容，就能够设计出具体的电子政务评估方案。该评估方法在国内处于领先地位，已达到国际先进水平。

四、基于政府网站绩效的电子政务绩效评估研究

世界性的电子政务建设浪潮发端于 1993 年 9 月美国倡导实施的"信息高速公路计划"。如今，推进政府信息化建设，实现信息资源共享与整合已成为世界潮流。联合国经济社会事务部把推进发展中国家政府信息化作为今后的工作重点。在世界各国积极倡导的"信息高速公路"的五个应用领域中，"电子政府"被列为第一位。各国政府都在力促政府上网，以通过大力实施电子政务来构建一个更有效率、服务更直接、令公众满意的电子政府。

《国家信息化领导小组关于我国电子政务建设指导意见》（中办发〔2002〕17 号）中确定了政府网站在电子政务框架中的地位。当前以及今后的一段时期内，我国电子政务建设的主要内容可以概括为"两网一站四库十二金"，政府网站作为企业和社会公众获取政府信息和服务的主要接入渠道，具有非常重要的作用。政府网站强调"以服务为主线"，与电子政务"立党为公、执政为民"的宗旨完全吻合。同时，政府网站作为电子政务建设的一扇窗口，能够综合体现出电子政务的后台应用系统、信息资源、网络基础设施、安全系统及制度保障等各个要素发展水平，在一定程度上，可以说政府网站是电子政务公共服务的"龙头"。

作为政府办公业务对外交流的平台、政府形象宣传的前台，政府发布信息、公众获得信息的主要载体和渠道，政府网站可谓是电子政务建设的重中之重。各级政府网站的建设水平、服务能力、管理策略、安全保障和质量效益如何，直接关系到我国政府信息化建设的整体效益和地区间电子政务的协调发展，涉及公众对政府的满意度和支持率等问题。为了帮助政府部门控制网站发展方向，规范网上行为，发现存在问题，修补漏洞不

足，需要构建政府网站绩效评估指标体系并以此作为参照进行评估。

（一）政府网站绩效评估原则

控制论的一个基本观点是：不可测的事情必不可控。为此，要更好地规范和推行中国的政府网站，政府必须在借鉴发达国家先进经验、总结我国政府网站绩效评估教训的同时，立足于我国的国情，从实际出发，实事求是，探索创新，确定一套科学、合理的政府网站绩效评估指标体系，以此在对政府网站建设规划和实施情况进行全面评估的同时，重新审视政府网站系统的目标，保证政府网站的实践与规划相吻合。在确立相应的政府网站绩效评估指标体系，对我国政府网站运作状况进行评估时应遵循以下原则。

1. 符合国家信息化建设的方针政策

在国家层面，信息化已被定性为"关系现代化建设全局的战略举措"，国家信息化领导小组会议提出了"政府先行，带动信息化发展"的方针，"电子政务是今后一个时期信息化工作的重点"。这是由政府在国家信息化建设中的主导地位和特殊角色，以及政府管理决策和服务对信息的广泛依赖所决定的。为此，我们在建构政府网站绩效评估指标体系时，必须以国家信息化建设的方针政策和国家信息化工作领导小组已经确定的国家信息化体系为标准，尽可能地构造出反映我国政府网站发展程度和水平的完整的评估指标体系。

2. 与电子政务的任务、目标等保持一致

国务院信息化工作办公室副主任刘鹤在2002年6月20日举办的第三届亚太地区城市信息化论坛上阐述了当前我国电子政务建设的主要任务：有计划、有步骤地建设和整合统一的电子政务网络平台，为在网络环境下实现各主要业务系统的互联交换和资源共享，以及规范政府管理和服务创造必要条件；继续完善和建立一批重点的政务、业务系统；规划和开发一批战略性、宏观性、基础性和公益性的政务信息资源；积极推进公共服务；基本建立起电子政务安全保障体系；建立电子政务标准化体系；完善公务员信息化培训和考核体系；建立并完善电子政务法律法规和制度。为此，我们在制订政府网站绩效评估指标体系时，必须使之与我国电子政务

建设的任务、目标等保持一致，真正做到有据可查。只有符合这一点，政府网站绩效评估指标才能兼具可行性和指导意义。

3. 符合国情并与国际管理接轨

政府网站绩效评估的一个重要目的，就是进行某个政府网站在时间序列上的纵向比较或各级政府间的横向比较，并在比较的基础上制订或调整未来的建设内容。为与国际管理接轨，我国政府网站绩效评估指标体系的确定，既要符合中国国情，能反映中国电子政务和政府网站发展的实际状况，考虑前瞻性，也要考虑能与各个国家的政府网站进行比较、相接轨的因素。

4. 具有综合性和全面性

政府网站绩效评估指标体系的综合性、全面性主要体现在以下几个方面：首先，政府网站绩效评估是对政府网站水平的综合反映，这就要求指标的设置要全面反映政府网站的情况，而不是局限于局部或某些具体方面；其次，尽量选取较少的指标反映较全面的情况，为此，所选指标要具有一定的综合性，指标之间要有较强的逻辑关联；最后，在进行比较时，特别是在进行国家间比较时，如果指标过细，会带来许多模糊问题，难免会产生许多误差，而选用综合指标能够很好地规避误差问题。

5. 具有可操作性

在政府网站绩效评估指标的设计中，应充分考虑所用指标的可操作性，在采集过程中的可获得性。另外，所选取的指标应该尽量与政府现有数据衔接，必要的新指标应定义明确，以便于数据采集。

6. 具有独立性

政府网站绩效评估指标体系设置的指标应可以独立地测评政府网站建设的某项具体内容，但不能与其他指标的内涵交叉、重叠，这样可以避免重复评议，防止最终分数含有重复增减的偏误。

7. 具有导向性

任何一种指标体系的设置，在实施中都将起到导向作用。为了推动中国政府网站的发展，我国政府网站绩效评估指标体系应建立在科学、可靠和可行的基础之上，建立在促进中国电子政务水平的快速提高，尽快缩小与国际间电子政务发展差距的基础之上，引导我国电子政务建设健康、有序地前行。

8. 具有可延续性

为了使政府网站绩效评估的指标体系有较长的生命力，除选择反映传统的、现实的政府网站水平的指标外，还应选择一些能反映未来电子政务及政府网站发展趋势的指标，以保证指标体系在时间使用上有可持续性。当然，还应尽量使所设计的指标体系不仅在时间上可延续，而且在内容上还可拓展。

（二）政府网站绩效评估指标体系

政府网站绩效评估成功的关键在于评估指标体系的构建。指标是评估的工具，是反映评估对象属性的指示标志；指标体系，则是根据评估目标和评估内容的要求构建的一组相关指标，据以搜集评估对象的有关信息资料，反映评估对象的基本面貌、素质和水平。基于电子政务的核心是"政务"这一考虑，我们在建立评估指标体系时，一定要把与电子政务紧密关联的管理模式、业务流程、组织结构、人员素质、信息处理以及反映政府综合能力和过程控制状况的相关经济指标等内容包括进来，重点关注政府应用电子政务、在建立政府网站后在管理和服务方面有哪些改进、提高和创新。

1. 政府网站绩效评估指标类型

政府网站绩效评估指标的类型应当包含以下几个方面。

（1）主观指标与客观指标

主观指标俗称"软指标"或"定性指标"，反映人们对评估对象的意见、看法、期望值和满意度，是心理量值的反映。即使是对同样的事实现象，人们的心理需求、价值尺度、满意程度也会有很大差异，因此，完全使用主观指标构建指标体系是不适宜的。客观指标又称"硬指标"或"定量指标"，反映客观事实，有确定的数量属性，只要事实清楚，原始数据真实完整，指标统计结果就具有客观上的确定性，不同对象之间就具有明确的可比性。但是，政府网站绩效评估不可能完全使用客观指标，因为政府网站的服务对象是社会公众，他们的需求、愿望和满意度都是非常重要的主观指标，人民群众的主观需求、愿望、动机是确定政府工作目标和重点任务的前提，人民群众对政府网站效果的评价即满意度又是政府评价政府网站工作的标准。由于主观指标具有模糊性、不确定性和缺乏可比性，因此在政府网站绩效评估指标体系设计中，应当尽量使用客观指标，加大客观指标在总分结构中的权重，对主观指标可以相对"硬化"，即划分若干等级如满意、比较满意、不满意，并换算成相应分数。

（2）投入指标、过程指标与产出指标

如果把政府网站建设当作一项基础性的重点工程，就会形成投入指标，如政府网站建设的人力财力投入；过程指标，如政府网站的进展状况；产出指标，也就是政府网站的实施实绩。一般来说，投入指标状况如何，是过程指标和产出指标状况的必要条件，但不能认为有了投入，就一定有立竿见影的产出。政府网站绩效评估应当兼顾电子政务建设的投入指标、过程指标和产出指标。

（3）肯定性指标与否定性指标

肯定性指标又称"正指标"，反映政府网站建设的成绩和进步，如社会公众对电子政府工作的满意度，统计数据越大说明成绩越显著；否定性指标又称"逆指标"，反映政府网站建设中存在的问题和消极面，如从未使用过电脑的公务员人数，统计数据越小说明电子政务建设越有成效。政府网站绩效评估指标体系大多数是肯定性指标，但有必要设置一定数量的否定性指标，从正反两方面综合评估政府网站的建设。

2. 政府网站绩效评估指标体系构建

电子政务建设的一项重要任务是"积极推进公共服务"，重点建设中央和地方的门户网站。一个政府网站建设、运行的好坏，直接关系到政府的形象，也影响着电子政务向公众提供的管理、服务的质量和水平，如何加强对政府网站的评估，建立科学的测评体系，解决政府网站发展中存在的问题，已成为我国电子政务建设中一个不容忽视的问题。

衡量政府网站的发展水平必须始终围绕电子政务的发展要求，同时又满足网站自身具备的性能特征，在深入分析若干政府网站的基础上，参照有关机构及个别地方政府网站测评的做法，总结提炼出一个较为合理的政府网站绩效评估指标体系，具体如下：

政府网站绩效评估指标体系

一级指标	二级指标	三级指标及具体要求
信息公开	机构设置	机构设置、工作职责、工作制度、办公地址、联系电话、电子信箱、领导简介及工作分工，工作人员姓名、职务、职责等
	相关文件	发布涉及经济、社会和公众服务的政府文件，包括规章、规范性文件和必须公开的政策性文件；经济、社会发展规划、计划；城市或区县总体规划、其他各类规划以及土地利用总体规划等
	政务信息	发布政府机关重要活动信息，包括政府重要工作会议、新闻发布会、领导调研、专访及外事活动等可以公开的内容
	公共服务	公布承担的行政许可和各类社会服务事项信息
	社会信息	公布掌握的社会统计信息、市场信息、行业信息等
	经济信息	发布掌握的宏观经济信息、产业经济信息、重点工程信息、招商引资信息、政府采购信息等
	专题信息	结合各时期重点工作或公众关注热点开设的专题栏目信息
	其他信息	根据工作需要决定公开的其他所有信息
	网站背景	发布包括主办单位、联系方式等网站背景信息
网上办事	信息查询	提供与公众生活密切相关的公用事业、医疗卫生、文化教育、邮电交通等网上信息查询服务
	办事指南	提供行政许可和社会服务事项的办事指南，包括办事依据的法律、法规、规章，办事程序、服务内容，办理时限、收费标准，办事所需提交材料列表、工作流程，办事人员和联系方式以及其他应说明的问题
	办事状态在线查询	办事状态的告知，提供网站栏目、E-mail、电话等一种或多种服务反馈途径。在事务办理结束之前，告知处理状态。应在承诺时间内通知用户处理结果，若因特殊情况未完成的，则应告知用户原因及其他必要信息
	信息公开申请	提供申请服务，并能按程序及时答复
	表格下载	提供行政许可和社会服务事项申请表格下载服务
	提供预审服务	提供在线全程办理服务或预审核、确认服务

一级指标	二级指标	三级指标及具体要求
互动服务	咨询服务	在网站首页设置政策咨询服务窗口
	意见征集	结合各时期重点工作或公众关注热点问题开展网上调查
	政务论坛	提供政务信息论坛、留言板并有完整的后台审核机制
	领导访谈	根据群众需求开展在线解答网民问题或嘉宾访谈等活动
	网上监督	首页设置监督、投诉栏目，公布投诉电话或电子邮箱
网站建设	网站导航	有与业务相关网站的导航，导航链接地址正确
	页面设计	首页设计美观，布局合理，风格统一；色彩协调，主色调体现政府网站特色；重点内容突出；采用多媒体技术，图片运用恰当；使用标准字体；具有不同层次的页面。显著位置不登载具有商业性质的广告信息
	栏目设置	栏目设置科学、子栏目层次清晰；名称设定准确、直观、无二义性；重点栏目和主打栏目突出
	内容设计	网页内容设计易用性高、人性化；能体现公众对政府的实际需求，突出公共服务功能；网站频道及栏目的内容定位清晰；栏目名称准确，无二义性
	内容检索	根据需要提供站内信息全文检索功能，支持多关键字检索
	访问速度	主页显示速度快，网页打开时间在宽带环境下没有明显延迟
	统计评比	提供网站访问量统计，提供相关使用情况的统计与评比
	域名管理	域名规范，不使用商业域名，网名具有政府特色

　　该指标体系体现了突出政务、国际接轨、尊重现实、适度超前这样四个原则。该指标体系由4大类一级指标，28类二级指标及进一步具体细化的三级指标组成。在信息公开、网上办事、互动服务、网站建设4个一级指标中，第一项表明政府对公众的单方向信息发布，第二项衡量政府为社会各界提供的服务，第三项着重度量政府与公众间的双向互动，第四项致力于考核政府网站的各项性能指标。该指标体系目前也还处于设计构思阶段，没有付诸实施，故目前只具有理论参考意义，在实践中是否可行还有待检验。

（三） 政府网站绩效评估指标体系的标准化

有了政府网站绩效评估指标体系，下一步的工作就是依据指标体系的内容对各级政府网站建设和运作状况进行评估和测算，并在此基础上进行相应的比较，以鼓励先进，鞭策后进。当然，为确保比较的公开性、公正性、可操作性和可接受性，这种比较应当建立在量化的基础上。政府网站绩效评估的指标体系的标准化及其量化应当从全局的观点出发，从项目的普遍性效益方面入手。所谓项目的普遍性效益，主要考虑政府的战略效益、经济效益、技术指标、社会效益四方面因素。在确定了指标体系后，应当立即搜集数据，着手对政府网站的各方面指标进行量化，当然首先要有一个合理的量化赋值标准。

虽然国内外有关科研单位或公司进行了一些政府网站绩效的研究工作，但是由于评估的目的、评估的切入点、评估的方法、评估的模式等都是针对特定的评估对象而做出的选择，因此，简单地拿过来、照搬照抄肯定不完全适合我国政府网站评估的需要，也无法真实、准确地衡量当前我国政府网站的建设和实施效果。因此，有必要为我国政府网站专门设置一套客观的评估标准与指标，以此推进绩效评估研究工作。

依据前面的政府网站绩效评估指标体系，结合每一项具体的指标，初拟我国区（县）级政府网站绩效评估指标体系赋值规则如下：

区（县）政府网站绩效评估指标体系及赋值规则

一级指标	二级指标	三级指标及评分标准
信息公开（30分）	机构设置（4分）	本区县机构设置、工作职责、工作制度、办公地址、联系电话、电子信箱、领导简介及工作分工，工作人员姓名、职务、职责等（3分）。基本信息完整、准确、有效加1分
	相关文件（5分）	发布涉及经济、社会和公众服务的政府文件，包括相关部门及本区县制定的规章、规范性文件和须公开的政策性文件；经济、社会发展规划、计划；城市或区县总体规划、其他各类规划以及土地利用总体规划等。内容完整、分类准确、信息丰富、维护及时为5分；维护及时但缺少分类、内容不够丰富为3—4分；内容不完整、不丰富、维护不及时为1—2分

一级指标	二级指标	三级指标及评分标准
信息公开（30分）	政务信息（3分）	发布政府机关重要活动信息，包括政府重要工作会议、新闻发布会、领导调研、专访及外事活动等可以公开的内容，在第一个时段发布信息，图文并茂，更新及时且有明确的信息来源、信息上传时间和责任编辑为3分；发布内容不够完整和规范的为1—2分；超过20天没有更新的为0分
	公共服务（4分）	公布本区县承担的行政许可和各类社会服务事项信息（2分）。信息内容全面完整加1分、更新及时加1分
	社会信息（3分）	公布掌握的社会统计信息、市场信息、行业信息等（1分）。信息内容全面完整加1分、更新及时加1分
	经济信息（3分）	发布本区县掌握的宏观经济信息、产业经济信息、重点工程信息、招商引资信息、政府采购信息等。信息内容全面完整、更新及时加3分；信息发布不够全面、及时的加1—2分
	专题信息（3分）	结合各时期重点工作或公众关注热点开设的专题栏目信息。发布特色信息，内容丰富、特点突出、更新及时的为3分；内容不够完整、更新不够及时的为1—2分
	其他信息（3分）	根据工作需要决定公开的其他所有信息（1分）。信息内容全面完整加1分、更新及时加1分
	网站背景（2分）	发布包括主办单位、联系方式等网站背景信息（1分），信息完整、明确加1分
网上办事（25分）	信息查询（4分）	提供与公众生活密切相关的公用事业、医疗卫生、文化教育、邮电交通等（或结合本区县实际提供相关专题信息查询）网上信息查询服务（门户网站做好相关链接和导航）为2分，便捷有效加2分
	办事指南（7分）	提供行政许可和社会服务事项的办事指南，包括办事依据的法律、法规、规章（1分），办事程序、服务内容（1分），办理时限、收费标准（1分），办事所需提交材料列表、工作流程（1分），办事人员和联系方式以及其他应说明的问题（1分）。信息准确、完整、分类科学加2分
	办事状态在线查询（3分）	办事状态的告知，提供网站栏目、E-mail、电话等一种或多种服务反馈途径。在事务办理结束之前，告知处理状态。应在承诺时间内通知用户处理结果，若特殊情况未完成的，则应告知用户原因及其他必要信息。能够查询到结果的为3分；缺少服务项目的为1分

续表

一级指标	二级指标	三级指标及评分标准
网上办事 （25分）	信息公开申请（4分）	提供申请服务（2分），并能按程序及时答复（2分）
	表格下载（4分）	提供行政许可和社会服务事项申请表格下载服务（2分），便捷有效加2分
	提供预审服务（3分）	提供在线全程办理服务或预审核、确认服务的为3分
互动服务 （20分）	咨询服务（4分）	结合本区县特点，在网站首页设置政策咨询服务窗口（2分），建立咨询服务工作规范、及时答复咨询请求（2分）
	意见征集（4分）	结合各时期重点工作或公众关注热点问题开展网上调查，做出重大决策前广泛征集公众意见为4分；有功能但内容不丰富、维护不及时的1—3分
	政务论坛（4分）	提供政务信息论坛、留言板并有完整的后台审核机制且维护及时的为4分；有相关功能但内容不丰富、维护不及时的1—3分
	领导访谈（4分）	根据群众需求开展在线解答网民问题或嘉宾访谈等活动为4分；有功能但内容不丰富、维护不及时的1—3分
	网上监督（4分）	首页设置监督、投诉栏目（3分），公布投诉电话或电子邮箱（1分）
网站建设 （25分）	网站导航（4分）	站内导航便捷、直观（1分），站内导航分类准确，地址有效（1分）；有与业务相关网站的导航（1分），导航链接地址正确（1分）
	页面设计（4分）	首页设计美观，布局合理，风格统一（1分）；色彩协调，主色调体现政府网站特色（0.5分）；重点内容突出（0.5分）；采用多媒体技术，图片运用恰当（0.5分）；使用标准字体（0.5分）；具有不同层次的页面（0.5分）。显著位置不登载具有商业性质的广告信息（0.5分）
	栏目设置（3分）	栏目设置科学、子栏目层次清晰（1分）；名称设定准确、直观、无二义性（1分）；重点栏目和主打栏目突出（1分）
	内容设计（3分）	网页内容设计易用性高、人性化；能体现公众对政府的实际需求，突出公共服务功能；网站频道及栏目的内容定位清晰；栏目名称准确，无二义性。达到上述要求的为3分，缺一项扣1分

续表

一级指标	二级指标	三级指标及评分标准
网站建设 （25分）	内容检索 （4分）	根据需要提供站内信息全文检索功能，支持多关键字检索，如依据标题、时间、正文等分类检索，查询命中率高的为4分；提供关键字查询，结果准确的为3分；有简单查询的为2分；有google、百度等外挂的搜索的为1分
	访问速度 （2分）	主页显示速度快，网页打开时间在宽带环境下没有明显延迟。在每天的不同时段进行计时，取得平均值。打开网站各个页面的平均时间在30秒以内为2分；平均时间在30秒至1分钟之间的为1分
	统计评比 （3分）	提供网站访问量统计（1分），提供相关使用情况的统计与评比（2分）
	域名管理 （2分）	域名规范，不使用商业域名（1分），网名具有政府特色（1分）

五、电子政务绩效评估风险的防范措施

评估的风险是指评估机构在服务、协调、沟通、评估过程中遇到的对其不利的事件的可能性。人们对未来行为的预期的不确定性及客观条件的不确定性，可能引起不利于预定目标的后果，是某些不利事件发生的概率及其后果的函数。即：

$$R = f(p、c)$$

式中：R代表风险，p代表不利事件发生的概率，c代表不利事件发生的不利结果。

任何评估机构的风险具有必然性，评估机构风险的必然性是指由于评估机构从事职业的特点所决定的一种客观存在性和不可避免性，对我国电子政务实施效果的评估也是一样。要充分发挥电子政务评估的作用，评估机构及评估工作者应认清电子政务评估可能出现的风险，根据不同需求，有针对性地进行评估工作，并在客观、公正、公平原则的基础上规避评估中可能存在的风险。

（一）宏观防范措施

1．强化风险意识，树立质量至上的观念

降低电子政务评估风险的一个重要方面，是评估人员对风险的认识态度。因此，电子政务评估人员应认识到评估风险的广泛性和危害性，强化风险意识，保持应有的职业操守，严格按照有关的法律法规，拟定科学的评估计划，采用正确、恰当的评估程序和方法，写出全面规范的评估报告，有效地减少评估风险。在强化风险意识的同时，要求评估人员在电子政务评估工作中树立"以质量求生存、以质量求发展"的"质量至上"的观念。只要评估工作的质量水平上去了，评估风险自然会随之下降。

2．建立完善的电子政务评估法制，统一立法管理

我国电子政务评估立法现状与评估业迅速发展的要求相比，在很大程度上存在滞后现象。因此，我们应该进一步加强有关法律措施的制订，才能为我们制订电子政务评估的实施规则提供一个行为准则的依据，依据法律规范评估行为。应尽快出台关于电子政务评估的质量控制、方法运用、报告指南、责任指南等方面的一系列规范指导意见。通过统一立法管理，将电子政务评估纳入法制轨道，以减少或避免评估风险。只有这样，才能从根本上构建起有法可依、执法必严的法律机制。

3．加强电子政务评估标准的研究

我们知道，方法本身必须合理，否则就不可能使之适应整体的建设。因此，必须组织有关专家、学者对电子政务评估标准本身进行深入的研讨，并制订一整套严格、合理的电子政务评估方法，从而尽快使电子政务评估体系成熟起来，为我国电子政府的构建和电子政务的实施保驾护航。

（二）微观防范措施

1．力促第三方评价监督政府工作

在对电子政务进行评估的时候，政府可运用评估指标进行自我检查，并比照评级条件进行工作改进。但是，由于政府是电子政府的建设者、电子政务的实施者，如果由政府来评估电子政务的实施效果，难免有"既当

运动员，又当裁判员"之嫌，无形中也增加了评估的风险。因而，我们主张评估工作不一定全由政府部门主持，也可采用其他方式，比如可聘请有资格、有威望、独立、公正的咨询公司来评审，或组织有资格的（或取得某种资格的）管理与评估专家组成评估小组进行评议。政府可委托那些既具有权威性、公正性、职业道德，又有丰富的理论水平和实践经验，特别是对电子政务和政府管理有深入研究和应用的咨询机构对电子政务成效进行科学评估，这是起码的条件。当然，评估组织体系中专家的专业构成要有一个合理的比例，比照企业 ERP 项目评价的专家的专业构成，电子政务评估组织也可以照此组建，即以管理专家为主。对参与评估的专家的专业构成的合理比例一般为4:2:1，即评估小组由 7 位专家组成，其中 4 位为管理专家，1 位为实际操作者，另 2 位为 IT 软件和硬件网络专家。

2. 加强电子政务评估人员的素质教育

电子政务评估工作是由评估人员具体操作的，评估风险的大小很大程度上取决于评估人员本身的素质。因此，加强电子政务评估人员队伍建设是十分重要的。首先，评估人员应自觉遵守职业道德，坚持独立、客观、公正的执业原则，站在第三者的立场上，完全按照评估的目的，遵循法定标准和操作规范，独立地进行评估估算和判断。其次，评估人员必须掌握必备的知识、专业技术和方法，特别要注重评估人员的后续教育，努力提高评估人员素质水平。时代的突飞猛进要求评估人员能跟上发展步伐，后续教育是提高评估人员素质、保持其执业能力的有效手段之一。

3. 实行电子政务评估人员和评估项目的回避制度

对电子政务评估机构及其从业人员与被评估项目之间如果有利益关系的，要执行回避制度，这样能使电子政务评估的公正性得到更好的显示，从而为电子政务评估从业人员正确、公正地进行评估奠定良好的基础。

总之，电子政务评估的风险是客观存在的，这种风险也是可以认识和规避的。只要我们尽快建立起相应的评估法规、统一的评估标准，电子政务评估机构和人员在评估中遵守职业道德，不断提高执业水平，电子政务评估的风险是可以降低到最低程度的。

参考文献：

[1] 哈罗德·孔茨，海因茨·韦里克．管理学（第10版）［M］．北京：经济科学出版社，1998：2.

[2] 杨红明．政府绩效评估的现状及在我国的发展［EB/OL］．http：//www.pssw.net.

[3] 张成福，党秀云．公共管理学［M］．北京：中国人民大学出版社，2001：271.

[4] 张菡，马建臣．政府绩效评估的现实价值分析［J］．北京航空航天大学学报（社会科学版），2003（3）．

[5] 蔡立辉．政府绩效评估的理念与方法分析［J］．中国人民大学学报，2002（5）．

[6] 刘旭涛．政府绩效管理：制度、战略与方法［M］．北京：机械工业出版社，2003.

[7] 中国行政管理学会联合课题组．关于政府机关工作效率标准的研究报告［J］．中国行政管理，2003（3）．

[8] 钱江．高绩效的政府管理实务全书（第一卷）［M］．北京：新华出版社，2003.

[9] 刘文海．技术的政治价值［M］．北京：人民出版社，1996.

[10] 中国电子政务研究报告［EB/OL］．http：//www.fortuneage.com.

[11] 整合电子政务：中国信息化进程的新命题［EB/OL］．http：//www.chinabyte.com.

[12] 评论：电子政务不等于政府网站［EB/OL］．http：//home.enet.com.cn/index.shtml.

[13] 电子政务：关于经贸委"刘力访谈"的两种理解［EB/OL］．http：//www.zdnet.com.cn.

[14] 什么是评估的风险［EB/OL］．http：//www.51cpv.com.

运用土地政策参与房地产市场调控的实践与探讨

——以北京市为例

陈 童

（北京信息科技大学公共管理与传媒学院）

摘 要：2003 年以后，北京市历经了 8 年的发展与实践，证明土地政策参与了房地产的市场调控，促进了结构的调整与转变。研究目的：评析近年房地产调控中的土地政策效果，为提高土地政策宏观调控效果提供政策建议。研究结果：目前的土地政策主要集中在保障用地供应、促进闲置土地开发和完善土地出让方式三方面，土地供应方式不完善，土地出让收入使用不规范；土地供给制度的束缚，无法对症下药；没有正确认识住宅投资增长变动的规律性，调控的预见性差；土地政策条款重复度高、调控效果不佳。研究结论：为保障土地政策的调控效果，稳定地价和房价，应在加大土地供应总量的前提下调整土地供应结构；加强政策的监管和检查力度，保障政策的执行效力。

关键词：土地政策 房地产市场调控 北京市

　　为了进一步巩固宏观调控的成果，2003 年中央政府第一次将土地政策作为调控手段，将其提升到与货币政策、财政政策等相同的高度之上，用来解决当时调控中遇到的主要问题，因其显著的调控成果，政府越发重视土地政策在宏观调控中的重要性[1][2][3]。

　　作为宏观调控的一个重要方面，房地产调控更是土地政策主要着力的方向。然而，土地政策对房地产领域调控的成效一直备受争议。土地政策一度成为近年房地产调控中最主要的调控手段，各种土地政策频出，从开发区的暂停审批、清理整顿为开端，严控建设用地总量，全面实行土地出让"招、拍、挂"，到开发用地供应结构上有压有保，试图改善住房供应结构，稳定房价，但土地政策实施后的调控效果并不理想。2006 年以后，这种以土地政策为主导的调控局面发生了改变，货币、财政、行政等其他手段陆续被投入使用，房地产调控进入综合治理阶段。包括土地政策在内的房地产调控政策虽产生了一定的成效，但效果非常有限，这与当初应用土地政策工具的预期有较大距离[4][5][6][7]。

本文以全国房地产市场发展的热点，同时也是调控热点之一的北京市为例，对这一时间段内土地参与房地产市场调控的政策进行梳理，分析每一阶段政策出台的背景、取得的成果，总结政策出台后产生的新问题，最后总结相关经验，提出运用土地政策参与房地产市场调控的意见和建议。

一、北京市运用土地政策参与房地产市场调控的实践

（一）针对房地产投资过快增长的调控

自 2003 年开始，土地政策开始参与房地产市场调控，房地产用地、特别是住房用地的供给量得到较快提升，导致房地产投资过快增长。土地政策工具主要是土地供应计划、土地交易方式等，增加土地供给和优化供应结构。2003 年和 2004 年的土地调控政策主要以推进经营性用地的"招、拍、挂"制度的落实为主，控制该类项目的用地供应量，并通过暂停半年的农用地转用审批，为"招、拍、挂"制度的顺利过渡奠定基础，这两年的土地供给量受到较大程度的控制和抑制。

（二）针对房价的调控

2004—2008 年针对房价的调控，是针对供给和需求的双向调控。土地政策的作用主要是配合货币政策和税收政策，通过限制土地转让等手段抑制投机需求的过快增长，并且通过适度增加土地供应量来达到平抑房价的目的。

（三）针对住房供需结构的调控

2004—2008 年，土地政策频繁出台，经历了限制供应、清理闲置土地和调整供应结构等政策的变化，房地产政策思路不断调整，由调供给到调

需求，最后转变为调整住房供给结构和需求结构。

一是在供给调控上，标志性的调控举措是 2007 年提出的"90/70 政策"；二是在需求方面，继续运用货币政策（提高利率和信贷首付、限制外资购房），尤其是增加了税收政策的力度，以抑制投机需求，压缩需求规模；三是试图通过增加政策性住房的供给，降低住宅价格平均水平。

（四）针对振兴房地产市场的调控

2008—2009 年，房地产行业景气转折下行，概括当时的北京房地产行业现状，那就是交易冷清，成交量低迷，房地产价格涨幅明显回落，开发商表现各异。

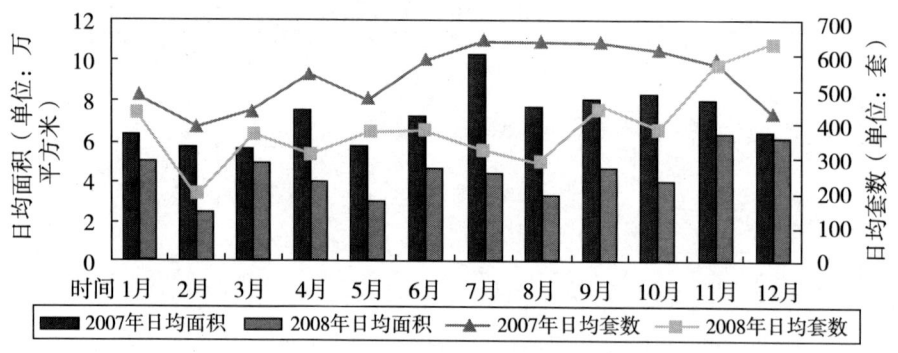

图 1　2007—2008 年累计住宅销售面积趋势图

商品房销售面积降幅扩大，连续两年销售面积呈下降的趋势，北京市房地产市场销售持续低迷。

对于房地产市场，国家出台"暖市"政策，鼓励住房消费和房地产开发投资。土地政策从土地登记、工业用地出让、集约利用、土地监管等几方面对土地管理进行规范，以降低工业用地价格标准、确保保障性安居工程建设用地供应，服务经济增长。

（五）针对房地产市场进行密集调控

2009 年至今，这个阶段宏观经济缓慢复苏，房地产市场高涨。针对房地产市场，政府在减少土地供应、抑制投机需求、保障房供给、紧缩信贷等方面出台了多项政策，对其进行密集调控。土地政策以促进土地的有效供给和确保保障性安居工程建设用地供应为主。本轮新政着眼于抑制投机增供给，以突显出对楼市供应和需求的双向调节力度。

二、北京市运用土地政策参与房地产市场调控的分析

（一）针对房地产投资过快增长的调控分析

1. 背景

自2003年开始，土地政策开始参与房地产市场调控，房地产用地特别是住房用地的供给量得到较快发展，导致房地产投资过快增长，详见图2所示。

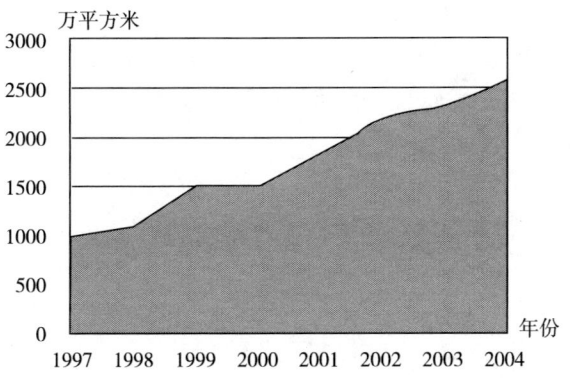

图2　1997－2004年北京市新建住宅竣工面积图

数据来源：汇总1998—2005年的《北京市房地产年鉴》得出。

2. 成果

土地供给量受到较大程度的控制和抑制，2005年以来，国家对保障性住房、中小套型普通商品房、棚户区改造住房等项目用地供应越来越重视。

3. 存在的问题

土地供应方式不完善，土地出让收入使用不规范。建设用地出让总面积仍处于低位水平，这说明控制土地供给量的紧缩政策存在着滞后效应。对"房地产投资过热"的担忧，导致政府对房地产市场的调控始终从控制

价格和控制投资两方面同时入手。即使在 2007 年以后，政府虽然认同了"供不应求"的现实，并开始强调加大供给，但在措施中依然包含着某些防范和抑制"投资过热"的措施，如"继续严格执行房地产投资资本金比率""严格控制房地产开发贷款"等。

（二）针对房价的调控分析

1. 背景

2009—2013 年北京市宏观经济增长势头强劲，房地产行业景气高涨，房价暴涨。地价是房价成本的一个重要部分，对房价的影响非常大，地价越高，住房成本越高，住房价格当然越高。近年来不断涌现的"地王"就带动了周边房价的急剧上涨。房地产价格合理的上涨趋势使"房价涨幅与人均收入增长保持同步"，房价收入弹性约等于 1。据此判断，2003—2013 年我国房价涨幅高于趋势线，存在上涨过快的问题。其中有正常的成分，也有不正常的成分，如持续的供不应求市场格局。对"房价过快上涨"进行调控是必要的。

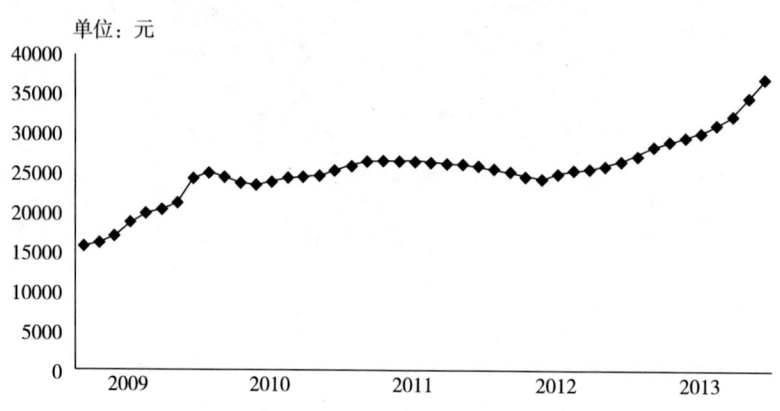

图 3　2009—2013 年北京市一手商品房成交均价走势图

2. 成果

从政策实施效果看，通过土地、货币和财政政策的综合运用，全国范围内房价快速上涨的势头得到了遏制。

3. 存在的问题

土地供给制度的束缚，无法对症下药。专家学者分析指出：造成房价不断快速提升的直接原因是目前改变不了市场供不应求的状况，缺乏比较宽松的货币、市场环境。2003—2013 年的房地产宏观调控政策在实施中自始至终都没有对症下药，导致我国只能面对房价反复迅速增长、不断进行调控的窘迫局面。

（三）针对住房供需结构的调控分析

1. 背景

目前，中国正处于城市化迅速发展阶段，城市的土地资源非常紧缺，又因为受到保护耕地目标的限制，无法持续进行城市用地的外延式拓展。

2. 成果

在调控政策的实际执行效果方面，"90/70 政策"效果并不明显，90 平方米以下住宅投资占比在短期内有所上升，从 2007 年的 23% 逐渐上升到 2009 年的 32.6%，仍远未达到占比 70% 的要求，2010 年该占比再度回落。

3. 存在的问题

国内几乎所有城市的房地产供需结构都存在着许多不协调的地方，主要表现是：第一，供应结构不协调，尤其是在北京市内，其住房供应体系主要由市场住房供应和政策性住房供应这两个相关的子系统构建出来。近年来北京房价持续上升的最根本原因，是房地产市场实施的有效供应无法满足市民上涨的需求。因住房价格上涨造成中低端商品住房供应不足，终端人群的住房改善需求受到限制。第二，需求结构。相关数据显示，当前北京市居民支付能力较强，潜在住房需求较大，占全市常住家庭的55.2%。其中，市场化住房需求比例较高，占 31.8%；政策性住房需求占23.4%。传统的住房消费观念导致住房需求巨大，部分人超过自身购买能力盲目跟风，加上北京"明星城市"的地位，使得全国的购买能力向北京转移，形成了巨大的需求压力。

（四）针对振兴房地产市场的调控分析

1. 背景

前期价格涨幅过高，2005 年、2006 年、2007 年是房价快速上涨的三年，"抢房潮"席卷京城。与之相伴的"怪象"是，北京楼市的供应量、销售量和价格同时增长，多个楼盘排号还难求一房。房地产的价格调整是市场的内在需求，或是市场的内在逻辑性。事实上，任何市场中价格永远都有涨有落。既然北京房地产市场的价格能够出现近十年的快速上涨，其价格的下落也是必然。

金融海啸、经济下行趋势明显、股市大幅下跌等因素使购房人对房价和收入的预期发生转变，市场观望气氛浓厚。住房价格上涨过快不仅造成大量普通群众买不起房，直接影响城镇居民家庭住房条件的改善，同时也会导致银行信贷结构的不合理，加剧银行信贷风险，进而影响金融安全和社会稳定。而且，由于房地产产业链长，牵涉钢铁、建材等众多行业，房地产过热势必拉动生产资料价格上扬，增加通货膨胀的压力。总之，住房价格上涨过快虽然是局部性和结构性问题，但如果不及时加以控制，有可能演变为全局性问题，将会影响整个国民经济的健康运行。

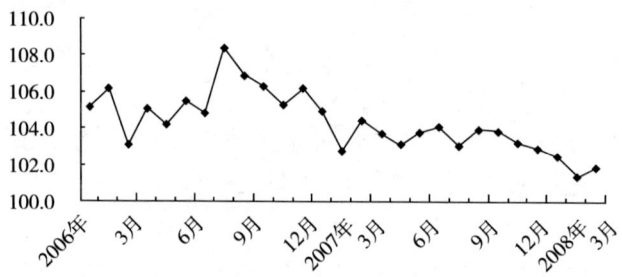

图4 2006—2008年"京房景气指数"运行趋势图

2. 成果

2009年4月份北京市商品住宅总成交面积继续攀升，环比增长了11.4%。由此带来这一轮房屋的大量成交，环比、同比都增长的是小户型、低总价的住房。显然，这是因为低收入家庭对住房需求的集中释放。这种释放相对应的正好是国家针对这些家庭的"暖市"政策。

3. 存在的问题

没有正确认识住宅投资增长变动的规律性，调控的预见性差。开发商因之前政策的抑制及金融危机的双重影响，开发节奏减缓，供应量不能满足市场日益增长的需求。

由于 2009 年房地产开发商所获利润巨大，壮大了自身实力，同时也为 2009 年年末至 2010 年紧缩房地产政策对市场的调控带来了难度，间接削弱了市场的调控力度。

（五）针对房地产市场进行密集调控的分析

1. 背景

宏观经济缓慢复苏，房地产市场高涨，2013 年房地产市场回暖，土地价格再次暴涨，土地出让收入增长明显，"地王"层出不穷。

2. 成果

当时，北京市率先超额完成国家规定的住房用地供应计划，而且完成效果极佳。北京地区的三类房用地达 70%，此数据充分显示了本轮新政中土地结构的优化。现行的信贷、限购等措施在短时间内有效抵制了不合理的购房需求，而且有效地缓解了市场上的恐慌性入市心理。这次控制强化并细化了"国十七条"，已经出现了显著的房价下调趋势。

3. 存在的问题

由于楼市新政的出台，导致购房人对国家进一步调控的预期值升高，虽然有大量的看房人，可是真正购买的人却不多，可见，新政的实施使购房人进入观望状态，成交量可能出现急刹车。另外土地政策条款重复度高、调控效果不佳。

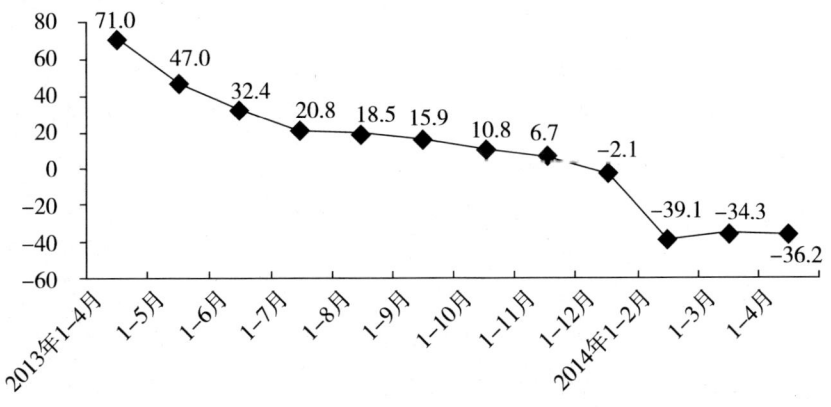

图 5　2013—2014 年北京市商品房销售面积同比增速

三、北京市运用土地政策参与房地产市场调控的建议

（一）完善土地供应方式，规范土地出让收入使用

对以前土地出让方式进行改变，务必要完善并坚持土地"招、拍、挂"制度，逐步探究限制土地价格、竞相配置建筑、综合评价指标等出让方式，把土地价格、开发限制等相关因素综合在一起，进行全面考虑。

对土地收支进行规范管理，务必要把国有土地的使用权出让总款全部纳入地方性预算之中，把此款用于农业用地开发、基础设施建设，完善国有土地功能配套设施建设和用于保障房建设，加强对住房保障的资金支持。

（二）为保障土地政策的调控效果，稳定地价和房价，应在加大土地供应总量的前提下调整土地供应结构

稳定房价、地价，保障房地产市场健康持续稳定发展是当前土地供应调控的重要任务。今后，应该进一步加大土地供应调控力度，稳定土地价格。要在严格执行土地利用总体规划和土地利用计划的前提下，根据房地产市场的变化情况，适时调整土地供应总量、结构、供应方式、供应节奏及供应时间。对居住用地和住房价格上涨过快的地方，适当提高居住用地在土地供应中的比例，着重增加中低价位普通商品住房和经济适用住房建设用地供应量。

（三）分类确定住房用地的供应政策，实施差别化的供给政策和供给与需求的双向调节

一是合理界定市场化与保障性住房供给的对象、范围和社会需求，分类制定不同的土地供给政策。面向高收入群体的完全市场化的商品住房用地，实行以市场自我调节为主、政府调控为辅的政策，其建筑套型结构不受控制，供地方式主要采取拍卖的方式，价高者得；面向中低收入群体的中小套型住房，政府适当控制套型结构，其供应方式可采用商品房中配建或一次竞价、限房价竞地价等方式供应；面向低收入和特殊群体的保障性

住房用地和公共租赁住房用地，在严格套型标准的前提下，以划拨方式供地，此类住房基本由政府供应，不提供产权，也不进行分割登记，不核发国有建设用地使用证。

二是分类指导、有保有压，建立基于区域差异的城镇住房用地政策。根据各区县居民现有实际住房情况，结合其经济社会发展情况和生活习惯等因素，实行分类指导，确定今后住房建设和供地的原则和政策。

三是科学确定各类用地的比例关系和供地的优先次序。坚持经济发展与人口、资源、环境相协调的原则，科学确定住房用地和非住房用地（工矿仓储、基础设施、公共设施等）的比例关系，优化用地结构。

（四）要正确认识住宅投资增长变动的规律性，提高调控的预见性

从国际经验看，在快速城镇化进程（达到70%）完成之前，住房建设投资规模会保持持续快速增长的态势。参照国际经验，北京住宅投资的增长速度并不快。宏观调控者尤其要注意剔除"房地产名义投资中土地价格变动的影响"，把握真实的房地产投资增速。对于未来20年北京住宅投资的规模与增速应有充分的估计，不宜频频产生投资"过热"的忧虑、恐慌。

（五）加强政策的监管和检查力度，保障政策的执行效力

要不断提升地方政策贯彻和执行中央政策时的自觉性，并强化对其的监督与管理，真正将土地管理制度落实。首先，需要严格遵循土地利用规划，并将其放到执法的高度上去对待，绝对不可以随便违反与变更。其次是坚持对地方政府进行督导和监察。最后，各地方政府要依据规定，在自己统辖区内建立起相应的土地管理目标责任制度，杜绝乔虚作假，并严格遵守国家宏观调控政策，不能违反，一旦发现，要严厉查处。

参考文献：

［1］原松华. 房地产升温调控政策处于两难境地［J］. 中国发展观察, 2009（9）: 16－18.

［2］周臻怡. 目前宏观调控对房地产价格的影响分析——以浙江省杭州市为例［J］.

生产力研究，2009（13）：92 – 94.

［3］绍智．对北京房地产市场深层次问题的思考［J］．经济研究参考，2007（11）：34 – 35.

［4］刘洪玉，沈悦．房地产价格变化规律的经济学分析［J］．建筑经济，2004（09）：43 – 47.

［5］严雪峰．北京市经济适用房政策的经济分析［D］．北京：清华大学，2004：81.

［6］卢为民．土地政策与宏观调控［M］．北京：经济科学出版社，2008：121.

［7］窦方，王莹．土地供应政策对房地产市场影响分析［J］．现代农业科技，2008（23）：313 – 314.

能人带动型农民专业合作社的转型发展研究

——基于 30 个样本数据的分析

陆传英

（北京信息科技大学公共管理与传媒学院）

摘　要： 能人带动型农民专业合作社发展迅速，已成为农村经济发展中的重要组成部分。农村能人利用其资本、威望等发起成立合作社并在其中发挥巨大作用，但能人带动型农民专业合作社也存在诸多问题。本文通过对 30 个能人带动型农民专业合作社的样本数据进行统计分析与个案调查相结合，了解其现状多数为流通型合作社、社长威望高、注册资金少、规模小、农超对接少等，分析其发展中存在的利益分配不合理、发展后劲不足、合作社运作不规范等问题，通过完善合作社规章、完善利益分配、转变政府指导方式等措施由"人治"向"制度管理"转变，促进能人带动型农民专业合作社的进一步发展，有利于促进农业产业化、农民增收、农村发展，对于解决三农问题具有重要意义。

关键词： 合作社　转型发展　统计分析　能人带动型

一、导论

（一）研究背景及意义

农民专业合作社是在农村家庭承包经营基础上，同类农产品的生产经营者或者同类农业生产经营服务的提供者、利用者，自愿联合、民主管理的互助性经济组织。❶ 自 2007 年《中华人民共和国农民专业合作社法》（以下简称《合作社法》）实施以来，合作社数量大幅度上涨。据全国工商总局统计，合作社数量从 2001 年的 1.78 万户到 2007 的 3.68 万户，平均每年增幅 12.87%。2007 年后数量大幅度上涨，2007 年的数量为 3.68 万户，出资额为 311.66 亿元，到 2013 年增长至 98.24 万户，出资额为 18900 亿元，实有户数平均每年增幅 72.8%（见图 1）。❷ 截至 2014 年 2 月，农民专业合作社达到 103.88 万户，出资总额为 2.04 万亿元，占市场主体的 1.69%，并呈现不断增长的趋势。

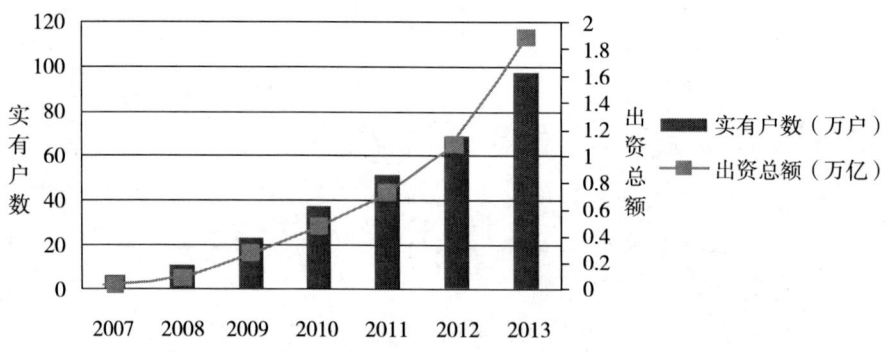

图 1　合作社发展状况

从空间地域分布来看，各地的农民专业合作社均有所发展，浙江省合作社发展最早，经验最丰富。从产业分布来看，合作社主要分布在种植业和养殖业。截至 2009 年 3 月，有 5.37 万户合作社的经营范围中涵盖了种植业，占实有总户数的 38.62%；有 4.39 万户的经营范围中包含养殖业，占实有总户数的 31.58%。

按发起方式及运行主体分类，农民合作社主要有政府推动型、能人带动型和企业带动型，其中基于农村能人（生产大户、贩销大户等）发起并推动其发展的合作社占比最大。相比较之下，政府带动型的合作社由于运营中缺乏一定的群众基础及相关管理人员，更容易出现"政绩工程"等

---

❶　全国人民代表大会常务委员会. 中华人民共和国农民专业合作社法［Z］. 2006－10－31.

❷　图中数据来源：中华人民共和国工商管理行政管理总局网站，http：//www. saic. gov. cn/zwgk/tjzl/zhtj/bgt/201403/P020140312368184506709. pdf.

假、死、空情况。乡村企业如今还处于发展阶段，目前还处于少数状态，且企业大多愿意自行建设基地，正如有合作社社长所说"企业哪里愿意带着农民们玩"。

能人带动型农民专业合作社（以下简称能人型合作社）的数量在合作社中占大多数，且其在降低农产品成本、保证农产品质量、提高农民经济效益方面具有重大意义。但是，随着能人型合作社的发展，合作社的利益分配不合理、运行不规范、发展后劲不足等诸多问题也随之而来。本文通过对30家能人型合作社的数据进行统计分析，探讨其转型发展的策略，促进能人型合作社的发展，有利于农村合作社整体水平的提高，促进农业产业化、农民增收、农村发展，对于解决三农问题具有重要意义。

（二）国内研究现状

21世纪初，中央一号文件就鼓励发展各类农产品专业合作组织，积极推进有关农民专业合作组织的立法工作。2007年，《合作社法》的实施极大地促进了合作社的发展，相关的理论也不断丰富。总体来看，研究的角度主要有合作社的产生原因及发展的原因（唐敏，2005）、合作社的效率（黄祖辉等，2011）、政府在合作社发展过程中所扮演的角色及群体行动逻辑（张明林，2005；宫哲元，2008）等。随着合作社的迅猛发展以及政府对合作社调研的支持力度不断加大，研究方法也从理论探索转向实际调研数据，单个的合作社调查、多个合作社统计分析的研究不断深入（徐旭初、吴彬，2010；张雪莲、冯开文等，2011），郭红东等（2010）进行实地考察同时形成了社长访谈录。此外，学者在企业带动型农民专业合作社方面存在争议，孙宝玉（2013）认为"龙头企业＋合作社＋农户"形式实现了规模经营，提高了劳动生产率，促进了农产品商品率的最大化，增加了经济效益，有效地实现了小农业大市场的有机联系。而马光臣（2005）认为这成为企业剥削农民的利益机制，造成农民的增收缓慢、农业效率低下、农业技术推广缓慢、农村贫富分化加剧等农村社会问题。

关于能人型合作社的相关研究目前较少。张晓山（2004）从市场风险角度、林坚等（2007）、黄祖辉（2006）和黄珺（2007）从成员结构异质性的角度分析了能人带动型合作社的产生与运行。刘小童等（2013）从合作社的能人治理与绩效进行探究，认为合作社的能人治理对合作社的经济绩效和社会绩效均有正向的作用,社会职务对其绩效的影响最大。张美珍等(2013)对能人素质模型进行的研究,分析了合作社能人应具备的外显和内在能力。郭红东等(2010)对单个能人型合作社进行研究,认为能干的经营班子是能人型合作社发展的关键,规章制度、政府扶持均为重要因素之一。国内很少学者专门从能人型合作社方面来研究其发展策略,但是在论述中均肯定能人在合作社发展中的重要性。

关于合作社的理论研究已经很多,从其成立的原因、意义、参与人员等方面均有大量的资料可循,学者运用博弈论、寻租理论等进行分析,针对个案的分析以及大量统计分析也在逐渐增多,但是其统计分析均从地域(如浙江省合作社)、合作社种类(如农机专业合作社)等方面进行。本文从能人型合作社中选取一定数量的合作社,从合作社能人方面以及合作社盈利能力方面分析能人型合作社的转型发展问题,具有一定的创新意义。

(三)研究思路及方法

本文重点在于研究能人型合作社的转型发展策略。从《中国农民专业合作社调查》《中国农村研究报告 2012》《农民专业合作社管理与实务》《农业专业合作社的创新模式与实证研究:以贵州烟草农业为例》、中华人民共和国工商管理行政管理总局网站、各地工商行政管理局网站、农业部网站、各省合作社网站等处查找资料,选取能人型合作社的样本,统计合作社成员数、注册资金以及能人的年龄、学历、从事职业等 20 多项数据,再剔除数据缺失严重的合作社,同时兼顾合作社的类型、成立年份等,确定 30 个合作社样本,对其各个方面进行统计,分析能人型合作社的基本情况、发展特点。同时结合大量学者以及自身的实地调查、访谈等资料研究能人型合作社存在的主要问题,并针对问题提出相关的建议。

本论文是理论性论文,主要采用以下研究方法:

(1)实地调查法。亲入实地调查,深入了解合作的运营模式、合作方式,搜集相关资料。

(2)个案分析法。在进行总体分析时,选取较有代表性的合作社进行个案分析,做到有理有据。

(3)文献研究法。通过广泛搜集合作社的相关理论、期刊、书籍、讲座等，为论文的撰写积累素材。

（4）比较分析法。通过对 30 个样本的各项数据进行对比、统计，运用 spss 等统计软件进行分析，归纳总结，提出建议。

二、能人带动型农民专业合作社的历史与现状

（一）能人型合作社概述

能人型合作社中的能人是对农村中具有较高的生产、贩销、管理能力以及威望等的一类人的称呼，如生产大户、贩销大户等。能人带动型农民专业合作社指"能人" + "合作社" + "农户"的合作形式，一般由农村的生产大户、技术人员或者贩销大户等能人利用其资金、技术、销售渠道、人际关系等，发起组织同一农产品生产经营的农民组成农民专业合作社，并在合作社运营过程中发挥着重要作用。

能人在农民专业合作社的发起与运营中发挥着巨大的作用。能人利用其威望等条件组织同一农产品经营的农民通过参与合作来减少农资采购成本、规范种植及养殖技术、提高议价能力，从而增加农民收入，在运营中发挥其管理才能，运用其技术、销售渠道等为合作社的发展做出重要贡献。能人扎根在农村中，在农民当中有一定的影响力，能够运用合作社产生的实际效益来吸引农民参加，在农村合作社中较为普遍。

（二）能人型合作社的发展历史

20 世纪 80 年代，农村普遍实行包产到户，其在促进农民增收的同时，大市场小农民的局面也成为阻碍农村经济发展的因素之一，农民经济组织就是在这样的背景下开始发展的。20 世纪 90 年代，浙江省率先开始发展农村经济组织，由于缺乏相关的法律、政策引导，多数以能人带动型协会的形式运行，其功能也是最简单的集合农产品进行销售。

21 世纪初，中央一号文件鼓励发展各类农产品专业合作组织、购销大户等，能人型合作社、协会在各地迅速发展，同时政府推动型及企业带动型合作社也开始起步。2007 年《合作社法》实施，极大促进了合作的发展，同时促进协会向合作社转型。到 2008 年，全国合作社数量为 11.09 万家，农村能人领办的比例最大，已经达到了 69.22 %，其次是基层农业技

术推广部门，占 12.7% 。

现阶段，据各县市农业部门统计，能人合作社所占比例均占最大，种类涉及种植、养殖、林业等，能人型合作社已经成为农村经济发展的重要组成部分。

（三）能人型合作社的基本情况——基于 30 个样本的描述

1. 流通型合作社占大多数

合作社以生产再生产环节为标准可以分为：生产合作社、流通合作社、信用合作社、服务合作社和综合性合作社（兼具生产等其中两类为综合），能人型合作社中流通型的合作社最为普遍，样本中占到 43.3%（见表 1），合作社目前处于发展阶段，一般起着集合产品进行销售的作用。其中综合性合作社比例也高，但是综合性的 13 家合作社中有 11 家只兼具生产和流通，带动相关产业发展等综合性功能还比较少。生产合作社和流通合作社一般从事种植和养殖活动，这些合作社贴近农民生活，服务型合作社多为农机合作。

表 1　合作社类型

		频率	百分比	有效百分比	累积百分比
有效	服务	1	3.3	3.3	3.3
	流通	13	43.3	43.3	46.7
	生产	3	10.0	10.0	56.7
	综合	13	43.3	43.3	100.0
	合计	30	100.0	100.0	

2. 社长威望高

首先，党员比例大。30 个能人型合作社的社长中，有 22 个是党员，占总数的 73.33%，所占比例大，远高于农村党员 3.95% 的比例。合作社中理事等职务的党员比例也高，例如东坤源果蔬专业合作社的理事等骨干成员是党员的比例占到 50%。在能人型合作社中，能人们为一方百姓谋利益，自觉在生产、工作、学习和社会生活中发挥先锋模范作用，在实践中充分发挥了党员的先进性，同时在合作社中建立党支部模式也越来越受关注。

其次，有一定的致富能力。成立合作社时，各合作社社长是村里生产大户的占53%，也有的是贩销大户、农机手等（见表2），具有一定的致富能力及相关经验，在组建合作社中更容易吸引农民加入，这也是合作社良好的发展态势中重要的因素之一。

表2 社长经营能力

		频率	百分比	有效百分比	累积百分比
有效	贩销大户	2	6.7	6.7	6.7
	供销社职工	2	6.7	6.7	13.3
	农办职工	1	3.3	3.3	16.7
	生产大户	16	53.3	53.3	70.0
	生产大户、贩销大户	3	10.0	10.0	80.0
	生产大户、高级农民技师	1	3.3	3.3	83.3
	生产大户、农机手	2	6.7	6.7	90.0
	生产大户、兽医站站长	1	3.3	3.3	93.3
	外地经商	2	6.7	6.7	100.0
	合计	30	100.0	100.0	

最后，村干部比例高。社长同时担任村支书、村主任的所占比例为36.67%，村干部在农村具有一定的权威，有利于其发起组织。此外，相对于普通农民，其对国家政策等更加了解，有利于合作社争取政府支持，同时减少合作社与村委会的矛盾。

3. 注册资金少，规模小

样本中合作社的注册资金从5万到500万（见图2），100万及以下的占62.96%，与企业带动型农民专业合作社相比，其注册资金少，大多注册资本与实际情况不符。能人型合作社多为能人带动当地几户农户出资并成为股东，最初股东少且农民经济实力相对较弱，出资额少。合作社从成立时的几户到现在的一百多户，一般以村为单位，不跨县，入合作社的土地规模一般不上万亩，规模小。

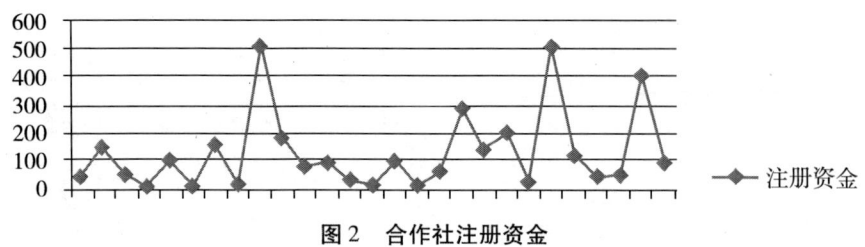

图2　合作社注册资金

4. 农超对接少

样本中农超对接的合作社只有三家，在提倡农超对接的大方向中比例小的原因有多方面。农产品想要进入超市，首先其供应商必须有一定的规模，能够满足长期稳定的需求；其次，在其品质等资质方面要过硬；再次，超市一般是三个月及以上才将钱汇入供应商账户；最后，由于超市连锁店多，供应商应有一定的物流运输能力。对于一般的能人型合作社来讲，这是非常困难的。第一是规模，合作社发展资金、农村土地性质、品牌效应等制约了其进入超市的可能性；第二是物流能力，正如新奇特果蔬专业合作社社长所言，直接跟超市接触的精力不够，很困难也很麻烦；第三，农民普遍希望能卖了产品就拿到钱，不愿等三个月，而能人型合作社缺乏一定的资金进行周转，这些因素使得农超对接很难在现实中普遍实现。

样本中新奇特果蔬专业合作社与超市配送中心进行合作，提高农产品价格的同时减少了与多家超市沟通的成本以及减轻仓储、运输压力的做法，值得其他合作社借鉴。

三、能人带动型专业合作社发展中存在的主要问题

（一）利益分配不合理

1. 多按股分红，二次返利少

合作社的资金分配问题是合作社成立以及运营中最关键的问题，合作社的资金分配不仅关系合作社的进一步发展，更关系农民的切身利益。

《合作社法》第三十七条规定，可分配盈余按照成员与本社的交易量（额）比例返还（不得低于可分配盈余的60%），剩余部分按成员账户

中记载的出资额和公积金份额，以及该合作社受到国家财政直接补助和其他人捐赠的财产要平均量化到成员的份额，按比例分配到社员。但是该法中未明确规定具体比例且表明应按照合作社章程，给合作社以极大的空间。在调查统计的样本当中，利润分配方式差异大。能人型合作社绝大多数都存在按股分红的方式，但是按交易额返还方面不够规范，有的甚至未进行二次返利❶，一次让利❷替代二次返利的现象明显。

合作社中核心股东数量只是少数几家，按股分红的比例增大，会影响普通社员的分红，进而影响社员的参与积极性。同时，合作社是"互助性经济组织"，如果利益集中到少数股东中去则违背了合作社的初衷，甚至可能发展为股份制企业。

2. 公积金和公益金提取不合理

合作社公积金主要用于弥补亏损、扩大生产经营、转为成员出资。公益金主要用于社员的集体福利，如培训等，对合作社的进一步发展至关重要。《合作社法》中规定，在弥补亏损、提取公积金后的当年盈余为合作社的可分配盈余。但在能人型合作社的实际利润分配中，不少合作社直接按股分红，未提取公益金和公积金，合作社盈利分到少数股东，公益金与公积金等提取少，影响合作社的进一步发展。有的合作社公益金与公积金所占比例过大，影响到合作社对社员的二次返利。

3. 限制分红范围

郭红东等对全国 422 家合作社（依托能人大户型的占 47.2%，比例远高于其他类型）进行的统计分析中，对想参加合作社的人员有相关要求的占到 84%，社员入社、退社由社长说了算的占到 7.4%。本文统计的 30 个样本中，有的合作社从 2007 年成立时的 8 名社员到 2010 年仍为 8 名社员，也只有 8 名股东，不吸收其他农户加入，合作社仅仅承担着收购商的功能，也局限于少数人分配利润。其中也存在对加入合作社的农户的种植规模与种植年限进行限定的现象，例如宝绿蔬菜合作社、箬横西瓜合作社等，无

---

❶ 二次返利是指合作社在年度盈余分配时，拿出其可分配利润的一部分按照成员与合作社之间的交易量（额）返还给成员。

❷ 一次让利是指合作社通过农户购买生产资料时予以优惠、出售农产品时高于市场价等方式增加农民利润，进行让利。

形中排斥种植规模较小的农户，有的合作社对于本村与外村还有明确划分，设立成为社员的门槛，限制分红范围。此外，国家补助等方面的支持可能惠及不到普遍的社员。

（二）发展后劲不足

1. 深加工少

我国农业长期以来靠天吃饭，面对大市场，小农户采取合作的方式联合起来组成合作社，以提高谈价的筹码。但是，能人型合作社中的农产品大多是鲜菜直接进入销售环节，一方面不利于蔬菜保鲜、贮藏、运输；另一方面由于菜季相对集中，受市场供求关系影响大，容易出现"菜贱伤农"的情况，使产品质量和整体效益难以体现。深加工是合作社发展当中的重要一环，通过农产品的深加工，一方面可以增加农产品的附加值，把深加工的利润纳入合作社中，另一方面可以解决农产品的保鲜问题。正如新奇特果蔬专业合作社社长所言："合作社单一依靠生鲜销售，风险很大！今后要走深加工这条路！"

在30个样本中，涉及深加工的合作社仅有东湖魔芋专业合作社等3家。90%的合作社未涉及深加工，如东坤源果蔬专业合作社等，其仅仅是搭建贩卖蔬菜的平台，甚至连保鲜的仓库从2008年起建至今未建立起来，深加工更无从谈起；又如金来宝花生专业合作社，就是由8个贩销大户组建并从事花生收购工作，再销售给企业，从中获取差价利润。

合作社未能很好地发展深加工的原因：首先，能人型合作社相比于企业带动型、政府推动型合作社来讲，其产生以及发展中资本比较薄弱，资金来源主要靠发起人的自有积累，从而制约着合作社向深加工方向发展；其次，能人在合作社中的威望、股份等比较大，在一定程度上不愿更多村民入股从而影响其在合作社中的威望与分红；最后，能人的学历、职业背景等增加了其发展深加工的难度。

2. 有商标而无品牌

"民以食为天，食以安为先"，随着农产品的农药残留、膨大剂的使用等问题引发人们关注农产品安全，人们对农产品品牌的关注也开始迅速增加。农产品的品牌化经营，对农业发展、农民增收具有很大的推动作用。

在样本中，沈园西瓜专业合作社中"沈园"品牌知名度较高，每公斤售价比普通西瓜高出 0.2—0.4 元，从而增加社员收入。

在 30 个能人型合作社样本统计中，申请商标的有 22 家，占总数的 73.33%，注册商标率高，但是存在有商标而无品牌的现象，即申请了商标而实际上并不运用，或者知名度小，没有发挥其作用。例如东坤源果蔬专业合作社，其商标"坤一品"注册使用一小段时间后便不再使用，而是简易包装直接运往市场。

能人型合作社创建品牌程度较低，一是由于其未涉及深加工，只是作为销售的中间环节，对品牌的需求不高；二是其缺乏品牌意识，这与合作社的能人的学历、职业背景相关；三是缺乏打响品牌的策略，合作社的发起者、运营主干绝大多数都是当地农户，在商标的申请、品牌推广方面经历较为空白，难度大。例如，温岭箬横西瓜合作社在其成立之前种的西瓜叫做"玉麟"，而合作社当时未组建且申请难度大，只能通过政府，由镇上的农贸公司注册商标再交给瓜农们使用。温岭箬横西瓜合作社成立后，花了 10 万元才把"玉麟"这个品牌转到合作社来。

（三）合作社运作不规范

1. 章程并未真正落实

根据《合作社法》章程，农民专业合作社章程应当载明下列事项：名称和住所、业务范围、成员资格及入社、退社和除名、成员的权利和义务、职权、任期、议事规则、成员的出资方式、出资额、财务管理和盈余分配等。《合作社法》将合作社中的重要事项交由章程，是合作社自治的重要体现，但是在大部分能人型合作社中，其章程的起草、修订等并不被看重。设立章程时大多合作社参照网上资料，普通农户也不在意，在乎的是其直接可见的利润。同时，监事会如同虚设，多是合作社理事原班人马，甚至未成立监事会。合作社的章程只是贴在墙上的文字，监事会也未能发挥其作用，不能真正规范合作社的运营。

2. 社长决策权过大

《合作社法》中要求设有理事长，可以设立理事会和监事会，为了组织的完整性，能人型合作社章程中均会写明设立理事会、监事会，每年召开社员大会。但是在实际运作中普通农民的搭便车行为使其没有参与决策的动力，且沟通需要成本，能人大户有着自身经济利益、社会名誉等方面的诉求，从而决定了能人型合作社的决策权掌握在能人大户手中。且加上合作社社长任期长，几乎都是连年担任，更加大了其决策权。"遇到事情，几个人商量着办"成为能人型合作社处理问题的最普遍方式。少数合作社骨干、股东等协商解决问题、做决策，能减少决策成本，但是缺乏一定的监督，势必存在腐败等漏洞，不利于合作社的规范运行。

3. 存在家族式合作社倾向

合作社章程中应载明每届社长的任命年数，一般都是四年一届，但是能人型合作社社长担任的届数大多没有规定，从统计资料中可以看到从合作社成立起一直在任的占到 93.33%，这一比例相当大，只有两家社长不是从合作社成立起就在任的，其中一家新合作社社长是原社长的儿子，不免有"家族式"传承的倾向，且家族式合作社在能人型合作社中较为普遍。合作社能人长期担任社长，其相关的工作经验以及资源对合作社的运行及发展具有重大意义。但不可否认的是，能人长期担任社长容易权力过大，在规范合作社运行方面具有难度，同时可能会挫伤社员参与的积极性。

四、能人带动型农民专业合作社转型发展的若干设想与建议

上述的诸多问题都与合作社制度建设、政府指导等息息相关。能人型合作社应从能人依赖向制度管理转型，即从"人治"到"制度管理"的转型，同时政府指导方式也应进行转变，由直接资金扶持转向加强监督、完善法规、技术指导等措施。

（一）完善合作社规章制度

1. 完善合作社章程

合作社章程对于能人型合作社相当重要，所以必须对其进行完善。首先，章程应贴合实际，合作社的设立、运作、各部门设置、盈利分配等方面面均应依据实际来撰写，不能从网上照搬照抄。其次，合作社章程的起草、修改等均需按照《合作社法》来执行。合作社章程应由全体设立人

一致通过，修改必须有2/3的社员通过。此外，笔者认为，合作社刚成立时，其社员多数为股东，随着合作社的发展壮大，有更多的普通社员加入，合作社的章程应当进行相应的修改，特别是在利润分配方面应当适时进行调整。完善合作社章程有利于缓解能人型合作社对于个别能人的依赖程度，避免因个别能人的缺位而影响到合作社的正常运行。

2. 加强合作社内民主建设

加强组织的民主建设有利于增强组织的凝聚力和战斗力，合作社作为组织形式之一，民主建设关系到合作社的发展。首先，合作社的社长和理事也应如同村干部一样进行民主选举，以一人一票制方式进行民主选举管理，防止家族式传承。其次，真正建立和完善监事会，发挥监事会的作用。再次，理事工资、合作社经费预算、年终总结需要进行公开，接受社员监督。最后，应按章程召开社员大会，将工作部署向社员做详细介绍。

（二）控制能人所占股份，取消合作社进入门槛

1. 发展股份合作，控制能人所占股份

改变合作社中普通社员交社费的方式，转变为持股，这样可以进一步加强社员与合作社的联系，调动社员参与、监督的积极性。通过发展股份合作，也为能人型合作社发展筹集资金，向深加工发展。股份集资的内容可以多样化，包括资金、劳动、技术等的合作，这样也可以让更多的农民积极地参与进来，减少其搭便车的行为，促进合作社的发展。同时为保证农民的权益，能人型合作社对外来（非农）投资者的决策权力要有一定限制。

应强调的是，能人的持股比例虽然对合作社的经营绩效具有显著的影响，但与绩效呈反向关系，在样本中，有的合作社社长股份所占比例高达30%，甚至有个别达到50%，应该适当控制合作社能人持有的股份额，从而打破大股东垄断局面，以扩大普通社员的持股，加强成员的归属感和认同感。现合作社中大多数社长、理事等没有工资，通过利润分配中的股份分红来弥补其付出，所以控制其股份的同时应适当给予其工资补贴、荣誉表彰等激励。

2. 规范社员行为，取消合作社进入门槛

能人型合作社中存在人际关系效应。能人与社员均是当地村民，人情

关系浓厚，在规范社员方面具有难度。应通过规章制度来规范社员，而不是通过设立进入合作社的门槛。此外，《合作社法》中第三条规定农民专业合作社应当遵循下列原则：（一）成员以农民为主体；（二）以服务成员为宗旨，谋求全体成员的共同利益；（三）入社自愿、退社自由等。如果设立一定的门槛，就会使合作社在服务广大农民方面大打折扣。完善合作社章程需要制订社员行为规范，通过科学合理的方式来进行规范社员行为，取消进入门槛，促进合作社的发展。

3. 按股分红向多种分配方式转变

《合作社法》中规定盈余主要按照成员与农民专业合作社的交易量（额）比例返还，这项在能人合作社的实际运作中有一定的出入。利润的分配关系着合作社的发展，应完善其利润分配方式。坚持按交易量（额）为主，按股分红为辅，坚持二次返利，同时提取一定的公益金和公积金用于公共服务事项以及合作社的进一步发展。

（三）完善立法，转变政府扶持方式

1. 工商部门加强监督

一方面，政府在合作社的办公场地建设、设备的购置等方面进行了资金支持，政府在予以资金支持的同时应该加以监管，督促其落到实处，真正惠及普通社员。也应防止扶持资金下发后由社员进行分摊，而未用于合作社的发展中的个例。

另一方面，能人型合作社在工商部门登记的注册资金等与实际情况不相符、实际运行与章程不符、实际成果与年终总结不符等现象普遍存在。工商部门在合作社的成立、运行时不进行过多干预，但是不代表其不具有监管职责。我国农民专业合作社在发展阶段需要工商部门的监管，特别是能人型合作社，其组织中人脉关系强、能人权力大等特征容易产生资金挪用、夸大成果等现象，除了加强合作社自身的规章制度、监管机构之外，也需要工商部门加强监督，内外监管，才能使合作社的运行更加规范。

2. 完善立法，解决合作社资金等问题

随着合作社中土地入股的呼声越来越高，土地入股在能人型合作社中已经越来越普遍，但是目前这方面的法律存在空白。对于土地入股的合作

社，政府农业补贴的资金应该归农户还是归合作社、土地入股合作社区别于土地流转的规范、合作社用地、农业保险政策、信用合作等问题需要法律法规作为框架。政府应早日出台相关政策法规，让合作社有法可依，有章可循。

此外，目前我国缺乏合作社融资条款，大部分合作社的社长均提及合作社贷款难的问题。合作社作为农村经济组织，无固定抵押等资产，进行贷款有一定的难度，资金的筹集直接影响到合作社的冷库建设、深加工发展等，政府应当予以重视。可采取政策鼓励商业银行对其进行贷款，或预留农村信用社的部分资金等对符合申请贷款的合作社予以一定低息或者无息贷款支持。

3. 采用指导型扶持政策

近年来政府重视三农建设，加大了对合作社的资金支持。资金支持固然重要，但是在基层政府资金有限的情况下，应注重指导型的扶持。能人型合作社的社长学历不高，绝大多数为当地农民，其种植、销售能力突出，但是在政策了解、信息需求等方面存在盲区，基层政府应该在这些方面多加指导。农业站人员对农民提供技术支持、搭建农业科研机构与合作社交流合作平台、品牌战略帮助、信息支持等方面是现在政府需要提供的。例如，江夏茭白专业合作社就是在政府的指导下在茭白田里进行泥鳅养殖，取得每亩6000元人民币的增收。在能人型合作社的信息匮乏、技术有限等突出问题中，政府应承担起指导责任。

由农村能人发起成立及运作的合作社，十分符合当今农村经济的需求。能人型合作社正处于快速发展时期，在促进农民增收、促进农村发展等方面发挥了巨大的作用。现阶段能人型合作社还存在诸多问题，需要合作社自身进行转变，同时政府加以监管，使能人型合作社能从"人治"向"制度管理"转换，使其能不断发展，从而促进农民增收，为建设新农村、解决三农问题发挥更大作用。

参考文献：

[1] 唐敏. 合作社产生与发展可观必然性 [J]. 经济管理，2005（13）.

[2] 黄祖辉，扶玉枝，徐旭初. 农民专业合作社的效率及其影响因素分析 [J]. 中国

农村经济，2011（7）.

[3] 杨红炳．基于博弈论的合作社成员风险防范投资与激励问题研究［J］．决策参考，2012（2）.

[4] 张明林，吉宏．集体行动与农业合作组织的合作条件［J］．企业经济，2005（8）.

[5] 宫哲元．集体行动逻辑视角下合作社原则的变迁［J］．中国农村观察，2008（5）.

[6] 徐旭初，吴彬．治理机制对农民专业合作社绩效的影响——基于浙江省526家合作社进行问卷调查、统计分析［J］．中国农村经济，2010（5）.

[7] 张雪莲，冯开文，段正文．农村合作社的激励机制探析：基于北京市10区县77个合作社的调查［J］．经济纵横，2011（02）.

[8] 郭东红，张若健．中国农民专业合作社调查［M］．杭州：浙江大学出版社，2010.

[9] 孙宝玉．"龙头企业＋合作社＋农户"现代农业经营模式的经验——南阳市社旗县永辉薯业案例评析［J］．理论前沿，2013（8）.

[10] 马光臣．当今中国农村三种发展模式之比较［EB/OL］．山东农业信息网，http://www.sdny.gov.cn/art/2005/5/19/art_ 621_ 32157.html，2005-5-19.

[11] 张晓山．促进以农产品生产专业户为主体的合作社的发展——以浙江省农民专业合作社的发展为例［J］．中国农村经济，2004（11）.

[12] 林坚，黄胜忠．成员异质性与农民专业合作社的所有权分析［J］．农业经济问题，2007（10）.

[13] 黄祖辉，徐旭初．基于能力和关系的合作治理——对浙江省农民专业合作社治理结构的解释［J］．浙江社会科学，2006（1）.

[14] 黄珺，朱国伟．异质性成员关系下的合作均衡——基于我国农民合作经济组织成员关系的研究［J］．农业技术经济，2007（5）.

[15] 刘小童，李录堂，张然，张罡．农民专业合作社能人治理与合作社经营绩效关系研究——以杨凌示范区为例［J］．贵州社会科学，2013（12）.

[16] 张美珍，刘小童．基于农民专业合作社能人的能力素质模型研究［J］．宝鸡文理学院学报（社会科学版），2013（4）.

[17] 郭红东，田李静．大户领办型农民专业合作社研究——以箬横西瓜合作社为例［J］．农村社会组织专辑.2010（1）.

[18] 韩俊．中国农民专业合作社调查［M］．上海：上海远东出版社，2007.

[19] 农业部农村经济研究中心．中国农村研究报告（2012）［R］．中国财政经济出版社，2013.

［20］宗义湘，等．农民专业合作社管理与实务［M］．北京：金盾出版社，2012.

［21］王丰．农业专业合作社的创新模式与实证研究：以贵州烟草农业为例［M］．北京：中国农业出版社，2011.

［22］李建中．未来农村专业合作社发展的理论建构［J］．商业时代，2012（18）．

［23］柳晓阳．农村专业合作社机制与职能转型初探［J］．农业经济问题，2005（9）．

［24］张勤，邓玉娟．加快推进农民专业合作经济组织发展的现实思考——基于对江苏省农民专业合作经济组织的调研分析［J］．行政论坛，2009（1）．

［25］徐大山．农村专业合作社发展模式新探索［D］．苏州：苏州大学，2008.